默克尔新传
奋斗会让自己变得更强大

默克尔新传
奋斗会让自己变得更强大

默克尔是一个谜。她在世界政坛呼风唤雨，举足轻重，但人们对她的过去、她的内心几乎一无所知。关于默克尔，人们有太多的疑问，例如：她作为牧师的女儿为什么会选择自然科学？是什么促使她放弃科研工作投身政治？她如何做到在短短十几年的从政生涯中成长为德国总理？……本书带您走进默克尔的世界，领略她实干家、女汉子的独特风采。

她生于民主德国，成为德国历史上第一位女总理，更传奇的是她在2009年和2013年的大选中成功连任，成为连任三届的女总理，这都给默克尔蒙上了一层神秘的面纱。默克尔，是在位最久的国家领导人之一，同时也是影响欧洲政治和欧洲最强大经济体的领导人。她荣膺2014年《财富》"全球50位最伟大领袖"排行榜第二位，这将默克尔推向了政治生涯的巅峰。本书真实还原这位女政治家动人、有料的传奇人生，解读这位对整个欧洲发号施令者的内心隐秘，为读者提供最佳的励志读本。

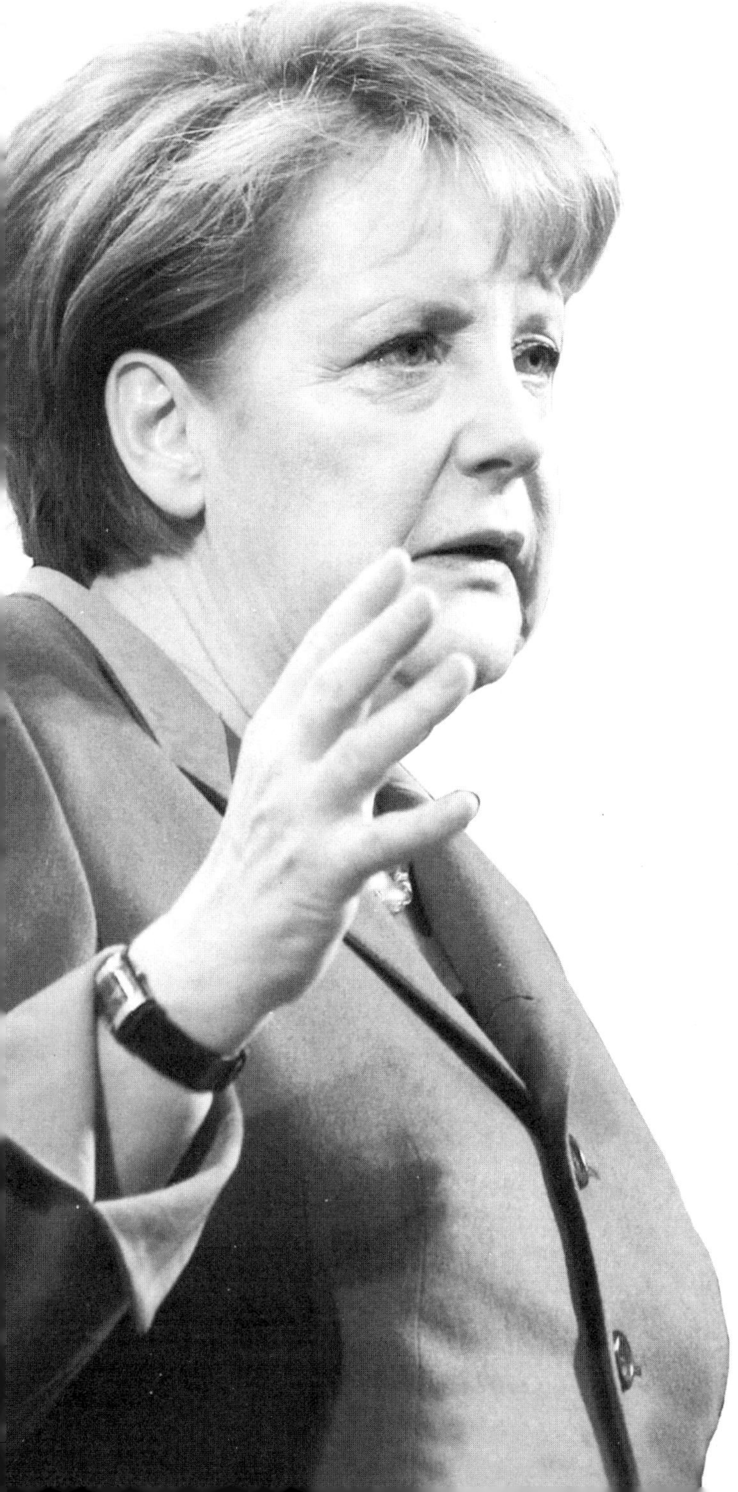

默克尔新传

「奋斗会让自己变得更强大」

王拥军 ◎ 著

图书在版编目(CIP)数据

默克尔新传：奋斗会让自己变得更强大 / 王拥军著. —— 北京：
中央编译出版社，2015.7
ISBN 978-7-5117-2589-9

Ⅰ. ①默…
Ⅱ. ①王…
Ⅲ. ①默克尔-传记
Ⅳ. ①K835.167=6

中国版本图书馆 CIP 数据核字（2015）第 065393 号

默克尔新传：奋斗会让自己变得更强大

出 版 人：	刘明清
出版统筹：	董 巍
责任编辑：	邓永标
责任印制：	尹 珺
出版发行：	中央编译出版社
地　　址：	北京西城区车公庄大街乙 5 号鸿儒大厦 B 座（100044）
电　　话：	（010）52612345（总编室）　（010）52612371（编辑室）
	（010）66161011（团购部）　（010）52612332（网络营销部）
	（010）52612316（发行部）　（010）55626985（读者服务部）
网　　址：	www.cctpbook.com
经　　销：	全国新华书店
印　　刷：	北京嘉业印刷厂印刷
开　　本：	710 毫米×1000 毫米　1/16
字　　数：	260 千字
印　　张：	18.5
版　　次：	2015 年 7 月第 1 版第 1 次印刷
定　　价：	38.00 元

本社常年法律顾问：北京市吴栾赵阎律师事务所律师　闫军　梁勤
凡有印装质量问题，本社负责调换，电话：（010）66509618

前 言

PREFACE

安格拉·默克尔,2005年成功当选为德国总理,成为德国历史上第一位女总理,更传奇的是她在2009年和2013年的大选中成功连任,成为连任三届的女总理。"第一位女总理"和"连任三届的女总理"都给默克尔蒙上了一层神秘的面纱。

默克尔出生在一个普通的家庭,父亲是一位新教牧师,母亲是一位教育工作者。默克尔很小就跟随父母从联邦德国迁居民主德国勃兰登堡,在那里度过了少年时光。默克尔的父亲是一个威严的人,在他的教育下,默克尔总是比别人更加努力,不断在奋斗中强大自己。

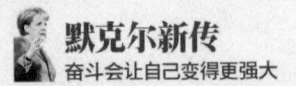

35岁之前,默克尔与政治毫无关联,她大学学习了物理学,毕业之后就职于研究院,整日与数据和实验打交道。在默克尔成为总理之后,很多人都对她之前的生活表现出了极大的兴趣。她自己曾经这样说过:"我知道人们对我前35年的生活知之甚少,因为那是一段完全在我的政治职业生涯以外的日子,我可是地地道道的半路出家。这会引起大家好奇,我很理解。"默克尔就是这样一个让人无法看透的女政治家,她把自己的私生活遮掩得严严实实。

初入政坛的默克尔被戏称为"科尔的小女孩",并且长期受到他人的轻视,但是在2005年11月22日,她正式坐上德国总理这把交椅。在政界沉浮15年的默克尔以51岁的年龄入住总理府,不但是德国历史上第一位女总理,还是最年轻的政府首脑,甚至比1982年出任总理的赫尔穆特·科尔还年轻一岁三个月。

从科学院里普通的物理学家步入政坛,在十几年的政治生涯里,从那个害羞的姑娘以惊人的速度一步步迈向权力的顶峰,这段经历不得不说是一个传奇。我们梳理一下就会发现默克尔仕途上的升迁是与许多机遇联系在一起的,并且她能紧紧抓住这些机会。如果没有柏林墙的倒塌,那么她很有可能是一位优秀的物理学家。1989年柏林墙的倒塌给了默克尔开拓第二次人生的经历,她适时抓住了这个机遇,完全释放出了隐藏在自己内心深处的政治理想,她深信自己完全能够胜任这个全新的角色。

回首默克尔的政治生涯:35岁担任民主觉醒党的新闻发言人,随后担任民主德国政府的副发言人;36岁担任环保部部长;44岁担任基民盟党总书记;45岁担任基民盟党主席;48岁担任基民盟和基社盟联邦议会党团主席;50岁被推举为总理候选人;51岁成为德国首位女总理。这位女政治家的仕途可谓平步青云,这些都得益于她对政治理想的坚持、驾驭变局的能力和勇于承担风险的责任感。竞选总理使竞争对手格哈德·施罗德也不得不承认默克尔是一位颇具实力的挑战者，因为她一旦认定了某个问题是不能回避的就会马上解决，这种雷厉风行的工作作风赢得了很多人的尊重。

媒体称默克尔有截然不同的两种人生，因为她的人生经历可以很轻易地划分成完全独立的两个阶段：35岁之前她是民主德国的自然科学家；35岁之后她是联邦德国出色的政治家。而现在的默克尔，已经开启了她的第三段人生，即德国出类拔萃的总理。这位女总理希望德国在经济、就业、科学方面都能有长足发展，更希望人们能够在统一了的祖国里平和、幸福地生活。

安格拉·默克尔，有人称她为"铁娘子"，有人叫她"欧洲大妈"，还有人称呼她为"权力女王"，不论哪种称呼，她都不会在乎，因为她永远坚守着自己的底线，永不妥协。

关于默克尔，人们有太多的疑问，例如：她作为牧师的女儿为什么会选择自然科学？是什么促使她放弃科研工作投身政治？她如何做到在短短十几年的从政生涯中成长为德国总理？这本书就带您走进默克尔的世界，力争向您描述一个真实的默克尔。

目 录

第一章 牧师家庭中走出的奋进少女

为了信仰，身为牧师的默克尔父亲移居民主德国。在那里，默克尔成长为一个出色的平凡少女，她周围的人从来没有意识到眼前的这个女孩在若干年之后竟成为了德国第一位女总理。

1. 出生在柏林墙筑起的特殊时代 ······ 002
2. 为了信仰举家迁往东德 ······ 005
3. 小村庄里的无忧童年 ······ 008
4. 睿智执着的父亲教会她勇敢奋进 ······ 012
5. 温柔的母亲教会她坚强隐忍 ······ 015
6. 发挥优势，隐藏弱势，聪明人的不二选择 ······ 019
7. 成绩优秀的普通学生 ······ 022
8. 乖乖女唯一一次叛逆经历 ······ 026
9. 狂热的明信片爱好者 ······ 030
10. 俄语与奥林匹克 ······ 033
11. 渴望集体温暖的小小少年 ······ 036

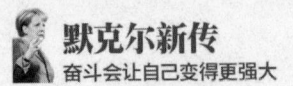

第二章 莱比锡丰富多彩的大学生活

身为牧师的女儿，大学竟然选择了从事自然科学研究，这发生在默克尔的身上一点儿都不奇怪。莱比锡大学丰富的学生生活让默克尔感觉像到了天堂，因为这里没有人在乎她是牧师的女儿。不仅如此，这位平凡女孩在这里开始了一段美好的爱情，并走进了婚姻。

12. 成长就是知道什么能说，什么不能说 ………… 042

13. 在对自由的渴望下选择了物理 ………… 045

14. 政治高压下无忧无虑的学习生活 ………… 049

15. 丰富多彩的课余生活 ………… 052

16. 毕业论文，大学生涯的最后一站 ………… 056

17. 学习之余那一场奋不顾身的爱情 ………… 059

18. 激情逝去，婚姻败给现实 ………… 062

第三章 科学院里严谨古板的女科学家

默克尔毕业之后就进入了民主德国的物理化学研究所，虽然这不是自己最心仪的工作，但是她一干就是12年。在这里，她隐藏着自己的政治意识，静静等待着机遇的来临。

19. 科学院里寂寞的物理学家 ………… 068

20. 青年团里的美好回忆 ………… 071

21. 获得博士学位的八年坎坷路 ………… 075

22. 意料之外的西德之旅 ………… 078

23. 移居，或许不是最好的选择 ………… 082

24. 政治绝缘体身份下藏着一颗火热的心 ………… 085

第四章　柏林墙倒塌后默克尔的崛起

1989年，横亘在东德和西德之间的柏林墙终于倒塌了，这象征着国家分裂的意识形态终于消失了。在这个风云变幻的时刻，默克尔意识到自己应该走出实验室做点什么，于是她走进政坛，为之后的"默克尔时代"积蓄力量。

25. 柏林墙倒塌点燃了默克尔的政治理想 …………… 090
26. 在沉默中爆发的默克尔 …………………………… 093
27. 民主德国唯一一次真正民主的选举 ……………… 096
28. 个人的成功，政党的失败 ………………………… 100
29. 逐渐成长的政治新秀 ……………………………… 104
30. 异常艰难的联邦议会选举 ………………………… 108

第五章　女政治家一路扶摇直上

初入政坛的默克尔被人们称为"科尔的小女孩"，她用自己的实力推翻了人们的种种偏见，证明了女性也能在政坛上做出骄人的成绩。默克尔，这位青年女政治家，一路走来，虽有坎坷，但也收获颇丰。

31. 科尔的小女孩 ……………………………………… 114
32. 急于证明自己的女部长 …………………………… 118
33. "边缘衙门"的不斐政绩 …………………………… 121
34. 勃兰登堡州竞选的溃败 …………………………… 125
35. 名义上的基民盟副主席 …………………………… 128
36. 天时地利人和下的选举 …………………………… 132

37. "轻量级部长" ……………………………………… 135
38. 新官上任三把火，解聘国务秘书 ………………… 139
39. 怀柔政策：泪水换来《柏林议定书》…………… 142
40. 内阁会议惨遭滑铁卢 ……………………………… 146
41. 核的超强"破坏力" ……………………………… 149
42. 做环保部长时的那些事儿 ………………………… 153

第六章 领导基民盟的女统帅

众所周知，德国前总理、基民盟前主席赫尔穆特·科尔是默克尔的"政治教父"，但是当科尔老去的时候，默克尔顶了上来，领导基民盟继续追求政治目标，不断实现政党和个人的政治宏愿。

43. 一步步接近政治理想 ……………………………… 158
44. 走马上任基民盟总书记 …………………………… 161
45. 默克尔的第二段婚姻 ……………………………… 165
46. 政治风波中的绝地反击 …………………………… 168
47. 德国历史上第一位女性党主席 …………………… 172
48. 出师不利的基民盟主席 …………………………… 176
49. 新主席的政治主张 ………………………………… 180
50. 遭遇信任危机的总理候选人 ……………………… 183
51. 政治阴谋下的众叛亲离 …………………………… 187
52. 后退是为了更好地进攻 …………………………… 191

第七章 默克尔与施罗德的"战争"

一个女人，在瞬息万变的政坛占有一席之地已经不易，而默克尔的目标绝不仅仅如此，她的终极挑战是德国总理。面对强劲的竞争对手施罗德，做为新人的默克尔能够后来居上吗？我们拭目以待。

53. 令人沮丧的选举结果 …………………………………… 196
54. 夺权，上位联邦议会党团主席一职 …………………… 200
55. 审时度势是政治家的最基本技能 ……………………… 203
56. 基民盟内名符其实的"一号人物" …………………… 207
57. 善于借力的默克尔 ……………………………………… 211
58. 王牌与王牌的角斗 ……………………………………… 214
59. 越来越有魅力的竞争者 ………………………………… 218
60. 默克尔与施罗德的首轮PK …………………………… 221
61. 谁才是最佳辩手 ………………………………………… 225
62. 选举前期的僵局 ………………………………………… 229

第八章 黑寡妇领导下的新德国

对于默克尔来说，2005年12月25日有着不同寻常的意义，这一天她走向了权力的巅峰，成功出任德国总理，德国也正式迈进了"默尔克时代"。在她的领导下，德国也走向了更好的明天。

63. 德国迎来首位女总理 …………………………………… 236
64. 新总理的"香水旋风" ………………………………… 240
65. "灰姑娘"变身"铁娘子" …………………………… 243
66. 重压下的解题高手 ……………………………………… 247

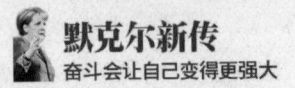

67. 适时的世界杯经济 ………………………………… 252

68. 冷静应对欧债危机 ………………………………… 256

69. "施瓦本主妇"的强势方案 ……………………… 260

70. 希腊人痛恨、德国人爱戴的默克尔 …………… 264

71. 新总理的大国外交 ………………………………… 268

72. 一如既往的环保外交 ……………………………… 271

73. 开启中德关系新篇章 ……………………………… 276

第一章 牧师家庭中走出的奋进少女

为了信仰,身为牧师的默克尔父亲移居民主德国。在那里,默克尔成长为一个出色的少女,她周围的人从来没有意识到眼前的这个女孩在若干年之后竟成为了德国第一位女总理。

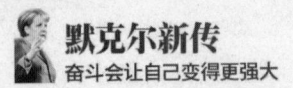
默克尔新传
奋斗会让自己变得更强大

1. 出生在柏林墙筑起的特殊时代

2014年12月31日晚,默克尔通过ARD(德国电视一台)和ZDF(德国电视二台)对德国民众发表新年祝福。镜头前的默克尔精神饱满、面带微笑,齐耳短发让60岁的她精神矍铄,明黄色的西装又将她衬托得妩媚动人。录像结束后,默克尔到后台稍作休息。一群国家神学院唱诗班的孩子欢呼着、打闹着从默克尔休息室门口跑过,看着这些脸上洋溢着自信和幸福的孩子,默克尔不禁想起了自己的童年。那时候,德国还没有统一,也不像默克尔在新年贺词中说的那样富强、民主,孩子们禁锢在政治高压下根本无法体会到童年的美好。

决定个人成长的社会生活包括两个方面:社会时代和家庭生活。中国古书《孟子》中有一句流传很广的俗语:"近朱者赤,近墨者黑"。时代大环境总是在潜移默化地影响着我们的性格、思想、以及人生走向。出生在混乱的两德时期,默克尔的成长被打下了深深的时代烙印。

默克尔出生之时的德国并没有现在的国际地位、和平环境和经济实力,甚至被四个国家分别占领,原因是它曾经的野心让它错误地发动了伤害世界人民的第二次世界大战。1939年,以德国、意大利、日本等轴心国及保加利亚、匈牙利、罗马尼亚等仆从国的法西斯国家为实行侵略扩张、争霸世界而发动了第二次世界大战。从欧洲到亚洲,从大西洋到太平洋,先后有61个国家和地区、20亿以上的人口被卷入战争。战火纷飞，民不聊生、哀鸿遍野，全世界人民在苦难的深渊中挣扎。默克尔没有亲眼见证战争的残酷，但是她的祖辈父辈都遍尝战争之苦，也经常给默克尔讲述自己的经历。从小默克尔就对战争与和平有着清晰的认识。

经过整整六年时间，以美国、苏联、中国、英国、法国等反法西斯国家和世界人民战胜法西斯侵略者赢得世界和平而告终。作为"二战"的发动者和战败国，当时的德国不但在道义上落人口实，战争的消耗也让这个曾经的强国国衰民穷，在美、英、法、苏等战胜国的压力之下毫无还手之力，成为各大国利益博弈的直接牺牲品。

虽然第二次世界大战以全世界人民的胜利而结束，但是世界人民对战败国仍有后怕。美、英、法、苏四个主要战胜国以顺应人们关于世界和平的呼求为理由，从维护自身利益出发，决定对"二战"的始作俑者德国进行分区占领。经过长时间的讨价还价，四个国家决定成立对德管制委员会，所有关于德国的问题都必须经过这个委员会的审查批准。实际上，德国政府已经失去管理自己国家的权力，苏联、法国、美国、英国将德国划分为东部、西部、南部、北部四大部分并分别占领。

"二战"之后，美国和苏联同时成为当时世界上的两个"超级大国"，为了争夺主导世界的霸权，两国之间的矛盾不断激化。冷战把世界分成了资本主义和社会主义两个阵营，随着两方势力逐渐变得水火不容、势不两立，作为占领区的德国自然也就难逃分裂的命运，并且不幸成为两大阵营冲突的前沿阵地。1948年2月，美、英、法、荷、比、卢六国举行会议，决定建立西德政府，在德国问题上刻意孤立苏联，以及把苏联势力排挤出德国。1948年3月，苏联宣布退出对德管制委员会，以不合作的态度阻挠美国、英国、法国合并占领区提议的实施。不久，美、英、法占领当局宣布在西占区实行"币制改革"，发行所谓"B"记马克，只在西占区流通。

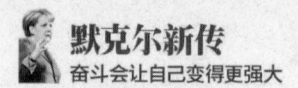

经过一段时间的酝酿，1948年9月20日，德意志联邦共和国正式成立，推行资本主义制度。1949年10月7日，德意志民主共和国成立，推行社会主义制度。至此，德国正式分为两个国家。

当时，默克尔本名安格拉·多罗特娅·卡斯纳，23岁时她与乌尔里希·默克尔结婚，才被称作安格拉·默克尔。1954年，安格拉·多罗特娅·卡斯纳出生在联邦德国的重要城市汉堡。在她出生不到两个月时，父亲霍斯特·卡斯纳决定离开汉堡，移居到东德偏僻的小镇，为信仰奋斗。从此，默克尔一家就与亲朋好友相隔一方。虽说两地相距不算太远，但是毕竟由两个不同性质的政府管辖，亲友相聚还是多有不便。

多年后，默克尔还对那段时间的经历记忆犹新："童年时，我的祖母每年夏天都要从汉堡来柏林看望我们一家。每次来和走的时候，父母和我都要到腓特烈大街的眼泪宫殿去接送。这对当时还只是个孩子的我来说，简直难以置信。我看到，随着祖母的年龄越来越大，妈妈开始担心是否还会有重逢的一天……"

虽然相见困难，但庆幸还能相见。而在默克尔七岁时，德国发生了一件大事，从此亲友相见便成了奢望。1961年8月13日，施工机械轰鸣声将许多德国人从睡梦中惊醒，他们不得不惊恐地、万分痛苦地接受这样一个事实：一道40公里长的带刺铁丝网沿着苏联占领区界限被匆匆布下，东西柏林之间的来往被阻断。不久，为了巩固封锁线，苏联将其改造为混凝土墙，墙全长169.5公里，其中包括水泥墙板104.5公里、水泥墙10公里、铁丝网55公里。墙高约3.6米。沿墙还修建了253个瞭望台、136个碉堡、270个警犬桩、108公里长的防汽车和坦克的壕沟。东德修建柏林墙的目的是为了防范来自西方的干扰和破坏，阻止国内技术人才和劳动力外流，自然也给普通德国人走亲访友带来了巨大的困扰。

年幼的默克尔还不懂柏林墙真正意味着什么，但她从父母的愁容中隐约地感觉到,这道墙与战争一样都将给普通人带来苦难。慈祥的祖母和许多友善的亲人再也没有来看望他们,默克尔更加坚信这道墙就是德国人的苦难。其实,柏林墙给默克尔一家带来的苦难不仅仅是和亲人天各一方,还有更多、更大的苦难在等着他们。

人的每一段经历、每一次选择都会对人生产生巨大的影响。出生在牧师家庭的默克尔随着父亲移居东德,为此失去了和亲人共享天伦的机会,也为以后的生活造成了诸多麻烦和困扰,但也恰恰是这些苦难、挫折,成就了默克尔辉煌的一生。有时候,人生的不幸就是大幸,关键要看个人如何去看待。在任何环境中,我们都要尝试去汲取其中有利的元素,以塑造人格、引导人生走向。

2. 为了信仰举家迁往东德

信仰拥有可怕的力量。当人们选择一种信仰后,思想行为就会被这种信仰所支配,总是时刻为信仰奋斗,甚至做出一些疯狂的事情。默克尔的父亲就是这样一位对自身信仰无比虔诚的人,为了信仰,他放弃丰厚的薪水、崇高的社会地位、与亲朋好友团聚的机会,带领全家迁居东德。

默克尔的父亲名叫霍斯特·卡斯纳,出生于 1926 年 8 月 6 日,曾在海德堡和汉堡专修神学,后来成为一名牧师。与当时德国牧师的普遍选择不一样,霍斯特·卡斯纳放弃了工作环境优越的联邦德国,选择了对教

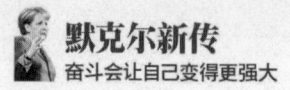

会歧视、压制的民主德国。霍斯特·卡斯纳的这种做法在朋友圈中引起了很大的波动，他们纷纷责备霍斯特·卡斯纳太疯狂、太不明智，并想尽办法劝阻。

为什么霍斯特·卡斯纳的决定会让朋友们如此担心呢？这源自当时德国被多方占领的现实。两德相较，联邦德国的经济更为发达，国土面积更大，人口也更多；而民主德国片面套用苏联模式，阻滞了经济发展的速度，人民生活也相对不自由。显然，在联邦德国，人民的生活水平较高，谋生也更加容易。这也是当时很多居住在民主德国境内的德国人纷纷移居到联邦德国的原因。

对于神职人员来说，两德的优劣更加明显。联邦德国崇尚基督教，尊重教会，神职人员在联邦德国拥有很高的社会地位，各方面待遇都非常优厚。宗教活动在联邦德国受到保护和提倡。而民主德国在向苏联学习的过程中推崇马克思主义，倡导无神论，把宗教看成是一种"精神鸦片"。宗教虽然没有被绝对禁止，但确实十分不受欢迎。神职人员在民主德国不仅工资低，社会地位不高，自己的家庭也会因为牧师身份而被牵累。

在当时的民主德国以及之后的很长一段时间里，牧师们必须忍受来自人们鄙视的眼光，来自社会生活中的各种歧视，甚至是迫害。民主德国对基督教会的侵犯非常严重，不仅牧师，还有不少基督徒也都被逮捕并且监禁起来。1952年6月，原定在吕本瑙举行的青年会宗教节突然遭到国家禁止，理由是教会青年会是个非法组织，大约3000名倾向教会的学生被开除了学籍。尽管当时形式上仍统一的全德基督教会对迫害教会青年会的做法提出了抗议，但是民主德国完全忽略其抗议。

随着苏美冷战的不断升级，德国分裂已经成为不可逆转的事实。霍斯特·卡斯纳不会不知道，一旦苏美彻底决裂，生活在民主德国的他和家人将会面临怎样的困难。但是，他依然选择举家迁往东德。这样的决定绝非他一时冲动，而是经过深思熟虑的。他之所以"逆流而上"，完全是为了信仰，他要为心中的两种信仰寻找一个最佳的结合点。

霍斯特·卡斯纳的两种信仰分别是基督教和社会主义制度。霍斯特·卡斯纳是一位牧师，受过良好的神学教育，基督教必将是他终身的信仰。民主德国的成立，一种新的执政方式进入德国人的视野，霍斯特·卡斯纳被这种社会主义制度所吸引，并慢慢地开始赞同这种制度。这样的判断并非凭空猜测，从他之后的人生选择中，我们完全可以体会到霍斯特·卡斯纳对社会主义制度的虔诚。

霍斯特·卡斯纳认同社会主义的理念，然而社会主义制度下的民主德国却并不认同霍斯特·卡斯纳的另一种信仰——基督教。于是，志向高远的他决心创建"社会主义制度下的教会"，寻找社会主义制度和基督教的最佳共存方式。默克尔在评价父亲为教会做出的努力时说："他希望教会能从空虚的精神世界脱离出来，注重现实，而不总是远离生活。"他不赞成教会与当局发生冲突，而认为神职人员应该和当局进行沟通交流，教民应当在既定的社会政治框架中平静地工作和生活。

尽管面临着艰苦的环境和诸多意想不到的困难，但是为了心中的信仰，霍斯特·卡斯纳毅然选择前往东德，开始未知的生活。1954年，在安格拉·多罗特娅·卡斯纳出生六个星期时，霍斯特·卡斯纳带着全家人踏上了艰难的旅程。

卡斯纳一家东德生活之旅的第一站是勃兰登堡州普里格尼茨的小村克维措，霍斯特·卡斯纳接到的工作通知，是管理这座小村子的所有宗教事宜。这个小村子只有300余位村民，村民生活非常贫困，生活来源基本上全靠自给自足。孩子们甚至连上学的地方都没有，要跑到相隔很远的邻镇去借读。这样贫穷落后的小村子自然没有像样的教堂和供神职人员居住的场所。卡斯纳一家住进了在当地还算条件较好的小宅子。宅子面子不大，

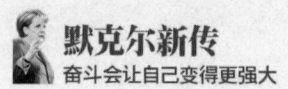

却同时是牧师办公室、教区家庭护士办公室和牧师家庭住宅,十分拥挤。居住条件还算不上困难,为了解决生计问题,霍斯特·卡斯纳不得不亲自从事农业劳动。默克尔回忆当时的情景时说:"当时的生活非常艰难,父亲不得不学习如何挤羊奶,母亲也得向附近的老人学做荨麻菜,我们的交通工具是一辆非常破旧而又怪异的简装摩托和自行车。"

虽然工作条件非常简陋,生活非常艰辛,但是霍斯特·卡斯纳却甘之如饴。因为他离自己的理想那样近,好像伸手就可以触碰到。再多的苦难与信仰相比,在卡斯纳牧师看来都微不足道。信仰就是拥有如此巨大的力量,它不是人类无法企及的日月星辰,而只是心中对某事物执着地追求,却能爆发出惊人的力量。它能托起沉沦的人生,点亮心灵的灯盏,给人一种精神的仰望和生命的活水。有坚定信仰的人,不会被外界各种各样的诱惑所扰,不会在困难和挫折面前屈服,总能以一副强者的姿态冲破艰难险阻。信仰可以让人的内心变得强大和丰富。

卡斯纳牧师就是这样一个内心十分强大的人。从父亲的身上,默克尔第一次感受到信仰的力量,父亲强大的内心和对自身信仰的坚守也在潜移默化中影响着年幼的默克尔。

3. 小村庄里的无忧童年

卡斯纳一家在东德的第一个落脚点是距离边界线不远的贫穷小村,在这个小村里,默克尔接触到了在西德的大城市永远无法见到的森林、河流，就在卡斯纳一家渐渐习惯于自给自足的生活时，父亲霍斯特·卡斯纳接到了新的任务，卡斯纳一家又要迁居了。

霍斯特·卡斯纳牧师是一位非常有才华的神职人员，不管走到哪里，他的风采都会引人注目。即使在贫穷的小村庄主持宗教事宜，卡斯纳牧师的神学修为也能让当时柏林勃兰登堡地区的大主教阿尔布雷希特·舍恩黑尔关注。在参与卡斯纳牧师主持的一场教会礼拜之后，阿尔布雷希特·舍恩黑尔决定要为这位年轻的牧师提供充分发挥其才能的空间。他想到了瓦尔德霍夫。这是一个拥有150年悠久历史的小镇，由于一些特殊原因，政府与教会的冲突在这里非常弱。舍恩黑尔主教心想在政府与教会和平相处的地方，卡斯纳牧师会有精力为教会做更多的事情。

就这样，在克维措生活了三年之后，卡斯纳一家迁到了瓦尔德霍夫。一到瓦尔德霍夫，刚刚四岁的小默克尔就开始在青葱、平坦、没有一点杂物的草坪上奔跑。她幼小的心灵已经感知到这是一个可以与大人口中所说的"天堂"媲美的地方。瓦尔德霍夫的确是一个人间天堂，正是万物生长的季节，一眼望去整个小镇都被绿色覆盖，绿色的草地、绿色的树林、绿色的田野，甚至长满爬山虎的房屋都是绿色的。在重重绿色掩映下，是清可见底的河流、静如明镜的湖泊和悠闲自得的镇民。

最吸引小默克尔的不是山川、树木、河流，而是那段历经时代风霜的斑驳石墙。这段石墙是中世纪留下来的，虽已经磨损，但韵味犹存。默克尔喜欢它奇怪的造型和墙面上深深浅浅的弹洞，年幼的她对风格、历史还不了解，她只是喜欢这段石墙的与众不同。瓦尔德霍夫小镇内，还有一些历史悠久的建筑，比如著名的哥特式圣·格奥尔格教堂和巴洛克式玛丽亚教堂。

不仅仅是小默克尔，卡斯纳一家来到这里立刻就被瓦尔德霍夫的美丽所征服，非常愿意在这里过田园诗一般的生活。直到现在，已经退休的卡

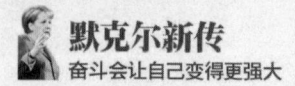

斯纳夫妇仍旧居住在这里，默克尔也会经常回来小住，这里的悠闲宁静总能让她暂时忘记政坛纷纭，让心灵获得难得的安宁。看着房前屋后欣欣向荣的蔬果，默克尔或许会有那么一个瞬间感慨：如果不是因为求学而离开这个小镇，生活将多么安逸。在成年之前，默克尔从来没有长久离开过瓦尔德霍夫，她的童年时光就是在这样一个世外桃源般的小镇度过。

和瓦尔德霍夫一样历史悠久的是它的慈善事业。受到工业化和战争的影响，德国普通居民的生活越来越困难，大量人口流离失所。基督教教会一向以帮助他人为教义，19世纪不少教会团体和个人纷纷建立"救济站"，以救助工业化进程中生活困难的儿童和青少年。瓦尔德霍夫有当时规模可观的"救济站"——流浪男童教育协会，该协会1988年在瓦尔德霍夫修建了住房、农田、园林和一所寄宿学校。

民主德国建立以来，政府将更多精力放在经济和军事上，社会事业发展并不乐观，流浪儿童的数量有增无减。流浪男童教育协会的规模越来越大，任务也越来越繁重。1958年，该协会的规模还在不断扩大，感受到威胁的民主德国政府开始对其采取措施。民主德国政府提倡无神论，要求人民信仰马克思主义，远离基督教，要想取得效果就必须从孩子做起，让孩子从小就远离宗教。于是，民主德国政府把孩子们转到国家统一设立的青少年工作站，并将很多有智力或精神障碍的残疾人转移到这里，以充分利用这里的房舍资源。注重现实功利的政府，认为这些残疾人即使信教也不会对马克思主义信仰造成威胁，便放松了对这里的管制，这也是舍恩黑尔主教认为卡斯纳牧师在这里更能发挥才能的原因。

霍斯特·卡斯纳到瓦尔德霍夫任职时，"流浪男童教育协会"已被国家强制关闭，残疾人将协会原有的校舍搅得鸡飞狗跳、乌烟瘴气。霍斯特·卡斯纳来到这里做的第一件事情就是要求教会看护、帮助这些残疾人。其实，这些残疾人虽然不能融入正常人的世界，但是他们仍然有感情、有自己的处事方式、懂善恶。在霍斯特·卡斯纳和教会的帮助下，这些残疾人大部分都学会了自理和一些简单的劳动，比如农业、园艺、打铁或制鞋等，虽然他们做起来没有正常人那么顺利，却几乎可以自食其力、自给自足。

默克尔从小就和这些残疾人生活在一起，父母有事情要忙的时候会拜托一些残疾人叔叔阿姨来照顾小默克尔，默克尔无聊的时候也会去找他们玩，他们还经常会帮助卡斯纳一家做家务、整园子，参加他们的家庭聚会。在默克尔看来，这些残疾人每天总是开开心心，似乎比其他人过得都好。聪明的默克尔从中领悟到，健康并不是愉快的唯一标尺，判断人的价值也不能仅仅无端地依靠外部条件。

瓦尔德霍夫以外的居民都不愿意让孩子到这里玩耍，害怕被残疾人伤害或者带坏，但是默克尔却有着善良、有智慧的父母，他们以对待正常人的眼光看待这些残疾人，并让孩子与他们正常地交流。默克尔回忆说，她很庆幸拥有这样的父母，让她没有染上那些高贵的小毛病。

默克尔是个幸运的孩子，她的童年充实、安宁、快乐。对于任何人来说，童年是人生最奇妙的一段经历，童年的轶趣和悲喜终将随风而逝，但是童年所经、所感、所思带给我们的经验，却对我们的心理建构起着主体性的作用。童年的心灵虽然幼小，却隐藏着各种倾向，童年的压抑会让人计较一生；童年的弱点常常让人负累一世；童年的美好总能让人一辈子受益。童年的眼神里隐藏着我们的命运走向，漫长的人生皆是童年的延伸。

自从人类进入工业化时代，山青水秀、鸟鸣虫唱、无忧无虑的童年越来越少，取而代之的是钢筋水泥、人喧车噪。我们的童年越来越单调、越来越了无生趣，属于童年的那份童真也越来越少。默克尔无疑是幸运的，她跟随父亲从汉堡这样的大城市来到东德的小村，远离了工业化进程中混乱的都市，在安逸的村庄度过了无忧的童年。

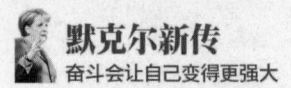

默克尔的童年与山水、田园和一群无忧无虑的人相伴,内心总是一片澄澈,似乎从来没有悲伤和愤怒。这样的童年经历造就了她淡定从容的性格,她总是像瓦尔德霍夫的湖水一样安静恬淡。淡定从容是一种力量,正像肃穆的山林藏满宝藏,平静的海面下是巨大的力量一样。

4. 睿智执着的父亲教会她勇敢奋进

默克尔的父亲霍斯特·卡斯纳是一个执着、睿智的人,与父亲朝夕相处的日子里,默克尔深受父亲优秀品质的感染。在日后独自拼搏的岁月里,她将父亲遗传给她的品质不断升华,面对困难她总能知难而进,只要梦想还在她就不会停止奋进的脚步。

霍斯特·卡斯纳在德国最混乱之时,不顾众人反对毅然决然的"逆流而上",选择举家迁居民主德国。他之所以做出如此举动是因为他拥有一个远大的理想,那就是为自己支持的两大信仰寻找结合点,创建社会主义制度下的基督教。当时民主德国崇尚无神论的现实条件无疑是不适合神职人员生存的。霍斯特·卡斯纳对一家人在民主德国可能遇到的困难心知肚明,但是他没有退缩,他是一个执着的人,认定的事情不到山穷水尽是绝对不会更改的。他也是心理强大的人,能够在千难万险前依然守护自己的梦想。

人的一生总需要几次执着,执着是一种坚持不懈的精神,是对自己理想的追求，是在正确的方向中不停前进。因为执着，困难不再势不可挡；因为执着，梦想不再遥不可及；因为执着，前途不再迷茫无望。只有执着追求并从中得到最大快乐的人，才是成功者。然而，选择了执着就是在旅途中选择了坎坷崎岖，在攀援中选择了悬崖峭壁，在航向中选择了荒凉孤岛。只有那些心理强大的人才能够克服困难，实现梦想。如果没有坚定的信念，即使一个人对梦想有再执着的渴望，也会在困难面前半途而废。霍斯特·卡斯纳是一个拥有坚定信念的人，他执着于创建社会主义制度下基督教的理想，并敢于为这个理想放弃舒适的生活、优厚的待遇和崇高的社会地位。

  执着于梦想并不等于一味的固执己见、冥顽不灵。在形势极端严峻的情况下，愚昧的人一味蛮干，死钻牛角尖，结果四处碰壁，最终落得一事无成；而智慧的人懂得变通，懂得如何迂回地实现目标。执着与固执只是一念之差，结果却迥然不同。执着帮助人们实现梦想，固执却让人走向死胡同。所以，面对无法克服的困难时，如何选择，至关重要。霍斯特·卡斯纳是睿智的人，他执着于梦想，也懂得梦想可以通过迂回的道路实现。

  卡斯纳牧师力求创建社会主义制度下的基督教，就是希望社会主义国家的执政者能够与基督教和平共处，相互接纳。这在当时的民主德国似乎是不可能的事情。20世纪中期，共产主义理论尚未发展完善，社会主义国家建设才刚刚起步，对无神论的崇拜让民主德国政府全面排斥所有宗教。民主德国政府的这一政策引来了宗教人士的不满，当时许多地区的大主教都完全不承认民主德国政府。为了应对大主教们对民主德国的负面宣传，在政府的支持下，白湖工作小组成立。小组的工作内容是拉拢教内人士放弃教内事务、支持民主德国。在白湖工作小组的不断活动下，基督教内部的分裂越来越大，政府与教会的矛盾冲突也日渐尖锐。在这样的情况下，卡斯纳牧师别说为理想奋斗了，甚至连自己和家人的安定生活都无法维持。

在宗教界，卡斯纳牧师并不是一个默默无闻的人物，自从调到瓦尔德霍夫之后，他就开始创办神学院。通过不懈努力，卡斯纳牧师的神学院成为民主德国一个培养助理牧师和培训牧师的重要机构，很多神学家无论是进修，还是在第二次国家神学考试前、当助理牧师的学习期间，都得到滕普林来。勃兰登堡的每一个牧师在学习期间或长或短都在瓦尔德霍夫待过一段时间，他们在这里跟卡斯纳牧师学讲道。可以说，东德乃至全德国的大部分牧师，都是卡斯纳牧师的学生。更让民主德国政府忌惮的是，卡斯纳牧师的这个神学院一直由西部教会资助，因此，卡斯纳一家成为民主德国安全部重点调查的对象。默克尔曾回忆说："小时候，父母总是告诉我们该怎样与国家安全部的人打交道。我们都知道，在面对这些人时，如何才能得体地回答他们的问题。"

东德安全部在对卡斯纳牧师保持警惕的同时，还想尽办法要拉拢他，因为卡斯纳牧师在教会内部有很好的关系网，并因此获得"红色卡斯纳"的绰号。舍恩黑尔大主教对卡斯纳非常欣赏，不但亲自对其工作进行调动，对卡斯纳牧师的意见他总能给与考虑。1974年9月27日至10月1日在波茨坦举行的民主德国基督教会联盟代表大会上，舍恩黑尔做了一个题为"教会作为学习者的共同体"的报告，而卡斯纳做了补充报告，由此他的影响力可见一斑。所以，民主德国政府认为，如果能够拉拢卡斯纳牧师，那么白湖工作小组的工作就容易多了。

睿智的卡斯纳牧师没有因为民主德国对教会的封杀而全面反对政府，也没有因为被政府拉拢而放弃信仰。他仍旧孜孜不倦地寻求社会主义制度与基督教之间的最佳结合点，他一方面尽最大努力培育神职人员、主持各种教内事务，另一方面在不违背信仰的前提下和政府合作，力求教会与政府的和平相处。比如，他在1962年开始参加选举，随后接受了全国阵线

"教会小组"的邀请,还发表了自己的演说。但是,在对于青少年要参加政府性质的成人礼,还是宗教性质的"坚信礼",他始终坚持信仰是自由的,青少年可以自己做出选择。所以,默克尔没有参加政府举行的成人礼,而是在滕普林的圣玛丽亚教堂接受了汉斯·格奥尔格·施拉姆大教长为其主持的"坚信礼"。

父母是孩子最好的老师,在朝夕相处中父母的处事态度、为人性格会深深影响孩子人生观、价值观的塑造。卡斯纳牧师在对待梦想上的执着和睿智深深地影响着默克尔,当梦想的种子飘落到默克尔的心田后,她也像父亲那样为梦想坚守着,哪怕前方是刀山火海,只要有征服的希望,她就绝对不会退缩。她也和父亲一样睿智,懂得通过迂回的道路也能够实现梦想。

虽说父母这种耳濡目染、潜移默化的影响比任何形式的教育效果都要明显,但是什么样的父母就能培养出什么样的孩子并不是绝对的。孩子本身的学习能力和学习倾向也非常重要。聪明的孩子总有很强的分辨是非的能力,并能从生活环境中汲取一切有利养分。小默克尔就是这样聪明的孩子,父母的智慧被她很好地学习,并在以后的生活中充分发挥。

5. 温柔的母亲教会她坚强隐忍

母亲的怀抱是抵挡一切风暴的港湾;母亲的笑容是治愈一切伤痛的良药;母亲的言语是滋润万物的甘霖。外表坚强的母亲总是有着融化一切悲

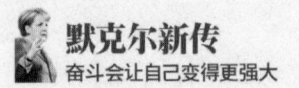

伤的温柔，母亲不仅给与我们生命，照顾我们成长，还传授我们获取幸福的秘诀。默克尔的母亲就是这样一位智慧的母亲，她给予默克尔无微不至的关怀，教会默克尔如何在逆境中保持乐观阳光，也让默克尔懂得对于生活突如其来的不幸，有时候坦然接受才是明智之举。

默克尔的母亲赫尔林德·卡斯纳是汉堡人，出身于富裕人家，并受过良好的教育，可以算得上名副其实的大家闺秀。大学毕业以后，赫尔林德在联邦德国的一所学校教授英语和拉丁语。由于知识渊博、和善温柔，赫尔林德非常受学生们的爱戴。工作没有多久的赫尔林德结婚了，因为全家人对宗教的虔诚，她在众多追求者中选择了霍斯特·卡斯纳。卡斯纳太太的亲朋好友都非常羡慕她，因为卡斯纳牧师不但人好，所从事的工作在联邦德国也非常受尊重。刚结婚的那段日子，可以说是卡斯纳夫妇最快乐、最无忧无虑的时光。但是，这样美好的日子很快就被卡斯纳牧师移居东德的想法打乱。

对于卡斯纳牧师的想法，卡斯纳太太起初是并不愿意的，她考虑到东德对基督教的压制，意识到牧师家庭的生活肯定举步维艰。她和丈夫还可以忍受这些苦难，毕竟任何人的梦想都不会轻轻松松实现，但是怀中刚出生的女儿呢，这么可爱纯洁的孩子不应该从小生活在苦难中。另外，她还舍不得她那些懂事乖巧的学生和相处和睦的同事，或许到东德之后她就不能再做老师，即使还可以教学生，这样乖巧懂事的学生也是可遇而不可求。还有她年迈的父母、刚刚成人的兄弟姐妹，都让她割舍不下。

然而，卡斯纳牧师对梦想的执着和渴望让他恨不得立刻插上翅膀飞到东德，他不可能因为妻子的犹豫而改变初衷，对梦想的狂热也让他无暇顾及妻子的感受。最终，卡斯纳太太对丈夫的爱代替了一切，她毅然放弃心中的各种不舍，默默擦干眼泪随着丈夫背井离乡。

多年后，默克尔回忆起母亲的决定还是非常感动。当卡斯纳太太遇到卡斯纳牧师之后，爱情就成了她唯一的信仰。这个坚强的女人为了爱情、为了信仰，割舍了太多太多。放弃是一种勇气，为了心中所想，学会放弃才能够获得更多。

上帝没有被卡斯纳太太对爱情的无私奉献而感动，反而剥夺了她更多珍贵的东西。崇尚无神论的民主德国政府对牧师家庭非常忌惮，牧师家属的一切行为都会被慎重处理。当小默克尔稍微懂事后，卡斯纳太太开始出门找工作。但是没有一所学校愿意接纳她，原因仅仅是他们不需要老师。卡斯纳太太非常纳闷：明明有好几所学校办学条件非常差，不可能不缺老师。倔强的卡斯纳太太打算到当地政府部门问清楚。接待的公务员告诉她，在东德，牧师家属是不被允许进入教育界的。更何况卡斯纳太太还有西德背景，想成为教师就更加困难了。

回到家后，卡斯纳太太将自己关在卧室里，不让别人打扰。半天之后，她高高兴兴地走出来，似乎什么事情都没有发生过，乐观的她抱起小默克尔说："从今天起，妈妈的任务就是全心全意照顾你和爸爸。为心爱的人洗衣做饭、整理房间，再养养小动物、种些蔬果不是也很幸福吗？"卡斯纳太太的自我治愈能力非常强，她是一位乐观的母亲。这种性格也深深地影响了默克尔。从此，卡斯纳太太开始了家庭主妇的生活，这对于默克尔和后来出生的弟弟妹妹来说无疑是天赐福音——妈妈有更多的时间照顾他们了。默克尔回忆说："每天放学后，我都和母亲聊一两个小时，把什么都讲给她听。我至今感谢我的父母使我们在家里能有这样的机会。"

1957年弟弟马库斯出生，1964年妹妹伊蕾娜出生，卡斯纳太太精心照顾这些小家伙长大，并乐于对他们进行力所能及的教育。她深知教育事业的重要性，也知道其中需要相当的技巧。默克尔和弟弟妹妹早期得到的大部分教育都来自于母亲。

卡斯纳太太深知牧师的孩子在民主德国会受到歧视，为了帮助孩子们

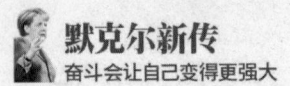

走出困境,她要求每个孩子在回家之后都告诉自己在学校发生了什么,遇到了什么样的困惑。她总是教育孩子要正视这些歧视,积极地面对,并且做得比其他孩子更好。她担心孩子们会因为别人的歧视而变得自卑、内向,因此想尽一切办法培养孩子的自信心和交际能力。从默克尔和弟弟妹妹可以独立完成一些事情开始,卡斯纳太太就开始锻炼他们。比如,到镇上把鸡蛋卖掉、买羊奶回来等类似的事情,默克尔和弟弟妹妹刚上小学就已经可以完成。这让他们无比自豪,也练就了他们的交际能力。卡斯纳夫人总会用各种各样的方式对孩子们进行诱导,希望他们建立起强大的内心和意志,以及不怕困难、不断前进的努力和决心。

做家庭主妇的日子对于卡斯纳太太来说是一种蛰伏,她从来没有放弃过自己。30多年之后,她依然渴望最大限度地实现自己的人生价值。于是,在两德统一稍有眉目时,她便加入了社民党,开始投身政治。1993年,卡斯纳太太竟成功当选为滕普林的市议会议员。任期满后,她开始回归了本职,在滕普林的业余大学里教授英语。

对于大多数童年生活并没有那么容易的人来说,母亲教会我们的总是坚强和隐忍。在变幻莫测的大自然面前,生命总是如此不堪一击,母亲最深沉的本能就是保护下一代,不仅保证他们有足够的衣食可以健康成长,还要教育他们阳光、乐观、幸福地生活。每一位伟大的母亲都懂得如何让孩子的心灵变得充实、富有、强大,懂得如何教会孩子面对生活的艰难坎坷。

卡斯纳太太就是这样一位伟大的母亲,为了让孩子更好地成长,她巧妙地帮助他们建立强大的内心和意志。默克尔从母亲那里学到了坚强和隐忍。面对生活的逆境,只有乐观、坚强地面对才会有出路。而人生有些时候并不适合锋芒毕露,隐忍是为了更好地爆发。

6. 发挥优势，隐藏弱势，聪明人的不二选择

从小默克尔就有一个梦想，那就是成为一名花样滑冰运动员或芭蕾舞演员，这个梦想起源于一次圣诞晚会。那一年，默克尔刚刚四岁，在父母的带领下参加了瓦尔德霍夫的圣诞晚会。那是一场非常盛大的晚会，主办方请来了全州众多名人参加演出，其中就有花样滑冰和芭蕾舞表演。小默克尔被滑冰运动员和芭蕾舞演员曼妙的身姿、优美的舞步以及梦幻般的演出服装所震撼，暗暗下定决心一定要成为舞台上的精灵。然而，默克尔的自身条件似乎并不适合走运动员或者舞蹈演员这条路。

默克尔的平衡能力非常差。当同龄的小朋友都已经能够奔跑跳跃时，默克尔甚至还不能独自走几步。曾经一度，卡斯纳夫妇认为默克尔患有腿疾，带着她看遍了全州的医生，所有的医生给出的诊断结果都是一样的：不用担心，只需等待。终于，三岁的默克尔学会了走路，可以独自走出几步，但是，大部分时间她还是要牵着父母的衣角，因为一旦多走几步，她就会摔得鼻青脸肿。在小弟弟出生之后，默克尔终于可以独自走路，然而上下楼梯依旧是难题，她总会因为迈得太多或高度不当而直接从楼梯上滚下来。自从弟弟学会走路后，家里出现了一个奇怪的现象。默克尔总是指挥比自己小三岁的弟弟楼上楼下地到处跑，而自己则常常一整天都不上楼或者下楼。为了让弟弟心甘情愿地为自己服务，她总是拿一些糖果、甜点

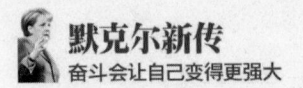

来拉拢弟弟。此时，默克尔的政治才能已经显现，年仅四五岁的孩子已经懂得了各取所需。

当弟弟已经长大，不愿意被姐姐控制时，默克尔不得不自己面对上下楼梯的难题，她每一次都得把要走的路预先做周密思考，以保证自己不会或者少摔跤。这种深思熟虑的习惯让默克尔一生受益匪浅，成年后的默克尔在做任何事情的时候都能够三思而后行，从来没有因为冲动而犯错。

默克尔在运动方面的缺陷令人难以置信，甚至小学已经毕业，她对楼梯还是非常忌惮。如此差的平衡能力，让默克尔的体育成绩一塌糊涂，因为体育课，默克尔不知道伤心哭泣过多少次。成年后的默克尔提起体育课总是苦笑："在体育课上，我是那种能在三米跳板上站一整节课，看着同学们在游泳池里玩，直到下课都不敢跳下去的人。"

由于平衡能力上的缺陷，默克尔几乎是不可能从事运动或者舞蹈行业的。但是，倔强的默克尔非要为小时候的梦想努力一把，拗不过她的卡斯纳太太只好为她请了一位家庭舞蹈教师。结果上完第一节课后，默克尔就把自己关在卧室不愿见人。

吃饭时间到了，弟弟已经催促了默克尔三次，还不见她开门，母亲只好拿钥匙打开了房门，只见默克尔趴在床上已经哭成了泪人，母亲走到床边温柔地询问她到底发生了什么事情。

默克尔哽咽地说："只是一个简单的旋转动作，别的小朋友都能轻松地完成，而我却总是摔跤。我怎么可以这么笨呢？"

母亲宠溺地笑了笑："你从小就没有运动天赋，走路都经常摔跤，这些你是知道的。"

"妈妈，我是不是很没有用？"小默克尔更加伤心。

"如果你遇到一点困难就哭鼻子，那就真的很没有用。每个人都有自己所擅长和不擅长的东西。就像让妈妈像爸爸那样去给年轻的牧师们讲学，妈妈肯定做不到；而让爸爸和我比英语、拉丁语，他又只能被我打败。你应该多利用你的优点。"母亲默默地为默克尔擦去泪水。

"可是，我有什么优点呢？"

"那就要你自己去发现了。"

结束这次对话，默克尔觉得豁然开朗：既然在运动方面没有任何天赋，为什么非要强求呢？倒不如发挥自己的优势，做一些自己可以做到的事情。

吃过晚饭后，默克尔躺在床上开始思索自己的优势。默克尔学会说话非常早，别的小朋友还不会叫爸爸妈妈，她就可以说很长的句子了。三岁那年，母亲遇到一些麻烦事情，就把她送到汉堡的姥姥家。她在那里住了近三个月之后，竟然学会了一口地道的汉堡腔，经常用汉堡腔和朋友们开玩笑，让朋友们一头雾水。与人争辩，她总能毫不费力地打败对方。有一次，母亲在集市买东西的时候，受到老板的不公正待遇。性格温和的母亲并不愿意多做解释，默默地走开，可没走几步便听见默克尔和老板理论，条理清晰、有理有据。卡斯纳太太决定暂时不过去阻止她，听听女儿怎么争辩。结果，那位老板被默克尔批评得脸红脖子粗，连连向卡斯纳太太道歉。

想到这里，默克尔心中有了新的目标。她开始将全部精力放在语言学课上。对于俄语，她尤其喜欢。她说，"俄语是一种美丽的语言，富于感情，像音乐，又伤感"。为了学好俄语，她甚至连早上等学校班车的时间都不愿意浪费。后来，成为基民盟主席的默克尔曾与俄罗斯总统普京会晤，普京对默克尔能熟练掌握他的母语非常钦佩。

正如世界上不存在没有任何瑕疵的美玉一样，绝对完美的人也只存在于童话中。所谓"金无足赤，人无完人"，世界上的每一个人都会存在这样或那样的缺陷。然而，上帝对于每个人都是公平的，他在为你关上一扇

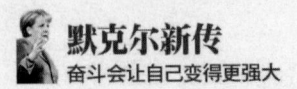

门的同时,也为你开启了一扇窗。所以,每个人又拥有不同的过人之处。可以说,一个人能否成功就取决于能否正确地看待自身的缺陷和优势。

优点和缺点存在于每个人身上,我们不能因为优点狂妄,因为缺点自卑,而应该正确地看待优缺点。既然缺点人人都有,我们为什么要抱着缺点自怨自艾?倒不如换个思路,充分发挥自己的优势,这才是聪明人的不二选择。

每个人都希望自己是完美的,但这是绝对不可能的。世间人总是千差万别,缺点不足随处可见。愚昧的人要么片面地放大自己的缺点,从而自怨自艾、破罐子破摔;要么无知地夸大自己的优点,从而为狂妄自大付出惨痛的代价。而聪明的人却知道扬长避短。他们能够清楚地认识到自身的优点和缺点,并懂得如何隐藏弱势、发挥优势。默克尔就是这样一个智慧的人,扬长避短的本领帮助她在成功的道路上走得更快、更远。

7. 成绩优秀的普通学生

默克尔从小就是一个低调的人,尽管小时候她的成绩非常优秀,但她一直严格约束自己,小心翼翼与同学和老师相处,从来不敢有半点逾越。直到今天,默克尔依旧以常人难以做到的严谨态度面对生活,她很少在公众场合作秀宣扬,总是微笑、和蔼地待人接物。

1961年,默克尔开始在瓦尔德霍夫附近的小学上学。开学前天晚上,母亲和她聊天到很晚，母亲告诉她，在社会主义制度下的学校里，牧师的家属可能会受到不公正待遇。默克尔的老师和同学有可能不喜欢她、孤立她。所以，她必须付出比平常人多得多的努力，去证明自己的实力，赢得老师和同学的欢迎。卡斯纳太太的一番话只是想鼓励孩子好好学习，做一个优秀的孩子，而聪颖的默克尔却领会到了另一层含义：除了要好好学习外，她还必须付出更多的努力去和老师、同学和睦相处。

当默克尔的启蒙老师了解到默克尔出身于牧师家庭时，同情地对她说，尽最大的努力学习是义不容辞的责任。启蒙老师如此紧张，是因为默克尔就读的学校深受民主德国政府重视，校内领导大部分都是马克思主义的狂热追随者。他们憎恨西德的一切，学校甚至明文规定：如果哪位学生提着西德商场的购物袋来上课，就要被开除。因为在社会主义性质的学校中，是不允许出现资本主义广告的。默克尔在这样的环境下学习，除了通过优异的成绩获得尊重外，别无他法。

默克尔从来没有放松对自己的约束，总是时刻表现出谦卑的模样。从来不会惹老师生气，也从不挑衅，更加不爱出风头，为了让自己能够被同学接受，她学会了一门察言观色的能力，总是能够很快猜透别人的心思，采取得当的行动。默克尔从小就具备语言方面的天赋，这对她在同学之间的交际非常有用，她知道如何遣词造句才能最好地达到自己想要的效果，她也知道什么样的措辞才能让人们最满意。默克尔总是小心翼翼地生活，谦卑、宽容、和善的性格特征让她不仅没有受到老师和同学的歧视，反而拥有了许多朋友。

默克尔在集体生活中的发言最能体现她的谨慎态度。她从来不喜欢当众讲话，因为母亲告诉她在一个对自己不利的环境中，少说话、多做事是保护自己最有效的方式。即使有时迫不得已地要发言，她也会细心组织语言，如果发现老师脸上有一丝不悦的表情，她都会终止发言。这种尽量少

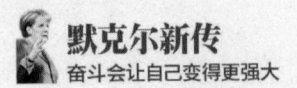

说话的处世方式让默克尔在学校中避免了许多麻烦,学校领导甚至有一段时间竟然忘记学校中还有这样一位身份特殊的学生,默克尔得以在这段时间和同学们平等地享受学校生活。

默克尔低调并不是因为她没有高调的资本,她从小学开始就是老师和同学眼中最优秀的学生。默克尔的运动和动手能力不好,但是自然科学对她来说简直再容易不过了,她的学习能力非常强,无论什么课程,她总是一学就会,甚至有时候还会抱怨课程的难度太低,满足不了她的要求。默克尔不但学习能力强,还非常勤奋,别的同学都不学习的时候,她还在静静地看书。自从学会阅读,默克尔的大部分课余时间都是在图书馆度过的,她不仅读德语名著,还看俄语书籍,以至于她对俄国文学十分了解。

从20世纪70年代中期开始,东德的孩子中大概只有10%的人能上高中,这些学生的人选并不是通过考试确定,而是学校领导和老师根据学生的学习情况和综合素质确定,政治因素也是其中一条重要标准。按照一般惯例,牧师家属是没有资格就读全州最好的高中的,然而,默克尔却打破了这项惯例,成绩优异、表现出色的她打动了学校领导和老师,她被破格安排在前10%的同学之内。在当时的社会条件下,狂热的社会主义追随者能够让一个具有西德背景的、牧师家庭出身的学生上全州最好的学校,可想而知默克尔该有多优秀。

尽管默克尔的学习成绩异常优秀,频频获得老师的称赞和学校的各项荣誉。但是,默克尔依旧严格约束自己,从不狂妄、不自大。别人问她问题,她总是会尽心回答;同学们借阅她的参考书或笔记,她从来不会拒绝。因此,她和同班同学的关系非常好,甚至同学们还为她出谋划策:如果有人问她父亲是做什么的,她可以含糊不清地回答,使得"牧师"听起来像"司机",以便使自己看起来不那么与众不同。

在学生时代,默克尔甚至没有谈过恋爱。有同学调侃她说:"她从那时候起就是CDU（民主联盟的缩写）的人，她是'未接吻俱乐部'（首字母是DUC）的成员。"默克尔后来回忆说，她也曾有过懵懂的暗恋。但是一想到谈恋爱可能让她置身于麻烦之中，就打消了这个念头。

低调做人无论在官场、商场还是政治军事斗争中都是一种进可攻、退可守，看似平淡，实则高深的处世谋略。低调的人总是谦卑地生活。谦卑是一种智慧，是为人处世的黄金法则。懂得谦卑的人，必将得到人们的尊重，受到世人的敬仰。毛羽不丰的时候，要懂得让步；遭受不公平待遇的时候，要学会原谅；被别人冒犯时，要能够宽容。低调做人是赢取对手的资本，最后不断走向强盛、伸展势力，再反过来使对手屈服的一条有用的妙计。

能够参透"低调之道"的人是智慧的人。当取得成绩时，他能够学会感谢他人、与人分享，赢得他人的尊重和肯定。如果一个人习惯了恃才傲物，看不起别人，那么总有一天会独吞苦果！大度睿智地低调做人，有时比横眉冷对地高高在上更有助于问题的解决。

默克尔就是这样一个低调的学生，她谦卑、宽容、和善，严格要求自己，即使成绩再优秀，她也从来不愿意过多表现自己。在那样严峻的社会形势之下，默克尔的这种做法是明智的。因为对身份特殊的她来说，普通就是一种幸福。

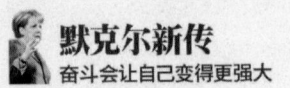

8. 乖乖女唯一一次叛逆经历

默克尔一直是非常听话懂事的乖乖女，很少有违背家长和老师意愿的行为。然而，她也有叛逆期，也曾做过一些出格的事情，不过，她懂得怎样保护自己，怎样保护同学们。所以，这些事情并没有让她和同学们受到很大伤害。

叛逆期是每个人成长中都会经历的一段特殊时期。在这段时间里，人开始脱离稚嫩、走向成熟，生理和心理都会发生巨大的变化。尽管长辈会对我们进行全面教育和无微不至的呵护，但是我们心中原始的焦虑和好奇还是会蠢蠢欲动。如何摆脱这种令人不安的情绪呢？我们往往会选择做一些怪异的行为去发泄。叛逆期就这样开始了。

在叛逆期，我们往往会做一些匪夷所思的事情。大多数情况下，这些事情都只会起到负面影响。我们仿佛是要用这些错误来宣誓我们已经长大，已经可以做自己想做的事情。因此，叛逆期又是非常危险的成长阶段。许多人在叛逆期堕落、受到伤害、误入歧途。聪明的孩子总能很好地保护自己远离伤害。十多岁的默克尔进入了青春期，不安分的种子也开始在她心中萌芽。

默克尔所就读的学校仇视一切西德事物，穿西德衣服上学的同学是要被警告处分的。默克尔却偏偏要和学校对着干，但是聪明的她没有选择西德标志性服饰，而是常常穿一条剪了商标的牛仔裤。这让学校领导很不爽，按照他们的逻辑牛仔裤是资本主义社会的服饰，而默克尔所穿的牛仔裤却没有产地。八年级的时候，默克尔和几位女同学对香烟产生了兴趣，学校越是管制吸烟，她们的好奇心就越浓。一天放学后，她和同学们到森林深处偷吸一位同学从家里带来的香烟，结果被森林管理人员发现，遭受了一顿臭骂。她们仍然很开心，因为她们终于知道身处云雾缭绕的烟气中是什么样的感受了，因为与生俱来的谨慎小心，默克尔的这些叛逆行为都是小打小闹。多年后，她回忆起青春期时，开玩笑地说："进行些轻微的挑衅我觉得很有趣，可以释放心中的不满，避免患上胃溃疡。"

然而，在一件事情上，默克尔进行了全力的反抗。在这次反抗过程中，她也不忘聪明地保护自己和同学们，充分显示出其公关头脑。那是发生在1973年，默克尔升入大学前夕的事情。

20世纪中期，资本主义与社会主义两种意识形态之间的对决达到了高潮，两大阵营对决已经形成水火不相容的态势。1968年，越南共产党发生学潮事件，在全世界范围内掀起一阵狂风暴雨。被美国和苏联两大阵营的领头羊所控制的西德和东德也不可避免地受到波及。西德在处理这件事情上非常暧昧，为了避免与两个超级大国发生正面冲突，西德在国际上的发言小心翼翼，始终保持中立状态。而狂热的民主德国却积极地支持越南共产党，并要求全体民众对越南共产党进行声援。

默克尔和她的同学对这种强制性的政策十分不满。因为一时没有波及到自己，他们也没有采取任何措施。1973年，默克尔和许多同学顺利地拿到了高中毕业证。按照惯例，学校会为他们操办一场毕业晚会，晚会节目由全校学生自由排练。升学事情办完之后，默克尔就开始和同学们为毕业晚会做准备。可是，在他们确定表演什么节目之后，民主德国政府出台了一项法令，要求民主德国所有学校的毕业晚会都改成声援越南共产党的文

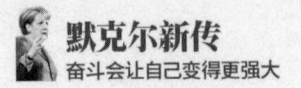

艺汇演,并且每个班级必须出一个节目。

这样强制无礼的政策让默克尔和同学们十分恼火。叛逆期的他们渴望自由,也能够为追求自由而做出一些疯狂的事情。于是,他们在班干部的带领下,集体罢演。卡斯纳牧师知道这件事之后,警告默克尔,你们全班有可能因此无法进入大学,就算你们现在已经拿到录取通知书也无济于事。除此之外,你们班还会被学校公开在广播中批评。

默克尔权衡利害之后,决定先保护同学。她号召同学们不要采取如此激烈的方式来反对政府,这样只能得不偿失,应该选择一些明智的举措,既维护自己的立场,也能保护自己。于是,全班同学进行了长达一天一夜的讨论,最终决定参加这次演出,但并不会声援越南共产党。

最后,默克尔所在的十二年级二班表演了一个朗诵节目,内容是莫根施特恩的诗《哈巴狗的日子》:"……人啊,好好守护住你自己吧,否则,你也成了墙头的哈巴狗。哈巴狗,坐墙头,朝外看,不下来……"。他们还用英语唱了《国际歌》,隐晦地表达对民主德国的不满。

让默克尔意想不到的是,这次会演仍旧引起轩然大波。民主德国政府认为莫根施特恩是一个资产阶级作家,学生们不应该朗诵他的作品,而诗中的"墙""哈巴狗"似乎另有深意。另外,不用德语或者俄语唱《国际歌》也是对政府赤裸裸的挑战。起初,民主德国政府并没有要对此事进行严肃处理,只是要求学校召开家长会,让家长对学生进行教育。没想到,正是这次家长会让事态更加恶化。许多老师在家长会上批评家长们让孩子过多接触西德文化,而家长们则认为东德、西德本来就联系密切,老师这样的说法是在强人所难。为此,还有不少家长在家长会还没完的时候就提前退场了。

由于事态恶化,民主德国政府派人对此事进行调查。调查人员并不愿意孩子们受到过多伤害,原本想将责任仅仅归咎到几个班干部身上。

但是，默克尔和同学们都不希望任何一个同学受到惩罚。在默克尔的号召下，全班同学统一口径，咬定这是一项集体活动，没有任何领导者，出了任何后果都由他们全体承担。默克尔认为，民主德国政府不会因为这件事情处罚全班这么多同学，只要团结起来，就可以保护班级受到最小的伤害。

在同学们的维护下，调查人员只能放弃处罚班干部的想法，不久，他们又将目光转移到了默克尔身上。他们认为，将责任归咎到这个具有西德背景的牧师女儿身上非常合适，并且，由于她的特殊身份，同学们可能也不会太多维护她。结果，他们还是错了，默克尔在班上拥有良好的人缘，没有同学会抛弃她。在全班同学的不懈努力下，民主德国政府放弃了对这件事情的调查，只是对全班同学发出警告，并没有剥夺他们上大学的权利。

默克尔说："在生活中我不是一名积极的反抗分子，也从未给人这样的印象。我采取了较为聪明的行动，决定不过分越轨，这包括我在某些他人看来完全可以反抗或必须反抗的场合保持了沉默。"的确，她是一个睿智的人，懂得如何反抗才能获得最好的效果，在与民主德国政府的这次对抗中，默克尔和同学们高调地表达了想法，也没有因此受到处罚。默克尔的这种睿智让她在此后的从政生涯中如鱼得水。

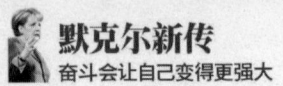

9. 狂热的明信片爱好者

兴趣爱好在人的实践活动中具有重要的意义，可以使人集中注意力，产生愉快紧张的心理状态，所以，能够做自己感兴趣的事情是幸运的。默克尔是一个兴趣爱好非常广泛的人，她的爱好总是与众不同，并且，聪明的她总能通过各种方法做自己想做的事情。

在当时的德国，东德、西德存在着很大的差异，政治体制、经济发展、生活方式，甚至服装饰品都千差万别。或许是出于对外祖母和姨母们的思念，默克尔非常喜欢西德的服饰。东德的服装都比较中规中矩，而西德却讲求自由奔放。东德的女孩子都喜欢漂亮的裙子，而默克尔却钟情于牛仔裤。她总是写信告诉外祖母，给她寄衣服时要多寄几条牛仔裤。默克尔和她的弟弟妹妹小时候几乎从没穿过典型的民主德国服装，日常衣物都是外祖母从汉堡寄过来的。

在穿着上的特殊爱好让默克尔成了同学和邻居眼中的怪人。与她母亲要好的一位邻居阿姨总是对别人说："卡斯纳牧师的大女儿总是带着一顶宽沿的帽子，看着像个'小太阳'。"默克尔也因为穿着怪异曾经被同学们开玩笑地称为"灰老鼠"，默克尔从来不会被同学和邻居的这些评价所影响而选择放弃这种爱好。虽然她一向小心谨慎，但是自己做的事情只要不妨碍他人，她都不会轻易放弃。

对德国的历史文化，默克尔也有着超出一般人的兴趣。从懂事开始，她就非常热衷于听知识渊博的父亲讲有关德国历史文化的故事。学会读书之后，她的大部分课余时间都是和图书相伴。当班上别的小女生狂热地追求帅哥、美食和漂亮的衣服时，默克尔却在图书馆静静地看书。这种好习惯让默克尔从小就比同龄人博学，脑袋里总是装着各种各样让别人羡慕不已的知识。

默克尔的奶奶居住在东柏林，她经常接默克尔过去小住。奶奶是一位非常喜欢热闹的老太太，总是带着默克尔参加各种各样有趣的社会活动，比如看话剧、听音乐会和参观博物馆。东柏林是一个繁华的大都市，许多外国人在这里学习、工作和生活。默克尔认识了不少外国人，保加利亚人、美国人、英国人都有。奶奶也会请一些外国朋友到家中做客，餐桌上默克尔总是滔滔不绝地向外国朋友介绍德国的文化。她拥有极好的语言表达能力，以至于让外国友人陶醉于她的故事而忘了吃饭。

对德国的现实政治，默克尔也表现出浓厚的兴趣，然而，在当时的民主德国，普通人关心联邦德国的政治动向是不被允许的。默克尔总是通过各种手段获取联邦德国的消息，比如写信询问西德的表姐、表兄，在校领导办公室外听他们的谈话，翻阅各种报纸杂志，等等。上中学时，她就已经能背出联邦政府内阁全体成员的名字。默克尔非常欣赏赫尔穆特·施密特。这是一位充满人格魅力的联邦德国政治家，默克尔对他自信从容的处世态度非常敬佩。或许是偶像崇拜的影响，从政后的默克尔处世态度与赫尔穆特·施密特十分相像。

除了这些爱好之外，默克尔还有一个被父母认为是玩物丧志的爱好，那就是收集明信片。明信片的问世，距今已有整整150年的历史，恰巧正是由一位德国人发明。据记载，150年前，有位德国画家在硬卡纸上画了一幅极为精美的画，准备寄给他的朋友作为结婚纪念品。因为邮局出售的

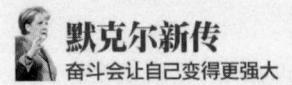

信封没有一个能将画片装下，画家就在邮递员的建议下将收件人地址、姓名等，一起写在画片背面寄出。就这样，世界上第一张明信片悄然诞生了。到了默克尔青年时代，明信片已经发展成熟，正面印上五花八门的艺术照片，背面填写收件人信息，主要功能是用于感情交流。

默克尔对明信片正面的艺术照片非常感兴趣，总是千方百计地收集不同的明信片。默克尔对明信片的喜爱起源于外祖母寄来的一封信。在柏林墙建起一年之后，外祖母来信说，给小默克尔寄来一张汉堡城市照片，怕小默克尔忘记汉堡的样子。默克尔一下子就被明信片上湛蓝的天空、整洁的街道、极具中世纪特色的建筑迷住，开始了疯狂地收集明信片之旅。亲朋好友的每一封来信，默克尔都会翻看一下，如果发现明信片她一定会据为己有。宠爱她的外祖母和姨妈们得知这件事情后，总是有意地多给她寄一些明信片。

起初，默克尔收集的大部分明信片都来自于亲朋好友的信件。慢慢地，亲朋好友的信件已经不能满足默克尔的要求，她开始寻找其他的方法。卡斯纳牧师在东德宗教界虽然名气很大，但是由于东德对宗教的压制，他的工资非常少，根本没有多余的资金前去资助默克尔购买明信片。并且，卡斯纳夫妇都认为默克尔的这种爱好是玩物丧志，即使家庭富裕他们也不会支持的。所以，默克尔只能依靠自己的力量来获得更多明信片。为了得到一张明信片，默克尔可以一整天为同学辅导功课，可以利用周六周末去帮邻居做工，可以将圣诞节礼物的权利换成一张明信片。总之，任何可以帮助她得到更多明信片的方法，她都试过。直到现在，在默克尔的父母那里，还有几大捆她小时候钟爱无比的美丽卡片，上面承载着这位叱咤欧洲的女政治家那青春飞扬的童年时光。

任何人都有兴趣爱好，都有力求认识某种事物和从事某项活动的意识倾向。一个人一旦对某事物有了浓厚的兴趣，就会主动去求知、去探索、去实践，并在求知、探索、实践中产生愉快的情绪和体验。不是人人都能做自己喜欢做的事情，很多人并没有太多的机会和精力去照顾自己的兴趣爱好。有些人就因此放弃了这些爱好，让生活在单调的上班下班间越来越枯燥无趣；而有些人却想尽办法创造条件去培养和发展爱好，收获了生活原本没有的快乐。

默克尔从来没有放弃对兴趣爱好的追求，从而收集到了无数美丽卡片，获得无穷快乐。她也将对待兴趣爱好的这种永不放弃的勇气带到了对待梦想上。正因为她没有放弃对梦想的追求，才当选德国总理，走到了权力巅峰。其实，任何事情的圆满完成都需要付出巨大的努力。如果遇到一点小挫折就放弃、退缩，我们终将一事无成。

10. 俄语与奥林匹克

曾经有一段时间，默克尔对自己的优缺点并没有一个清晰的认识。从小时候的那场圣诞晚会之后，她就把成为一名芭蕾舞演员或者滑冰运动员作为自己的梦想。结果因为先天性的平衡能力差，她几乎失去了奋斗的信心，好在她有一位智慧的母亲。卡斯纳太太告诉她：有些事情不能奢求，充分发挥自身优势才能让生活更容易、更幸福。默克尔在母亲的开导下，找到了新的目标，那就是在自己擅长的领域追求第一名。

默克尔从小就被父母老师教育要尽最大的努力做到最优秀，所以她对所有的课程都十分用心。然而，由于天赋的原因，考察运动和动手能力的功课她总是表现很差，而关于动脑的功课，特别是数学和俄语，她总能一学就会。幸运的是，这两门学科是民主德国最重视的学科，默克尔也因为这两门学科成绩优秀而获得了许多好处。

第二次世界大战之后，城市工业化的步伐不断加速，数字化、科技化时代已经初露端倪。作为理工科支柱学科的数学是每一位新型人才必须熟练掌握的学科，民主德国从未来经济发展的战略高度，明智地给予数学这门学科高度的重视。

默克尔的理性思维能力非常强，解答数学难题对于她来说是件非常容易和有趣的事情。默克尔在数学上表现出超过同龄人的天赋，课堂内容她总是一学就会，甚至总是抱怨知识难度太低。她总是借高年级的课本学习，小学三年级的时候，她已经做完了五年级课本上所有的练习题。默克尔在数学方面的才能给她的数学老师汉斯·乌尔里希·贝斯克留下了深刻印象。贝斯克回忆说："我从来没有在数学班上见过她这样的女孩。她真的很少见——逻辑性强，分析能力强，注意力非常集中。"

默克尔在数学方面的天赋让她备受老师和校领导的关注。也因为成绩优异，以默克尔身份特殊为借口找麻烦的人越来越少，默克尔在学校的生活变得容易多了。八年级的时候，默克尔在校领导的极力推荐下，和普通学生一起代表学校参加了数学奥林匹克竞赛。凭借聪明才智，她一路过关斩将成为滕普林地区的冠军，可以参加全国比赛。

俄语也是民主德国非常重视的一门学科。自从苏联占领东德之后，东德政府就对苏联马首是瞻。不但效仿苏联的政治体制、衣食住行，俄语也成为中小学生必学的一门功课。从当时的政治环境来看，在德国范围内推行俄语是文化渗透的重要方式。依附苏联的民主德国政府显然忽略掉了这种威胁，通过重视俄语教育极力讨好苏联。对于上小学的默克尔和同学们来说，政治是一种离他们很远的、陌生的东西。他们判断俄语学科的好坏仅仅是从自己的喜好出发。

默克尔非常喜欢这门学科，她认为俄语是一种优美的语言。自从接触到俄语之后，默克尔就疯狂地爱上了这门语言。她喜欢俄语抑扬顿挫的强调、奇妙的卷舌音和迥异于德语的文字。俄语课上，默克尔总是非常活跃。她喜欢听老师讲丰富多彩的俄语故事，喜欢听老师标准的俄语发音，喜欢和同学们表演俄语小短剧。默克尔的数学老师和曾经的班主任多纳特在谈到默克尔这个得意弟子时极为兴奋："她棒极了，文静、逻辑性强、主动，当她的老师是一件非常有乐趣的事。"

课堂的学习并不能满足默克尔对俄语的追求，她开始在课外寻找学习途径。有一段时间，默克尔像着了迷一样，看到任何东西她都要弄清楚用俄语怎么说。这样的好习惯帮助她掌握了大量的俄语词汇，小学毕业时她的词汇量已经达到了中学水平。另外，与在滕普林驻扎的苏联军人交谈也是默克尔课外学习俄语的途径。驻军的生活非常无聊，经常有天真烂漫的小姑娘用生硬的俄语与他们交谈是这些军人最快乐的事情。他们都非常喜欢默克尔，当得知默克尔是在学习俄语时，他们都尽量用最纯正的语言和这个小姑娘交流。默克尔学习俄语的第三个途径就是小镇的图书馆。阅读大量的俄国名著让她对俄国文学十分熟悉。

九年级时，默克尔参加了俄语奥林匹克竞赛，从学校、县、专区一直到全国，一路过关斩将赢得了最终胜利，获得了去莫斯科参加世界俄语奥林匹克的殊荣。这件事情让默克尔一生难忘。她和其他州的同学一起坐着列车来到了世界共产主义的中心——莫斯科，在那里她买到了她的第一张披头士乐队的唱片。

一位哲人曾经说过："如果木匠能真正做好一把小板凳，那将比他制造出粗陋的马车赚到的钱更多。"强者懂得扬长弊短，能做出精美绝伦的

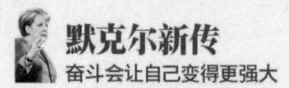

板凳；而弱者往往深陷于马车不精致的泥淖中，不能自拔。每个人都有优势，大多数人也懂得只有充分发挥自身优势，才能实现最大的价值。但是，只有极少数人能够及时发现并充分利用自身优势，这是因为充分发挥自身优势需要过人的睿智。

在母亲的开导下，顿悟的默克尔找到了新的人生方向。对于弱势学科，她不再强求，只要能及格她就已经心满意足。而对于自身的长处，她会精益求精，尽最大努力追求更好、更完美。充分发挥自身优势让默克尔受益匪浅。首先，她的精神状况明显变好，不再为弱势学科伤心流泪，不再埋怨自己一无是处，重新找回了信心。其次，因为将最大精力放在优势学科上，她的成绩非常突出，以至于其他弱点都被优势学科的光芒遮盖。她成了老师和同学心目中的好学生。

11. 渴望集体温暖的小小少年

卡斯纳太太因为丈夫的牧师身份而被剥夺了从事教育行业的权利，只能放弃自己钟爱的学校和学生。深受身份牵绊的她希望孩子们能够从中解脱，于是她教育每一个孩子要努力学习，只有成绩优异才能够获得尊重和友谊。

默克尔是一个早慧的孩子，从懂事起她就隐隐地感觉到全家人的与众不同。邻居们对待他们的态度总有一种隐晦的、说不清楚的特殊性，默克尔因此常常感到孤独。为了能够在同学那里获得平等对待，默克尔听从母亲的话好好学习。

学生时代的默克尔勤奋、优秀、低调、友好。她总能超额完成学习任务，并尽力做到最好，因此得以参加俄语和数学奥林匹克竞赛，并取得优异成绩；她总是热心帮助同学，向她讨教问题的人从来没有被拒绝过，"借鉴"她作业的人也总能拿到她的作业本，因此默克尔在班上人缘特别好。然而，即使是这样，敏感的默克尔还总是感觉到孤独。比如老师在讲述一项关于反对联邦德国的校规时总是有意地多看默克尔一眼，同学们谈论马克思主义时总是避开默克尔，她由于信仰不同没能参加众多政治活动而和同学的共同话题减少等，这些都让默克尔感到恐慌、迷茫。

默克尔是一个非常热爱集体活动的人，身处集体中的她总能感受到巨大的存在感和安全感。其实，渴望集体是人类与生俱来的特质。人是社会性动物，离开了集体，一个人将无法生存，即使物质再充足，精神上的孤独、寂寞、害怕也会让这个人垮掉。所以，没有人可以离开集体生存。集体是人类原始的、现实的追求。

敏感、早慧的默克尔更能体会到融入集体的安全感和离开集体的孤独感之间的巨大反差，因此少年时期的她喜欢参加各式各样的聚会。13岁时，由于弟弟妹妹的相继出生，默克尔不能再以怕冷、怕黑等各种理由赖到妈妈的床上了。父母为她腾出了一间还算宽敞的房间，正向青春期过度的孩子拥有自己独立的房间是件非常令人兴奋的事情。默克尔经常邀请同学们到她的私人空间里开 party。开明的卡斯纳夫妇非常支持女儿广泛交际，总会准备各种美食招待默克尔的同学。

默克尔还非常喜欢和同学们一起出去游玩。有一次，她还和同学租用帆船协会的一艘独桅纵帆艇，自己划着去勃兰登堡游湖。小学毕业后，她和同学们徒步进行毕业旅行，整整走了一个星期。十年级以后，默克尔更

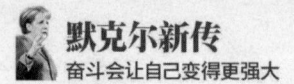
默克尔新传
奋斗会让自己变得更强大

是经常与朋友们一起出门旅行,她们背着行囊、帐篷乘火车去过布拉格、布达佩斯、布加勒斯特、索菲亚等地。成年后的默克尔去过的地方更多,就连遥远的亚美尼亚、阿塞拜疆和格鲁吉亚都留下了她的足迹。

如此热爱集体活动的默克尔自然不希望感受到哪怕一点点被孤立、排斥的感觉。但是,这种感觉却总是时不时地给她重重一击。因为家庭背景和信仰问题,默克尔被延迟加入少年先锋队。这让她很不舒服,更令她难过的事情是她因此失去了获得奖章的机会。在她就读的小学每学年都会对学生进行一次评比,每个年级成绩最优秀的学生会获得校长亲自颁发的奖章。

默克尔是班上学习最好的学生,同学们都认为奖章毫无质疑是默克尔的。班主任老师却怜惜地笑了笑,没有对这件事发表意见。善于察言观色的默克尔看到老师异样的笑容之后,心中隐隐感觉有不好的事情将要发生。果然,学校没有将最优秀学生奖章颁发给默克尔,而是颁发给了比默克尔学习成绩稍微逊色的伊尔克。伊尔克是一个是非分明的学生,他认为自己并没有默克尔学习好,就在颁奖礼当场向校长提出了质疑。校长给出的解释是,默克尔不是少年先锋队队员,没有资格参与评奖。

校长的话让默克尔深受伤害,她甚至觉得自己不管怎么努力都不可能被东德社会认可。好在她不是一个悲观的人,伤心了一天后,她就开始寻找新的、让自己融入集体的办法。二年级时,又一次吸纳少先队员的活动开始了。默克尔积极地向学校领导推荐自己,阐述自己对集体的热爱。终于,默克尔打动了校领导,他们决定给这位积极的学生一次机会。

在征得学校的同意之后,默克尔开始做父母的工作。卡斯纳牧师认为女儿既然已经在出生时接受了教会的洗礼,就是基督教徒,不能再去信仰马克思主义。默克尔却说她对基督教和马克思主义信仰都表示尊重,而她要信奉什么样的信仰需要自己长大了再做决定。卡斯纳牧师非常开明,决定给女儿充分的自由。于是，默克尔加入了少年先锋队。从她之后的人生历程来看，小默克尔积极加入少年先锋队并不是为了信仰，因为在成年时她并没有参加政府性质的成人礼，而选择了教会举行的"坚信礼"。默克尔之所以如此积极地要加入少年先锋队，完全是出于对集体温暖的渴望。

卡斯纳牧师对默克尔的选择并没有做过多的干预，无疑是明智的。他想通过这件事情教育女儿要为自己所做的决定负责。在此之后，默克尔遇到困难向他诉苦时，他都是会安慰，而不会替默克尔想办法。默克尔在父亲用心良苦的教育下，成长为一个勇于担当、善于寻找方法的强者。

宇宙浩瀚无垠，个人如同沧海一粟。力量的微弱渺小给人一种危机感，总是担心一不小心就会被强大的宇宙剥夺生命。为了消除这种原始的担忧，聪明的人类创造了集体。集体的力量要比个人的力量强大得多，生存也就因此变得容易起来。直到今日，人类这种原始的对集体的渴望依旧没有改变。集体融合并升华了个人的力量，在客观上能够解决更多问题。主观上，集体因为其力量的强大总是能给人一种安全感，让人有勇气和魄力去应对难题。身份特殊，几乎被排斥在集体之外的默克尔对集体有着更为热切的渴望。

默克尔这种特殊的遭遇也在另一方面帮助她养成了良好的交际能力。为了融入到集体中，她学会了如何行事才能赢得大家的好感、尊重和信任。而经常参与集体活动，也让她练就了自己的发言能力、组织能力，并让她学会了许多交际技巧。这些能力对她参与总理选举时宣传自己非常有帮助。

第二章 莱比锡丰富多彩的大学生活

　　身为牧师的女儿,大学竟然选择了从事自然科学研究,这发生在默克尔的身上一点儿都不奇怪。莱比锡大学丰富的学生生活让默克尔感觉像到了天堂,因为这里没有人在乎她是牧师的女儿。不仅如此,这位平凡女孩在这里开始了一段美好的爱情,并走进了婚姻。

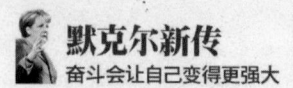
默克尔新传
奋斗会让自己变得更强大

12. 成长就是知道什么能说，什么不能说

卡斯纳夫妇在孩子的教育问题上非常开明，他们给予孩子充分的自由，可以尽情表达自己的观点。基于这种教育，在没有上小学前，默克尔是一个没心没肺的孩子，她拥有过人的语言表达能力，能够充分表达自己心中所想。往往心中想到什么，她都会当场说出来。亲朋好友都认为她是童言无忌，往往受到了冒犯也会觉得非常有意思。所以，在童年相当长一段时间里，默克尔是一个大大咧咧的孩子。

上了小学之后，默克尔的性格开始发生变化。母亲和老师的教诲、同学们对待她时不一样的表现，让她对自己身份的特殊性有了深刻的体会。为了融入到集体中摆脱孤独感、危机感，为了避免麻烦使学校生活变得容易些，默克尔开始小心翼翼地对待每一件事情，开始为成长付出艰苦的努力。慢慢地，她学会了察言观色，学会了什么时候说什么话，特殊身份给她带来的麻烦随之也少了些。

生活中经常有这样的事情发生：一些人一句话可以化干戈为玉帛，也可以让朋友变成仇人，可以让人功败垂成，更可以改变人生。可见，语言表达能力能够对人生产生重大影响，拥有高超说话技巧的人往往懂得什么事情能说，什么事情不能说。默克尔拥有过人的语言天赋，很小的时候就能完整地表达自己的意思。但是，能够表达自己的意思并不代表说话水平高，默克尔如今高超的语言表达能力是在成长中不断学习的。

最能体现默克尔在成长中不断提高语言能力的事情是 1968 年的一次度假。当时正是"布拉格之春"发生的时间。"二战"之后，大批国家开始效仿苏联实行社会主义制度，然而由于他们只是片面地模仿苏联体制，并没有考虑到本国国情，所以，从 20 世纪 50 年代开始，许多国家的社会主义体制开始出现问题。进入 60 年代，捷克斯洛伐克共产党第一书记兼总统安东尼·诺瓦特涅的统治开始问题连连。1967 年，在第四次捷克斯洛伐克作家协会大会上，帕维尔·科胡特、米兰·昆德拉、伊凡·克里玛等作家开始批评共产党。随后，受到作家协会影响的学生开始以不满学生宿舍设施为理由进行反对共产党游行示威。恢复 50 年代大清洗牺牲者的名誉、解决经济增长减缓问题、实施斯洛伐克自治等问题都被陆续提出，而诺瓦特涅采取的镇压措施不但没能解决问题，反而使矛盾继续激化。万般无奈的诺瓦特涅开始向"社会主义老大哥"苏联求救。紧张应对冷战的苏联并没有对这件事情给予足够的重视。在矛盾不可调和的情况下，诺瓦特涅的第一书记职位被亚历山大·杜布切克取代。

杜布切克的政治主张被称为"带有人性面孔的社会主义"，他反对片面地学习苏联体制，主张社会主义体制要符合本国国情。杜布切克的政治主张给德国普通公民带来了一些希望，卡斯纳夫妇就兴奋地认为东德与西德的统一已经指日可待。默克尔对于这些深奥的政治并不了解，她只是通过度假时一些直观可感的现象隐约觉得那段隔断她和祖母的水泥墙马上就会被拆掉，她和祖母就可以见面了。

那天，她和家人来到捷克斯洛伐克的巨人山脉附近一个叫佩克泊斯内茨克的地方，准备感受一下深山之中的生活。卡斯纳牧师工作繁忙，很少有闲暇时间陪妻子和孩子。终于，在结束了连续半年的工作之后，他获得了珍贵的七天假期。全家人都非常珍惜这次度假机会。默克尔更是兴奋异

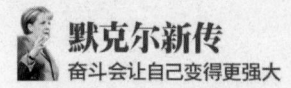

常,在风景优美的深山中听父亲讲丰富多彩的故事该是怎样的美事!

默克尔一家人选择的度假屋是当地一处民宅,主人将楼下打扫干净用于出租,楼上则自己居住。心情极佳的默克尔似乎身形也变得轻盈,顾不得父母的阻拦飞快地上了二楼。在二楼的窗户旁边,她发现一位比自己稍微大一点的男孩。男孩斜倚着窗户手里在撕着什么东西。好奇的默克尔问:"哥哥,你在撕什么东西啊?"

男孩显然已经习惯了游客出现在自己家中,一点儿没有陌生感地说:"我在撕一些邮票。这些邮票印的都是诺瓦特涅的头像。你知道诺瓦特涅是谁吗?是我们国家以前的领导人,就在不久前他被大英雄杜布切克打败了。"

默克尔对政治非常感兴趣,接着问:"为什么诺瓦特涅会被杜布切克打败?为什么杜布切克是大英雄?"

"因为诺瓦特涅整天做苏联的哈巴狗,不好好管理自己的国家。杜布切克不愿意跟在苏联身后,要带领我们变成强大的国家。"

"那民主德国是不是有一天也会被哪个英雄打败?因为它也是苏联的哈巴狗。"默克尔说完,突然更加高兴。不再学习苏联的民主德国肯定会拆掉柏林墙,那样的话外祖母又可以看望他们一家人了!

卡斯纳夫妇都是十分关心政治的人。为了亲历杜布切克改革的气氛,他们甚至改变度假计划,带着孩子们前往布拉格。布拉格的街道上到处都洋溢着改革的气息,这个城市似乎正在破茧成蝶。默克尔清晰地记得,父母脸上的笑容表达的不只是高兴,还有希望。

回到学校后,默克尔依然非常兴奋。她迫不及待地要和同学们分享这个消息,想告诉同学们她有多么想念外祖母。她甚至自我推荐说,要讲一下自己在捷克斯洛伐克度假时经历的布拉格改革。

老师脸上露出了异样的神色,似乎不愿意打消学生的积极性,但又有为难之处。善于察言观色的默克尔虽然不知道老师为什么为难，但还是决定遵从老师的意思。她把话题一转开始讲述巨人山脉的美景。放学回家后，默克尔将这件事告诉了父亲。父亲告诉她，在他们从捷克斯洛伐克回德国的那天晚上，苏联派军进入了布拉格，杜布切克已经被逮捕。如果她在课堂上说这件事情的话，肯定会给自己带来许多麻烦。

听了父亲的话，默克尔开始深切地意识到在这个国家有些话能说，有些话却是不能说的。经过这件事，默克尔开始变得成熟。她学会了用隐藏的方式保护自己，从来不把心中的想法，以及真正的见解毫无顾忌地宣诸于口。这种压抑的生活气氛，让她极度渴望逃离。在选择大学学科中出乎意料的行为就是其极度渴望逃离的重要表现。

13. 在对自由的渴望下选择了物理

从小学开始压抑的生活、学习氛围让默克尔发疯地想要逃离，终于机会来了。高中时代结束后，默克尔以优异的成绩获得了继续进入大学深造的资格，全家人在那段时间最重要的事情就是帮助默克尔挑选合适的大学。卡斯纳太太想让默克尔在柏林上学，她认为滕普林和柏林相隔不远，默克尔每周都可以回来和家人团聚。卡斯纳牧师则认为默克尔已经长大，应该学会独立，他建议默克尔选择一些军事性质的学校，好好锻炼一下生活能力。

默克尔对父母的意见都不赞同，虽然她是出了名的乖乖女，但毕竟处

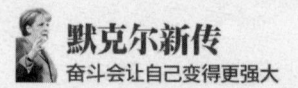

在青春期,骨子里的叛逆仍在蠢蠢欲动。她不愿意留在柏林继续被父母管控,想到远离父母的地方去闯荡一番。对于父亲军事化学校的建议,默克尔更是反感。她崇尚自由,从小到大的约束已经让她忍无可忍,她不可能再把自己推向军事化的深渊。最终,默克尔选择了莱比锡大学。在这所大学里,每年都会召开国际学术博览会。世界各地的学者、学术思想汇集到这里,让莱比锡这座城市在一定程度上成为一座国际化的大学城,它的学术氛围、生活环境都非常开放。这正是默克尔一直以来的追求。

莱比锡大学创立于 1409 年,位于德国萨克森州的莱比锡,是欧洲最古老的大学之一,也是当时民主德国最大的大学。民主德国对这所学校非常重视,一度将该学校改名为"莱比锡卡尔·马克思大学"。莱比锡大学不但历史悠久,而且成绩斐然,大量的著名学者曾在这里执教,比如化学家彼得·德拜、物理学家沃纳·海森堡、物理学家古斯塔夫·赫兹、历史学家特奥多尔·莫姆森、心理学家威廉·冯特等。莱比锡大学的毕业生们也都是赫赫有名的,天文学家开普勒之师第谷·布拉赫、诗人约翰·沃尔夫冈·冯·歌德、文学家埃利希·凯斯特讷、哲学家弗里德里希·尼采、神学家托马斯·闵采尔,钢琴家罗伯特·舒曼和瓦格纳。默克尔对莱比锡大学的名师和著名校友非常敬仰,那颗想要攀登人生高峰的不安分之心早已经蠢蠢欲动。

学校确定好之后,就要开始选择专业。原本默克尔的理想是和母亲一样从事教育行业。她喜欢老师传授知识后的成就感,也愿意和朝气蓬勃的孩子们在一起。从默克尔自身条件来说,她语言类学科成绩优异,正适合做一名英语或者俄语老师。选择这条路对于默克尔来说再合适不过。凭借在语言方面的天赋,她几乎可以不用付出太多努力就能成为一名优秀的教师。但是,民主德国对教育行业的管制十分严格,学校必须无条件拥护政府的一切政策;教师也必须是马克思主义忠实的追随者。

日常上课，教师必须对自己的言行小心翼翼，稍不留神就要接受安全部门的调查。特别是对于身为牧师家属的默克尔来说，虽然从小在民主德国读书的教育背景让她比母亲幸运，可以成为一名老师，但是安全部门会对其进行更加严格的监控。这不是默克尔想要的生活，于是她果断地放弃了这条一帆风顺的道路。

对默克尔来说，另外一条比较通畅的道路是神学。首先，默克尔生活在一个虔诚信奉基督教的家庭，对神学耳濡目染，学习起来会比较容易。第二，卡斯纳牧师在神学界拥有极高的地位和良好的人际关系。如果默克尔选择神学，就可以继承父亲衣钵。在东德，几乎所有的牧师都听过卡斯纳牧师讲学，都算是卡斯纳牧师的学生。默克尔进入神学界肯定会得到这些牧师的欢迎和帮助。

然而，神职人员在当时的东德是最没有自由的一类人。他们必须接受社会的歧视、偏见和不公正待遇，不能为家属自由选择学校、职业，不能参加大部分政府性质的活动，这也违背了默克尔追求自由的初衷。另外，因为身份特殊受尽束缚的她不想再把这个紧箍咒加在自己下一代头上。于是，默克尔最终也没有走上神学这条路。

经过多天的思考，默克尔决定选择物理，这个决定让所有人都大吃一惊。因为在所有自然学科中，默克尔的物理成绩最差。默克尔对物理这门学科可谓爱恨交加。一方面，她非常喜欢这门学科，她后来回忆说："我对理论物理其实是很感兴趣的，很想弄明白爱因斯坦的相对论究竟是怎么回事，想知道制造出原子弹的罗伯特·奥本海默及其同事们都在想些什么。"另一方面，她在这个学科上得过人生唯一的不及格。

无疑，学习物理学对于默克尔来说并不容易，但她还是毅然决然地走上了这条风雨交加的道路。原因很简单，民主德国在物理领域的管控相对轻松，她可以得到苦苦追求的自由。当然，默克尔选择物理学的另外一个

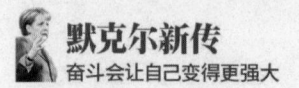

原因是她从小埋下的对优秀的渴望。莱比锡大学的物理系非常优秀，是所有有志于学习物理的学生的最佳选择。

通往梦想的道路并不平坦，荆棘坎坷随处可见。要想敲开梦想的大门，我们必须有直面困难的勇气。逃避是懦弱的表现，不但不可能解决问题，反而会让事情越来越糟。我们的人生就像大海里的船舶，只要不停止航行，就会遭遇风险。艰难困苦是上帝为每一个人设定好的磨练。只有那些心理强大、迎难而上的人才能通过上帝的考验，达到人生的至高境界。

害怕困难、贪图安逸的心理可以毁掉一个天才，而迎难而上才能够帮助人生的航船躲避暗礁和冰山。每个人都希望能够平平稳稳地获得成功，但是逐梦之路总是与艰难困苦相伴。如果总是心怀恐惧，我们就一定会和机遇失之交臂。在逐梦的道路上，选择挑战困难、选择永不放弃的人，即使最终没能走到终点，他也已经成功。

上大学时，默克尔并没有选择学习自己擅长的专业，而是走了另外一条较为坎坷的路。许多人对她的做法不以为然，只有默克尔自己知道，国家管控宽松的物理领域才是她的梦想所在。默克尔没有因为获得自由的代价太高而选择放弃，相反却迎难而上，为了梦想甘愿遭受风雨。没有一颗强大的心、没有坚定意志的人是无法做到这一点的。默克尔是心理强大的人，只要心中的梦想还在，再大的苦难她都愿意承受。

14. 政治高压下无忧无虑的学习生活

大学聚集了全国各地的优秀人才，他们年富力强、精力旺盛，内心充满追求和梦想。正是这种昂扬的精神面貌让他们容易冲动，容易做出一些不计后果的事情。20岁左右的年纪正是人生观、价值观的完善时期，他们的思维还略显稚嫩，很容易受到蛊惑和煽动。所以，大学往往是政治事件的发起地，是政府最紧张的地带。

民主德国成立之后，政府对自己的政治统治并没有太大的信心，为了保证政权稳定，开始实施政治高压。对于民主德国的大学，政府更是忌惮，对每一所学校都实行严格的管控。民主德国最有名的学校莱比锡大学也在所难免，为了更好地把握学校的政治动向，政府还派遣大量特务组织——斯塔西（Stasi）的成员潜伏在学生中间，以监视他们的一言一行。

默克尔上大学期间，正是民主德国政治高压最严重的时期。导致民主德国极度紧张的原因是1973年召开的欧安会，该年7月3日，全欧洲国家、美国、加拿大一起参加的欧洲安全与合作会议。欧安会承认欧洲现有边界，主张和平解决边界争端，加强人员往来。这次会议给了东德人民带来了希望，随后埃里希·昂纳克成为统一社会党的第一总书记，并开始对国家政策收紧，根本没有改革的想法。希望破灭的德国民众纷纷抗议，民主德国政府感受到威胁后开始疯狂地镇压。民主德国一度笼罩在恐怖的氛

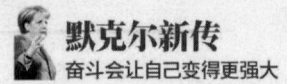

围之中。

大学原本是崇尚自由、思想开明的地方，可是当时的莱比锡大学却并不是这样。第二次世界大战中，莱比锡大学大约60%的建筑和70%的藏书毁于战火硝烟。战后莱比锡大学一直在进行重建和扩建工作，由于原先的校址一部分被用于道路等基础设施的建设，莱比锡大学需要重新选择土地。为此，莱比锡市政府决定炸毁一些遗留的珍贵老教堂和老教学楼，这是很不明智的做法。老教堂和老教学楼始建于1240年，拥有悠久的历史和文化内涵。利用炸毁这些古建筑群而获得土地来建造新校舍无疑是得不偿失的。这让默克尔非常失望，而更让她不能忍受的是莱比锡大学上万名师生竟然没有一人敢反抗的。不是因为师生们没有意识到古建筑群的珍贵，而是一旦有人反抗就会被政府严肃处理。

默克尔一度对莱比锡大学的现状非常失望，甚至决定退学。幸运的是，她遇到了众多有智慧的师长。这些师长告诉她，在政治高压下，保持缄默才是最明智的选择。缄默并不是麻木不仁，而是在保护自己、静待时机。如果你向政府抗议高压政治，就会受到政府的严肃处理，到时候连人身自由都没有了，还怎么替千千万万的德国民众出头？如果你因为无能为力而焦虑、悲伤，没等政治高压让你窒息，自己的坏情绪就已经扼杀了你。倒不如乐观地面对，过好当下的生活。

罗曼·罗兰曾经在他的随笔集里说："当你用神采奕奕的眼神看世界，世界也会用他宽容的怀抱接纳你。"中国也有句古话："心随境转是凡夫，境随心转是圣贤"。人生在世，始终一帆风顺可以说是天方夜谭。每个人都会和逆境不期而遇，如何才能摆脱逆境的负面影响，关键要看心态。良好的心态有时可以把逆境转成顺境，坏事变成好事。而心态随着环境变化而变化，喜怒哀乐就会受到环境的控制。

积极的人以清泉润眼，看到的是一片澄明的世界和美好的前程，消极的人者因浮尘障目，眼前呈现一片灰蒙和黯淡。自然，没有人在身处逆境时还可以傻笑，但是智慧的人却可以在最短的时间内去调整自己的心态，保证心态不受负面影响。对于有追求、有理想的人来说，默克尔的大学时代无疑是逆境，但是莱比锡大学智慧的老师们却选择了乐观，忽略政治高压，无忧无虑地生活和工作。

默克尔被师长的生活态度所感染，心情开始有所好转。慢慢地，她发现大学生活其实非常美好。在这里，牧师女儿的身份再也不会成为她的牵绊。所有的同学在内心中都默默地渴望自由、平等，没有人会因为默克尔牧师女儿的身份而孤立、歧视她。这就意味着，默克尔和同学们交流时，不用再刻意地小心翼翼了。那种紧张的情绪已经让她失去了太多的快乐，现在终于可以放下了。得以和同学真正意义上地和平相处，默克尔感到从没有过的轻松和自由。

在莱比锡大学，默克尔甚至有生以来第一次感受到优越感。因为物理专业是莱比锡大学的王牌专业，那里聚集着莱比锡大学最优秀的学生，不但成绩好，社会实践能力都是一流的。莱比锡大学历届的学生会主席大部分都是出自于物理专业。当默克尔和校友提起自己是物理专业的学生时，他们都会对默克尔投来尊敬和崇拜的眼神。这种优越感让默克尔十分欣喜。

为默克尔上课的老师都是在物理界资历很深的教授，比如被同事和学生视为天才的理论物理学家阿明·乌尔曼和专业能力在世界范围内享有盛誉的实验物理学家阿托尔·洛舍。这些教授不但专业知识扎实，还拥有超高的智慧。他们只注重学生的专业知识和人格素养，对于功利性质的能力他们从来都不注重。这也让默克尔感到欣慰，大学课堂对于她来说就是纯净的天堂。

渐渐爱上大学生活的默克尔开始发奋学习。虽然她的物理基础比较

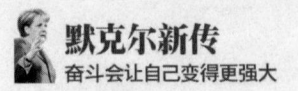

差,但是她有兴趣、又聪明,很快她就成为班上最优秀的学生。物理专业本科学制本来是4年,可是默克尔只用了5年时间就读完了硕士。

默克尔在师长的开导下,学会用乐观的心态面对逆境,在政治高压中寻找到大学生活的乐趣,开始了无忧无虑的大学生活。试想,如果默克尔没有遇到这些睿智的师长,或者没有领悟师长话语真谛的能力,她的大学生活肯定过得痛苦不堪。

人生不可能处处都是顺境,身处逆境时我们唯一能做的就是保持乐观积极的心态,并且做好这一件事情就已经足够。心态总是受到外界负面影响的人,常常把美丽的风景挡在窗外;以积极的心态挑战逆境,生活就会对你的勇气给予奖励。

15. 丰富多彩的课余生活

由学业紧张的高中升入相对清闲的大学之后,课余时间大大增加,学生独立意识也不断增强,大学生对课余生活的时间安排与利用方面呈现出多样化的趋势。默克尔一直严格要求自己,课余生活被她充分用来参加各种活动,这也让她的课余生活丰富多彩。

基督教是欧洲最古老的宗教之一,已经成为欧洲人生活当中不可或缺的一部分。所以,无论国家的意识形态怎样,无论政府如何压制基督教,信仰的力量总能让宗教在夹缝中生存。莱比锡大学就有一个大学生基督教会，他们不参与任何政治事件，只希望从虔诚的信仰中获得安心和福音。虽然默克尔在小学时期加入了少年先锋队，但是她的信仰无疑是基督教，因为她并没有参加政府性质的成人礼。所以，默克尔经常参加教会活动。因为父亲的牧师身份，也因为从小到大对基督教的耳濡目染让她的修为超出同龄人，所以默克尔在这个圈子里相当受尊敬。

可以名正言顺地为信仰做事让默克尔感到十分欣喜，她愿意接受教会为她安排的任何任务。甚至有一次，应同学们的要求，将她父亲从遥远的滕普林请来为学生们讲道。参加教会活动让默克尔时刻觉得离信仰非常近。哲人说，有信仰的人是富有的、幸福的，大学时代的默克尔心灵就非常富有。

基督教以慈善为基本教义之一。默克尔秉承基督教精神，在大学期间经常参加公益活动。因为从小和智力残疾人士相处，默克尔对智力残疾人士非常了解。为了发挥自己最大的作用，默克尔总是选择参加一些关爱智力残疾人士的公益活动。有一段时间，她每周都要到莱比锡市的特殊学校义务教学。

让默克尔最念念不忘的公益活动是修整莫里茨古堡。这项公益活动几乎贯穿于默克尔整个大学期间。莫里茨古堡紧挨着莱比锡大学，是一座古代的防御碉堡。"二战"期间，无数莱比锡大学师生在此躲避战火，也有无数军人为了不同的信仰在这里失去生命。也正是因为战火，莫里茨古堡有一小半掩埋在土里。默克尔在学校的号召下，加入了修复该古堡的队伍。他们所要做的工作就是把古堡被掩埋的部分挖出来。1973—1977年间，她和同学们每年夏天都会来这里挖土。虽然工作单调无趣、又进展很慢，但默克尔和同学们乐此不疲。因为他们有一个梦想，要把这里建成莱比锡大学的大学生俱乐部。最后，他们的梦想实现了，直到现在这里仍是莱比锡大学学生聚会的首选场所，舞会、酒吧、餐馆一应俱全。

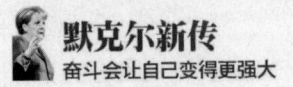

在参加公益活动的同时,默克尔也参加集体活动。高中时期,一向向往集体生活的默克尔加入了青年团。上了大学之后,她发现青年团是大学生活的一部分,莱比锡大学的每个大学生都是青年团员,每个系都有团的基层组织,全校有团委。默克尔决定参加青年团的工作,一方面在集体中寻找安全感,另一方面也可以借此锻炼自己的能力。

默克尔对青年团活动的积极性让她得到了同学们的肯定,曾一度被同学们推选为青年团文化委员。文化委员的工作非常忙碌,虽然她不用和系团委和校团委的领导打交道,但是要接触社会上的人。因为青年团的任何社会活动都需要默克尔出面安排,而青年团为了锻炼团员的社会实践能力经常安排各种各样的社会活动。

青年团的工作让默克尔经常与社会打交道,她早早就意识到社会的残酷,并且学会了如何应对社会的残酷。这种本领让她在从事课外兼职时受益匪浅。卡斯纳牧师的待遇条件直到默克尔上大学时也没有改善,他微薄的薪水已经越来越不能满足全家人在物价不断提高的东德生活。默克尔认为自己已经成年,必须自己赚钱照顾自己,并且有责任照顾家人。于是,默克尔刚进入大学就开始四处寻找兼职。后来,她找到了一个自己非常喜欢的工作——调制鸡尾酒,她把大学课余生活的大部分时间都用在调制鸡尾酒赚钱上。

如果现在采访默克尔的校友对她的印象时,大部分人第一个想到的肯定就是她的鸡尾酒。默克尔是一个非常有头脑的人,她巧妙地把从社会人士那里学到的经商知识运用在兼职赚钱上。当时的大学生俱乐部有一个临时吧台,然而只是个摆设,并不用于出售酒水、饮料等,默克尔认为这是一个巨大的商机。同学们在这里聚会、学习、参加活动,肯定需要饮料供应。如果能在俱乐部中买到,他们肯定不愿意从外边带。默克尔在征得相关负责人同意之后,开始筹备小酒吧开业。酒吧虽小,但各种酒水应有尽有，默克尔的生意非常红火。最受欢迎的酒水还是默克尔自己调制的叫做"樱桃威士忌"的鸡尾酒。为了保证鸡尾酒原料的纯正，默克尔每天都要乘电车到莱比锡城里买威士忌酒。

经营吧台让默克尔学到了，做任何事情都必须付出百分之百的真心。只有真心才能换来真心。为了保证鸡尾酒的质量，她不辞劳苦每天往返于城中心和郊区大学之间。这种对生意的真心付出换来了客户的真心喜爱。对于友谊，默克尔也同样付出所有的真心。

埃里卡·洪池为默克尔的大学课余生活抹上了甜蜜的一笔。她是一个善良单纯的女孩，学习化学，与默克尔志趣相投。两个小姑娘一认识就一发不可收拾地成为闺蜜。默克尔在大学时的小女儿心事，只有埃里卡·洪池最懂。默克尔总是说，认识埃里卡·洪池是她一生中遇到的最美好的事情之一。

大学是人生最美好的阶段，是过渡到成人的关键时刻，也是实现自我价值的理想场所。大学毕业之后，当初入学时在同一起跑线上的学生往往千差万别。出现这种现象的最主要原因就是对课余生活的不同处理，有些学生给自己充分的自由，将课余生活用在打游戏、睡觉、逛街、谈恋爱上；而有些学生继续严格要求自己，利用课余生活锻炼自身能力。所以，大学的课余生活非常重要，它是人与人拉开差距的最主要原因。默克尔充分把握了这个机会，越来越领先于其他同学。

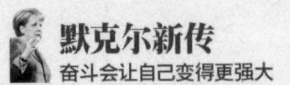

16. 毕业论文,大学生涯的最后一站

一转眼,五年过去了,默克尔本硕连读的大学生活已经接近尾声。在合欢花树郁郁苍苍的时候,默克尔开始为毕业论文忙碌,她丝毫不敢懈怠,因为当合欢花开满校园时她就必须用优质的毕业论文换取学位证书,而这期间只有几个月时间。毕业论文,可以说是大学生涯的最后一站,完成毕业论文就宣告着大学生活的结束,宣告着学子们将从象牙塔中走出,去面对纷繁复杂的社会。所以,毕业论文是学习生涯最重要的事情之一,对待毕业论文的态度也体现了学生对待人生的态度。

毕业论文是一项繁重的工作,没有人轻轻松松就可以完成。许多学生不能正确对待毕业论文写作,或草草写完、应付了事,或找人代笔、不管不顾,最终让学习生涯出现缺失。而有些人却不怕吃苦、勤心钻研,最终为大学生活画下了完美的句号。默克尔就是这样一位精益求精的学生。自从毕业论文提上日程,她就全身心投入其中。从选择指导老师,到确定论文主题,再到论文写作,她都力求完美。最终,她的论文被评为优秀论文,为她的大学生活再添一抹亮色。

选择论文指导老师是写论文最重要的一步,优秀的论文指导老师能帮助学生在论文写作中少走许多弯路。当然,选择指导老师最重要的一点就是学生自己必须足够优秀,因为没有老师愿意为一个顽劣不堪的学生指导论文。默克尔是同届学生中数一数二的优秀学生，所以不存在老师不愿意接收的问题。然而她也有疑惑：莱比锡大学物理系卧虎藏龙，她不知道该选择哪位老师作为自己的指导老师。经过一番思考之后，默克尔将目光锁定在莱因霍德·哈贝兰德和拉尔夫·戴尔两位老师身上。

莱因霍德·哈贝兰德是默克尔在莱比锡大学的考试指导老师，他出生于一个基督教家庭，是一位虔诚的基督教信徒。对于民主德国的政治体制，哈贝兰德的态度与默克尔的父亲一致：不反对、不拥护、尽量远离。为了让学生在政治高压下能够获得相应的自由，哈贝兰德想尽办法保护学生远离政治，默克尔非常佩服哈贝兰德教授的为人。莱因霍德·哈贝兰德也是一位非常有才华的科学家，他是科学院莱比锡分部的骨干人员，从事重要的科研工作。在莱比锡大学教书算是他的一个兼职，因为他想把最先进的科学成果及时地传达给青年学生。默克尔总是说，遇见哈贝兰德教授是她一生的幸运，教授不仅是她的学业导师，更是她的人生导师。

拉尔夫·戴尔教授是莱比锡大学当时最年轻的教授，只比默克尔大12岁，在信息工程系任教。与老成持重的哈贝来德教授不同，年轻的戴尔教授在政治上非常激进。他反对当时的政治体制，反对民主德国政府的政治高压，总是挖空心思跟政府过不去。因此，他成为国家安全部重点监控的对象，他的著作只能在国外出版，而他本人也被禁止去国外进行学术交流。即使这样，戴尔教授也毫不妥协，他如此不合作却并没有受到民主德国政府的惩罚，源于他在学术上的造诣。戴尔教授年纪轻轻便硕果累累，始终致力于研究理论物理与实用技术的结合之道。戴尔教授十分欣赏默克尔，多年之后回忆起默克尔在学校的表现，他依旧赞不绝口："她很正直、自信，是个有主见的学生。她不喜欢乱七八糟的生活方式，甚至在导师对学生们要求太高时会主动站出来提意见。她会计划安排生活，对事物内在关系的理解也比人们想象的要清楚得多，她知道自己在做什么，更知道自

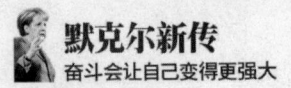

己想要什么。"

默克尔非常佩服戴尔教授的勇气。在对待政治的态度上们，戴尔教授做了她想做而不敢做的事情。最终，默克尔选择了戴尔教授作为他的论文指导老师。她虽然非常敬重哈贝来德教授的智慧和才华，但是戴尔教授的激进更符合她内心蠢蠢欲动的青年热血。戴尔教授愉快地答应了默克尔的请求，甚至为此有些骄傲。

经过多天的讨论，默克尔在哈贝来德教授的建议下将论文定名为《密介质中的双分子基本反应对反应速率的空间联合反应》。这个选题非常重要，是科学院放射研究所化学物理研究项目的一部分。如果这篇论文能够达到预期的效果，科学院将会非常愿意接受默克尔为其工作。这也是哈贝来德给出这个建议的初衷，他认为默克尔只有被科学院吸纳，才不会被埋没。

虽然哈贝来德的建议是好意，但是却给默克尔出了一个难题。尽管默克尔在上了大学之后，凭借自己的勤奋和聪颖，已经弥补了高中物理不好的缺憾，成为物理系最优秀的学生。然而，做实验并不是她的强项，完成一篇需要大量试验的论文对她来说非常困难。但是，默克尔从来都不是一个害怕困难的人，反而事情越具有挑战性，她就越感兴趣。因此，她毫不犹豫地采取了哈贝来德教授的建议。

为了完成论文，默克尔为自己选择了一个绝妙的地方"闭关修炼"。在物理系实验大楼的顶层，有一个原本用来放杂物的小屋子。由于位置太高，没有人愿意上上下下，所以小屋一直空着。默克尔凭借在物理系良好的关系网拿到了小屋的钥匙，准备在这里撰写论文。在撰写论文的几个月里，默克尔几乎每天都要在这个屋子里至少十个小时。寂寞、孤独、枯燥充斥着在这里的每一分钟。但是，默克尔没有放弃，对于选择了的事情她从来都不会轻易示弱。在这些日子里，默克尔经历了她日后成为一名理论物理学家所需要承受的所有历练。终于,毕业论文完成了,戴尔教授和哈贝来德教授纷纷欣慰地把她的论文评为优秀。

就这样,在默克尔的严谨态度和不懈努力下,毕业论文画上了圆满的句号,大学生活也结束了。默克尔离开学校开始了新的征程。大学让她学到了很多东西,这些都让她之后的社会道路变得更加顺畅。

17. 学习之余那一场奋不顾身的爱情

或许莱比锡大学生俱乐部门口的酒吧还记得1974年那场浪漫的表白。那天晚上,星空格外美丽,与城市的霓虹灯交相辉映,为莱比锡大学披上一层梦幻般的轻纱。青春逼人的默克尔害羞地低头摆弄鸡尾酒酒杯,诗人般的乌尔里希滔滔不绝地说着醉人的情话。默克尔的心开始一点一点地融化,最后变成美妙的彩色鸡尾酒。第一次与爱情邂逅的默克尔丧失了所有的理智,只剩下激动与疯狂。

爱情是人类永恒的话题,每一对男女进入青春期都必将与爱情不期而遇。当与爱情相遇时,我们总想着要付出所有,却很少思考彼此是否合适。我们将恋爱中的矛盾和争吵当作幸福的小插曲,一厢情愿地认为爱情就是这个样子。我们的这种想法无可厚非,因为爱情的滋味太过美好,任何人沉浸其中都无法自拔。理智、谨慎的默克尔,也会被爱情迷惑,更别说普普通通的我们。

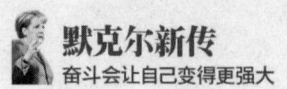

上大学之前的默克尔从来没有谈过恋爱,甚至连对爱情的向往都没有,原因有很多。首先,默克尔是一个对优秀有着炽热渴望的人。在她看来,谈恋爱无疑是浪费时间,每天要考虑如何让对方更加喜欢自己、要精心打扮自己、要为对方准备惊喜等这一切事情都让她觉得无法承受。她喜欢有条不紊的生活,认为爱情只会让生活变得乱七八糟。其次,默克尔虽然成绩优秀,但为人十分低调,从来不爱出风头,简直就像一面背景墙。所以,很少有男孩子会注意到她,并向她伸出爱情的橄榄枝。另外一点最重要的原因就是默克尔后来接受采访时说的,她是一个在感情上非常晚熟的人。

到莱比锡大学读书之后,对爱情的向往开始蠢蠢欲动。看着学校一对对情侣或手牵手在梧桐树下漫步、背靠背在湖面看书,或肩并肩在假山上看日落,默克尔非常羡慕。刚上大学的很长一段时间,默克尔都被孤独、寂寞和失落所包围,她急切地渴望有人能给她一个温暖的怀抱。莱比锡大学的物理系历来都是男生的天下,女孩子寥寥可数。在这里哪怕一个女孩极其普通,也不会再被人忽略,默克尔已经不可能只做一面普通的背景墙了。各种各样的示爱方式总是隔一两个月就会发生,但是追求完美的默克尔一直在天真地寻找那个让她"怦然心动"的人。终于有一天,这个人出现了,他就是乌尔里希·默克尔,默克尔姓氏的来源。

那时的默克尔已经是大二的学生,并开始租用大学生俱乐部的吧台调制鸡尾酒。乌尔里希是默克尔吧台的第一位顾客,尝一口鸡尾酒后便赞不绝口:"安格拉同学,我不得不说,你调制的鸡尾酒和你的人一样美妙,让我有一种爱情的感觉。"

听到乌尔里希这样赤裸裸的表白,默克尔第一次觉得心跳加速。她竟然害羞地低下了头。乌尔里希接着说:"安格拉·多罗特娅·卡斯纳,1954年7月17日出生在联邦德国汉堡,不久就跟随父母迁居民主德国,从小学到高中，学习成绩十分出色，唯独被体育和手工课难倒。如今就读于莱比锡大学物理系，是班级青年团文化委员。每周都要去参加大学生基督教会活动，课余时间总是在图书馆五楼靠窗的位子读书，最喜欢蓝色的衣服，香草蛋糕是其最爱……"

"请问先生是安全部的工作人员，还是警察署的档案管理员？"乌尔里希的话让默克尔越来越难为情，只得开个玩笑来解围。

"我是拐卖人口的坏人，不知道安格拉同学愿不愿意被我拐卖？"乌尔里希继续他诗人一样的表白。

"好啊，不管拐去哪里，我都跟你走。"这是默克尔第一次如此草率地做决定。爱情就是有这样的魔力，能让理智瞬间消失。

那天晚上，乌尔里希带着默克尔去了一个梦幻般的咖啡厅，他们几乎彻夜长谈，好像老友重逢有说不完的贴心话。默克尔这才知道，眼前这个让她怦然心动的人名叫乌尔里希·默克尔，比自己大一岁，来自弗戈兰，是工厂主的儿子。乌尔里希和默克尔同为物理系学生，因此得以一同在大一结束时参加学校的公益活动。乌尔里希被默克尔的从容、安静吸引，默默地关注着她，而默克尔对此毫不知情。

年轻的爱情总能茁壮成长。乌尔里希和默克尔因为同为物理系学生而志趣相投，因为相同的非工人阶级身份而同病相怜，很快就爱得无法自拔。他们一起参加欧洲著名大学之间的物理系学生交流项目，到莫斯科和列宁格勒游学；一起为了寻找一本罕见的古书，到巨人山脉中去寻找土著居民；一起参加奖金极高、难度极大的智力竞赛，为大学生基督教会筹集资费。他们一起做的每一件事情都让默克尔觉得幸福无比。一转眼，两人的爱情已经走过了三年的风风雨雨，他们都觉得是时候把自己的未来交到彼此手中了。在莱比锡大学的第四个学年里，乌尔里希向默克尔求婚，默克尔毫不犹豫地答应了。

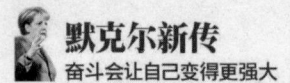
默克尔新传
奋斗会让自己变得更强大

　　1977年，24岁的乌尔里希和23岁的默克尔步入了婚姻的殿堂。因为虔诚的基督教信仰，默克尔执意要在教堂举行婚礼。乌尔里希虽然不喜欢教堂死板的婚礼，但出于对新婚妻子的宠爱还是同意了。婚礼在滕普林当地最大的教堂举行，卡斯纳牧师的好友为他们主婚。默克尔穿的是一袭蓝颜色的婚纱，美得像一朵含苞欲放的蓝玫瑰。默克尔的婚礼规模并不大，因为柏林墙的阻隔只有部分亲友到场，参加婚礼的主力是乌尔里希和默克尔的同学。这让卡斯纳夫妇有些失落，对柏林墙的厌恶更深一层。

　　按照学校的规定，在校生结婚的话可以分到一间公寓。婚后，乌尔里希和默克尔搬到了学校简陋、狭小的青年公寓。虽然卫生间是和另外三家合用的，也没有单独的厨房，但至少有了独立的空间，这让默克尔一度非常兴奋。乌尔里希和默克尔的婚后生活并不富裕，生活费完全靠奖学金和做兼职支撑。日子虽然清苦，却很幸福，这对于新婚的他们来说，有爱的地方就是天堂。

　　朝夕相处的日子让乌尔里希和默克尔的摩擦越来越多，婚姻危机正在默默地生长。

18. 激情逝去，婚姻败给现实

和所有新婚夫妻一样，乌尔里希和默克尔的新婚生活是甜蜜的。大学毕业之后，他们搬出了学校，在柏林市的玛丽恩大街租了一间房子。虽然面积依然很小，但是房子比学生公寓干净、整洁得多了。乌尔里希和默克尔非常兴奋，他们一起选择装修设计图，一起买颜料、建材，亲自动手装修自己的房子。到了晚上，工作一天疲惫不堪的他们就换下满是颜料的工作服，到小区附近的小餐馆吃几个美味的小菜。就这样持续了一周，他们终于将房子装修好了，夫妻两个开始找工作，他们约定不论两人白天在哪里面试，晚上都必须回家，并且晚回家的那个人要负责做晚饭和洗碗。这种游戏让乌尔里希和默克尔乐此不疲，终于，两人都找到了工作，婚姻生活似乎也褪去了原先的甜蜜。

默克尔在经过艰难的求职之路后，最终成为科学院物理所的研发人员。科学研究是一项枯燥、乏味的工作，再加上初来乍到并没有朋友，孤独、寂寞、无助的感觉再次缠绕着默克尔，她想回家寻求安慰，可是有些诗人气质的乌尔里希更喜欢安静、封闭，并不能理解她的感受。失望的默克尔再次将目光投向了集体活动，她参加了物理所的自由德国青年团，继续担任文化宣传委员。原本就喜欢集体活动的默克尔一投入集体便无法自

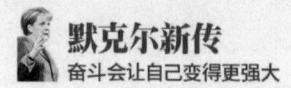

拔,她经常和青年团员一起聚会、出游、看戏和跳舞,和丈夫相处的时间越来越少。

乌尔里希并不像典型的理科生那样古板,他身上更多的是诗人气质,他有些忧郁、内向,并且非常享受这种性格给他带来的孤独、惆怅。不工作时,乌尔里希更喜欢待在家里,看看书、做做家务。起初,默克尔邀请他参加物理所的活动,他也会答应。但是,慢慢地他觉得越来越不喜欢集体活动,便开始拒绝默克尔。就这样,两个人在一起的时间越来越少,陌生和隔阂渐渐出现。

默克尔越来越无法忍受丈夫的沉闷,而丈夫对于默克尔将大部分时间用在和朋友同事相处上也不能理解。于是,他们开始吵架、冷战,起初发生矛盾之后,他们两个人还能在冷静之后相互道歉。可是渐渐地,他们厌倦了在吵架、冷战、和好中挣扎的日子,默克尔选择了晚回家,乌尔里希选择整日躲在书房读书、写论文。冷漠相处的日子让默克尔曾想选择放弃。但是,回头想想他们一起走过的点点滴滴,看看他们亲手建立起来的爱巢,默克尔又犹豫了。从小养成的不服输的性格让默克尔决定为爱情努力一把,她给了自己半个月的时间,每天下班按时回家为丈夫和自己准备晚餐,周末也不再参加社会活动,希望能和丈夫找回往日的甜蜜。但是这样的努力显然是没有任何作用的,两人之间的陌生感让默克尔觉得害怕。她不明白,明明那么相爱的人怎么就走到了这个地步。再一次见到好友洪池的时候,她把烦恼全部告诉了好友。

洪池的一句话让默克尔突然醒悟,她说:"你当初结婚的时候做好准备了吗?你确定你们两个性格合适吗?"默克尔陷入了沉思。其实,当初他们两个人的结合是非常草率的。虽然相恋了整整三年,但是两个人都没有做好组建家庭的准备。两人之所以决定草草结婚,是受到东德早婚的社会风气影响。在当时,东德人普遍早婚,和默克尔同龄的人也许在二十三四岁就已经是几个孩子的母亲了。乌尔里希和默克尔看到同学们一个接一个地结婚,也迫切地希望他们的爱情能开花结果。实际上,默克尔的第一次婚姻完全是跟风式,根本没有扎实的基础。

最终,默克尔决定放手,她认为对于两个错误地走到一起的人来说,彼此放手是最好的选择。但是,默克尔的父母并不同意,卡斯纳牧师是一个非常谨慎的人,当初女儿草率地结婚都让他非常不满,如今女儿又草率地提出离婚让他更是难以接受。倔强的默克尔决定违背父母的意愿,她必须勇敢地承担自己所犯下的错误。

默克尔提出离婚,让乌尔里希感到突然。1981年,在两人结婚四年之后的一天,默克尔开始收拾东西决定搬出去住。在书房埋头看书的乌尔里希并没有注意默克尔的举动。傍晚时分,收拾好行李的默克尔敲开了书房门,平静地对乌尔里希说:"我决定搬出去住了,或许我们真的不合适。"

乌尔里希没有挽留默克尔,他也认为两个人是时候分开了。他帮着默克尔把行李搬上出租车,嘱咐她好好照顾自己。当默克尔离开之后,他在家门前站了整整两个小时,默默地悼念这段轰轰烈烈开始、平平淡淡结束的感情。

1982年,乌尔里希和默克尔正式离婚,他们没有孩子、没有财产,并没有发生任何纠纷。默克尔将所有的家具都留给了乌尔里希,自己只带走了一样东西,那就是乌尔里希的姓氏——默克尔。如今,默克尔依然保留着这个姓氏,可见对于和乌尔里希的这段感情,她还是非常珍惜的。

每个人在一生中都要做各种各样的决定,在这些数不清的决定中,难免有一些是错误的。一时的怦然心动、短暂的温暖甜美总是让人在爱情中犯下错误。直到激情退去,矛盾渐渐显露,情侣们才发现彼此的不

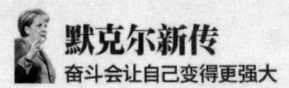

合适。有些情侣不愿意承认自己被爱情冲昏了头脑,开始漫长的彼此折磨之路;而有些情侣却能直面爱情的破裂,勇敢地放手寻找真正属于自己的幸福。默克尔在面对爱情的破裂时,选择了放手,放过对方的同时也放过自己。她总是能为自己的错误负责,哪怕要受千夫所指,她也会有勇气承担责任。

第三章 科学院里严谨古板的女科学家

默克尔毕业之后就进入了民主德国的物理化学研究所,虽然这不是自己最心仪的工作,但是她一干就是12年。在这里,她隐藏着自己的政治意识,静静等待着机遇的来临。

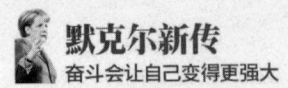

19. 科学院里寂寞的物理学家

就在默克尔千辛万苦完成毕业论文之后，莱比锡大学的生活也即将结束，默克尔开始投入到寻找工作的大军中。当年选择物理系就是看中了国家对物理相关工作管控较松，如今默克尔还是这样的想法，她想要获得尽可能多的自由。也因为这样的追求，默克尔的求职之路十分曲折。

起初，她在一家化工企业实习。默克尔的许多同学都在这里工作，这对于热爱集体活动的默克尔来说具有巨大的吸引力，她没有再过多考虑其他因素，就毫不犹豫地投上了简历。可是，实际的工作生活并没有想象中那么好，默克尔原本认为，她到这里工作，就可以继续和同学们朝夕相处。但是，企业严格的管理制度让她们几乎没有时间娱乐。上班时间，每个人都必须小心翼翼，稍不留神就要接受处罚；下班后，没有人愿意出去娱乐，因为一天高度紧张的工作让她们一碰到床就再也不想起来。

默克尔无法忍受这种高度紧张的工作节奏，这与她追求自由的初衷完全背离。最终，她选择了放弃，即使对朋友有再多的不舍，她也要去追求自由。在当时的民主德国，几乎所有的企业都是这种情况，他们片面地效仿苏联模式，进行军事化管理。默克尔要追求自由，进企业工作就不能被考虑在内，经过一番深思熟虑，她将求职重心放在了大学和研究所上。

默克尔认为，民主德国的大学虽然都被国家严格管控，如果老师和学生都对政治保持沉默，这种不反对、不拥护的中立态度却也能够让他们在大学中拥有充分的自由。另外，默克尔的大学生活多姿多彩，让她十分不舍。当然重回莱比锡大学也不是不可以，只是默克尔只能以辅导员的身份到莱比锡大学工作。辅导员除了管理学生日常事务外，最重要的一项工作是对学生进行思想教育，这不是默克尔的强项，也不是她愿意做的事情。所以，她只能选择那些比莱比锡大学稍微差点的学校，才能从事大学教员的工作，默克尔选择了图林根地区的伊尔默瑙理工大学。

伊尔默瑙理工大学作为一所早在1894年就已建立的理工类大学，有着相当出色的物理学与实际应用结合方面的研究传统。默克尔满怀希望地去伊尔默瑙理工大学应聘，却被几位安全部调查员泼了一身冷水。来到伊尔默瑙理工大学，默克尔并没有被带到招聘中心，而是直接被请到了校长办公室。校长并不在办公室，只有几个看似和自己一样大的年轻人。默克尔非常奇怪，但一向谨慎的态度让她保持沉默。

年轻人先开口说话："默克尔同学，我们是国家安全部的工作人员。通过对你安全档案的分析，我们认为你十分适合我们的工作。"

从小就不断地被安全调查员打扰的默克尔，对这些人非常反感："我想我并没有能力胜任你们的工作，我的信仰不允许我这么做。"

调查员高傲地笑了笑："正是因为你的信仰，潜伏在伊尔默瑙理工大学为安全部工作才不会被怀疑。至于能力，我们会对你进行训练。"

调查员高傲的态度激怒了默克尔："我现在对伊尔默瑙理工大学无比厌恶，我已经不想在这里工作了。再见！"

在回家的路上，默克尔仍旧非常生气。在莱比锡大学读书时，她就知道学校潜伏有特务组织人员。但是，她认为那只是政府单方面的行为，与学校没有关系。这次伊尔默瑙理工大学之行让她幡然醒悟，原来在她眼中纯洁、神圣的学校也参与了这项让正直之人非常不耻的事情。想到这里，

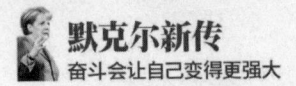

默克尔对学校非常失望，再也不愿意到学校工作了。

人生没有十全十美的事情，我们在得到一些东西的同时，也要做出相应的付出。正是这种得与失才组成了真正的人生。我们不能被"得到"的喜悦冲昏头脑，也不能为"失去"而郁郁寡欢。其实，"得"有何欢？一切得到都是以失去为代价，而现在得到的东西终究会失去；"失"又有何苦？人生来一丝不挂，走时也将两手空空，生前的功名利禄最终将化为一抔黄土。所以，从容面对一切荣辱得失，才是智慧之人的选择。

人在适当的时候要学会放弃，有些东西像流水，你越想握紧就越握不到。倒不如放下，也许会得到更多。毕业后的默克尔一直在追求心仪的工作，可是，当她找到心仪的工作之后，却发现那里根本没有自己想要的自由。在好工作和自由之间权衡一番之后，默克尔决定放弃好工作，追求最渴望的自由。

默克尔最后在民主德国科学院找到了从事科学研究的工作。在这里，默克尔得到了她追求多年的自由。科学院是东德所有自然科学科研单位的总组织，聚集了全东德最顶尖的科学家，脱胎于1701年莱布尼茨创建的勃兰登堡选帝侯科学院，下设60个研究所，25000多名从业人员，散布在整个东德。这里的科学家大部分都有资产阶级背景，原本该是政府最忌讳的地方。然而民主德国需要利用这些科学家的研究成果发展经济。只要科学家们的要求和行为不过分，民主德国总是睁一只眼闭一只眼。因此，在这里工作的科学家拥有相对较多的自由空间。在戴尔教授和哈贝来德教授的强烈推荐下，民主德国科学院柏林物理化学研究所接纳了默克尔。

刚刚来到物化所工作时，默克尔非常兴奋，物化所自由的工作气氛让她时刻感觉到全身轻松。可渐渐地新的问题出现了，更换了生活环境，默克尔没有了朋友。这对于热爱集体的她是无法忍受的事情，孤独和无助再一次让她愁眉不展。默克尔是一个心理强大的人，她很快就找到了心灵解脱的方法。她告诉自己，要实现理想、得到自由肯定要付出很多、失去很多。没有朋友就是她为自由付出的代价。默克尔这样想着心里舒服多了，她开始学着热爱这份工作，很快就进入了工作状态。

默克尔之后回忆这段经历时感慨："早上上班的时间是 7 点 15 分，其实这个上班时间是很不合理的，因为对我们这些做基础研究的人来说，这个时间实在是太早了，7 点 15 分，这个钟点人还没有接受能力呢！"嘴上虽然这么说，可是默克尔的两眼中却闪烁着光芒，她还是十分怀念那段自由时光的。

在物化所，默克尔得到了相对多的自由空间，却必须过着枯燥、寂寞的工作生活。这次默克尔没有再换工作，因为她已经明白得失与人生相伴，从容面对才是最好的选择。默克尔是一个非常热爱集体的人。虽然已经不再厌恶研究所的寂寞生活，但她的内心深处还是渴望能够回到集体中的。倔强的默克尔总是能做到想要做的事情，这一次她又该采取什么样的方式呢？

20. 青年团里的美好回忆

大学毕业后，默克尔经过一番深思熟虑后选择到物化所工作，相对轻松的工作环境让她感到前所未有的自在，但没有朋友的孤独和无助也随之而至。默克尔和乌尔里希在毕业后搬到了柏林墙附近居住，荒凉的柏林墙

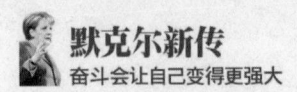

成了默克尔下班后打发时间的唯一去处,她沿着柏林墙慢慢地走着,脑海中回忆起大学时期和朋友们在一起共同度过的美好时光,心中竟然有些苦涩。走累了,她就在旁边的石头上坐下,拿出一本俄语小说静静地看着,太阳快要落山的时候,默克尔看了看手表,也到该回家的时间了。回家的路上,默克尔遇到了物化所还算熟悉的同事,同事捧着一个很大的蛋糕行色匆匆,甚至竟然没有注意到默克尔就在他身边。

默克尔好奇地问同事要去哪里,发生了什么事情。同事这才看到默克尔,赶紧道歉:"对不起,默克尔夫人,我太慌张没有看到你。青年团的一位团员今天过生日,我们打算给他一个惊喜。"的确是惊喜,因为那么大的蛋糕在物资缺乏的东德很难买到。

"物化所的青年团和学校的青年团一样吗?"默克尔虽然不愿打扰同事,但是对青年团的热情让她还是问出了这句话。

"一样的,都是马克思主义性质的青年团体,是社会党的基层组织。我们欢迎任何一个志同道合的青年人参加。"同事显然是社会主义的拥护者。

"是吗?那不耽误你时间了,替我祝那位同事生日快乐。"默克尔有些失望地转身离开。

"默克尔夫人,如果你感兴趣的话也可以参加青年团的。虽然信仰不同,但至少你可以和青年人在一起啊。"同事好心地给出建议。

默克尔欣然接受了这个建议,并决定和同事一块去参加生日聚会。那天,她再一次感受到了集体的温暖,下定决心要融入到这个集体中去。

因为默克尔在大学时期就担任青年团的文化委员工作,所以物化所青年团的领导仍旧让默克尔做这份工作。对于这份工作,默克尔可谓轻车熟路,她知道哪里能为青年团买来实惠的戏票,哪里可以借到更好的苏联文学作品,哪里当作聚会场所最合适。重新回到集体中的默克尔如鱼得水、畅快欢乐，她经常和青年团员们一起出游、聚会、看戏和学习。由于其谦恭和善的态度和对集体活动的热情，默克尔很快就交到了许多朋友。

虽然参加青年团让默克尔交到了许多朋友，但是由于经常外出参加活动，默克尔和丈夫乌尔里希的感情渐渐出现裂痕。终于在1981年，两人结婚四年后的某一天，默克尔决定搬出去自己找房子住。在当时的民主德国，物资供应十分匮乏，特别是房屋。对于薪水并不高的默克尔来说，要想租到一间舒适又廉价的房子简直是天方夜谭，她只能暂时借住在好朋友家里。然而，好朋友的房子十分狭小，默克尔必须尽快找到租房。了解到默克尔的情况后，青年团的朋友开始在工作之余帮助默克尔寻找租房。

终于，他们在柏林离市中心不远的赖因哈德街上发现了一套空置的房屋。房屋看上去长期无人居住，门窗紧锁，到处落满灰尘，东德的房管局好像遗忘了这间房子一样。朋友们非常兴奋，赶紧将这个消息告诉默克尔，并七嘴八舌地为默克尔如何改造这间房子出谋划策。看着朋友们一张张欣喜的脸，默克尔突然大哭起来。这是她决定和丈夫离婚之后第一次哭泣，是对过往感情的悼念，也是对朋友的感激之情。

为了使这间房屋成为默克尔的合法财产，她还必须到警察署去做住房登记。显然，如果按照正常的房屋程序进行的话，默克尔是无法拥有这间房子的。因为政府会将这间没有主人的房子收回，然后作为公共用房分给其他人的。默克尔深谙世事的同事为她出了一个好主意，他让默克尔在警察署快要下班的时候去登记，着急回家的警察们就不会过多为难默克尔。这一招果然灵验，警察没有过多地询问盘查，就把这间无人居住的房屋写上了默克尔的名字。

之后每天下班，青年团的朋友都会来到赖因哈德大街帮默克尔整修房子。清扫、粉刷、安装、搬运，在忙活了整整两个星期之后，默克尔的新家闪闪发光地呈现在她和朋友们眼前。默克尔再一次被集体的温暖

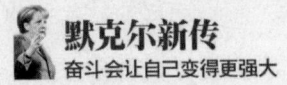

深深打动。

青年团的工作让默克尔得到许多快乐，但毕竟青年团是政治性质的社团，一向对政治不感兴趣的默克尔也曾遇到过麻烦。青年团的领导认为默克尔的文化宣传缺少政治因素，责令她多做政治宣传。默克尔严词拒绝了，她说自己并没有想在青年团发展，如果加入青年团是因为政治的话，她可以去参加社会党。因为默克尔对青年团的付出，领导也并没有在此事上过多地为难默克尔。

按照民主德国的规定，35岁之后青年团员要自动退团。默克尔到物化所青年团工作时已经30岁，也就是说她在那里仅仅待了5年。但是就是这5年时间，让默克尔交到了许多朋友，走出了刚到物化所孤独、无助的困境。

生活中会出现各种各样的困境，身处这些困境中，我们可能会惶恐不安、惊慌失措或郁郁寡欢，智者总能找到走出困境的方法，而愚昧之人却蜷缩在困境中自怨自艾。世界上的万事万物相生相克，有困境，必定就有摆脱困境的方法。能否找到方法关键要看心态，天下没有绝对的事，人生也没有绝路，只有悲观的人才会以绝望的心态把自己逼上绝路。

生活不会一切尽如人意，我们会遭遇许多无可奈何的事，邂逅许多恩恩怨怨。但是，世间的事都是活的、变化着的，一切皆无定论。即使到了山穷水尽的地步，换一个角度看问题，就会是柳暗花明的另一番景象。生命是上天赐予我们的特殊礼物，即使陷入了寂寞、空虚的泥潭，我们也应当去积极追寻坚强的理由。

进入科学院工作的默克尔陷入了前所未有的困境，枯燥的工作让她急需有朋友相处。然而，初来乍到的她根本没有朋友，再加上她慢热的个性，在很长一段时间内默克尔都被孤独和无助包围。但强大的她总能找到事情解决的方法，她参加了物化所的青年团，一切困境便迎刃而解。

21. 获得博士学位的八年坎坷路

在莱比锡大学，默克尔仅仅用了5年时间就取得了学士学位和硕士学位，进入科学院工作之后，一向追求完美的她决定考取博士学位。按照国家规定，科学院也是可以接受硕士生和博士生的，默克尔准备在民主德国科学院攻读博士学位。在科学院攻读博士学位有许多优势，默克尔可以边工作边学习，并且不用参加博士招生考试，只要能够完成博士论文就可以被授予博士学位。所以，从1978年进入物化所工作开始，默克尔就已经在为博士论文做准备了。

在当时，民主德国的科研成果非常落后，因为政治高压的缘故，许多学者都被限制与国外进行学术交流。不能与世界学者探讨学术问题无疑是闭门造车，即使再有能力的学者也难以获得巨大的成就。更甚至，为了防止资本主义思想在东德蔓延，政府把大部分国外书籍都定性为"禁书"。这使得民主德国的学者们根本无法接触到世界的前沿成果。所以，要想写出一篇有分量的博士论文，在当时的情况下，是一件非常困难的事情。

民主德国的科研条件也非常落后。北约国家的封锁和制裁使其在信息和设备上都十分匮乏，在联邦德国的科学院已经建成完善的计算机研究室时，默克尔所在的研究所却只有一台"罗伯通"，是仿照IBM生产的计算机。这台计算机采用的是落后的孔带操作方式，可怜的科学家们计算一个

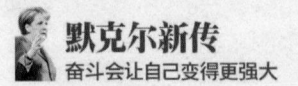

数据结果往往需要等上好几天。

默克尔的博士论文需要大量的数学建模，对电脑的依赖性非常强。默克尔每天早早地都要去计算机中心领号排队，然后回办公室继续其他工作，往往等到下午才会有人通知她可以去用计算机。这台计算机运算非常慢，当默克尔好不容易得到使用权后，还要等待好多天才能拿到结果。她并不总是正确的，有时候等了很久，终于从计算机上得到了数据之后，却发现那根本就是错误且毫无意义的。这台计算机让默克尔曾经一度哭笑不得，但她没有放弃。乐观的她甚至觉得整天与这样慢条斯理的计算机相伴也是一种乐趣。

科研条件的恶劣还不算什么，最让默克尔头疼的是要想取得博士学位，她还必须得交一份关于学习马列主义方面的论文。这是东德政府宣传政治体制的一种手段，也好借此试探哪位高级人才对东德政府存有异心。对于政体拥护者来说，写一篇这样的论文是易如反掌的事情，而对于从不涉及政治的默克尔来说却比任何事情都要困难。她是虔诚的基督教徒，拥有自己坚定的信仰，并且对于民主德国的政治体制她内心深处并不赞成。所以，写这样一片论文无疑是说几万字的谎话，这让谨慎、正直的默克尔一度深受折磨。好在她是一个心态极好之人，很快她就为自己找到了解决困境的方法。她的论文题目是《社会主义的生活方式是什么?》，在这篇论文中她没有太多的判断性语言，而是在讲述自己心中的理想社会。默克尔巧妙地维护了自己的信仰，也没有让管控极严的东德政府找出什么不妥之处。

如今我们已经无法领略默克尔这篇政治论文的风采，因为据默克尔说，她根本没有保留这篇论文，可见她对这样的论文并没有多大兴趣。她说："我没有留底，要是有我马上交出来，可是谁会保留这样一篇论文呢? 至少我不会。我知道我这么一说，一定会有人怀疑我是想要遮掩些什么。让他们去怀疑好了，因为没有人能够想象在那个没有复印机的年代，在一台老掉牙的打字机上打字是什么感觉。当我察觉我忘了加复写纸的时候，我已经全部打完了，我绝不想再打一遍这篇东西，绝不，就是这样。"

不得不说，在默克尔准备博士论文期间有两个人对她帮助非常大，一个是毕生挚友物理学家辛德赫尔姆，另一个是陪伴默克尔后半生的化学家约阿希姆·绍尔博士。

辛德赫尔姆是默克尔在物化所的同事，在物理学研究上极富天赋。辛德赫尔姆和默克尔相识之后，非常欣赏对方的才华，很快就成为挚友。辛德赫尔姆在默克尔的论文选题和此后的研究工作上提出了许多非常有用的意见，甚至为了能让默克尔多用几次电脑还帮默克尔排过队。默克尔非常信赖这位朋友，对其无话不谈。可是这位亲密朋友在1986年，默克尔刚刚完成博士论文之后，就彻底放弃了科学家之路，到一个不起眼的小镇做自由翻译的工作。默克尔一度为此事非常伤心，多年之后，她才知道原来辛德赫尔姆曾被迫为东德情报组织斯塔西工作，但他不想出卖朋友，最终选择隐居世外。得知这个消息之后，默克尔对辛德赫尔姆的为人更加敬重了。

约阿希姆·绍尔博士是默克尔博士论文的另一位功臣。他在默克尔写博士论文期间与默克尔相识相恋。为了确保默克尔论文的质量，他不辞辛苦地对默克尔的论文进行了十余次的校对。而且约阿希姆·绍尔博士也是默克尔一生的功臣，低调的他陪伴默克尔走过了之后几十年的风风雨雨。

爱马森说："伟大、高贵人物最明显的标志，就是他坚韧的意志，不管环境如何恶劣，他的初衷与希望不会有丝毫的改变，并将最终克服阻力达到所企望的目的。"成功之人的脊梁永远不会佝偻，头颅永远不会低垂，眼神永远不会游离。在任何情况下，他都能为自己开辟出一条出路，一条通往人生康庄大道的出路。跌倒算不得失败，跌倒后不站起来才是失败。

成功之人能在跌倒后迅速站起，并为自己清除绊脚石，争取下次不再跌倒；而注定失败之人在跌倒后，或嚎啕大哭，或埋天怨地，始终不愿再次站起前进。

智者把人生路上的坎坷苦难当成命运契机，始终相信无论发生什么事情，自己的存在都具有不可取代的价值。默克尔克服了众多困难，历经八年时间终于在1986年完成了博士论文，获得了博士学位。八年磨一剑，默克尔的这篇博士论文分量之高已经超过了所有人的估计。困难有时候并不是绊脚石，而是垫脚石。正是在与困难的较量中，我们才能够砥砺意志、锻造能力。

22. 意料之外的西德之旅

物化所的工作十分枯燥，默克尔总是想尽办法为自己寻找新鲜刺激。对于当时东德的普通民众来说，接触西德事物能让他们兴奋不已，能去趟西德更是终身所求。默克尔虽然对西德并没有太多兴趣，但也因为一次偶然的机会得以到西德旅游。默克尔欣然地接受了这次际遇，并从中获得了许多东西，从政的想法也开始默默生长。

柏林墙的建立隔断了德国东、西部的天然联系，德国东西部的民众也因此过上了不一样的生活。民主德国片面地搬用苏联模式，对政治、经济、文化等社会生活的各个方面都进行了严格管控。民众生活在政治高压下，得不到应有的自由。苏联模式也并不适合民主德国的实际情况，因此社会经济发展十分缓慢。联邦德国虽然也存在着许多社会问题，但总体上比民主德国自由、富裕。这种差距让东德人民对西德十分向往，在他们眼中西德仿佛就像天堂一样美好，他们总是想尽办法逃往西德。民主德国政府对此非常恼火，下令再有翻越柏林墙者均视为偷渡人员，可以当场击毙。

民主德国的政治高压让部分东德激进人士忍无可忍，他们掀起了一场"逃离东德"的反抗行动。许多人通过这次反抗行动得以到西德生活，也有些人因此失去了自由，甚至是生命。默克尔的一些老师、同学和同事也参与了这次行动，但是默克尔对此无动于衷。她虽然不喜欢东德的政治高压，但是对于西德也没有太多的渴望。从亲朋好友寄来的信件中，她了解到，西德并没有东德人想象的那么好，那里也有不公平，也有专权，也有冷漠和歧视，甚至贫富差距比东德还要大。她认为，这样一个并不完美的西德不值得她去冒险。

其实，在朋友圈中，默克尔对于西德的了解还算是比较多的。由于在西德有许多亲朋好友，默克尔小时候穿的衣服全是西德生产的，家中大部分玩具、礼物都是西德的亲人寄来的。拥有西德背景的父母总是给她讲西德的城市、美食和风景等等，她从亲朋好友来往的信件中也能了解到西德的新发展。所以，虽然她人在东德，西德对她来说也毫无神秘感。

默克尔对西德毫无兴趣，并不能改变命运为她安排的际遇。1986年，正在埋头做实验的默克尔接到了值班室的电话，有一封西德寄来的邮件需要她签收。这封邮件让默克尔的心情像小鸟一样欢快，与她关系最亲密的表妹就要结婚了，重新恢复单身的她被邀请去当伴娘。默克尔向物化所提出了申请，物化所又将申请递交给当地政府。不久，结果出来了，默克尔的申请被批准了，她可以通过合法的渠道前往西德了。这次西德之旅给默

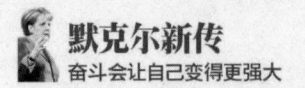

克尔留下了深刻的印象,也就是这次使默克尔第一次有了从政的想法。

即使东德的火车速度很慢,默克尔还是在几个小时内就到达了西德,因为这两个国家本来就是一个整体。走出火车站,西德的一切瞬间就触动了默克尔。这里和她生活的东德完全不一样:街道干净整洁,路旁种满了生机勃勃的灌木丛;商店中的商品琳琅满目,销售人员的服务态度也非常好;有许多汽车行驶在街道上,人们可以自由地说笑、打闹。这一切都让默克尔非常意外,原来在东德之外还有这样的地方,这样充满活力、充满生机的地方。

参加完表妹的婚礼,默克尔在西德逗留了几天,她发现自己爱上了这样的地方,她要好好地去领略一下它的风采。默克尔徜徉在汉堡的大街上,呼吸着新鲜的空气,听着商店里传来的德国民谣,突然觉得自己就是行走在天堂。然而,一双肮脏的手打破了默克尔的好心情,那是一个年轻人的手,一个枯瘦如柴的年轻人的手。这双手正在向默克尔苦苦哀求,哀求能得到默克尔哪怕半个面包的帮助。

默克尔问年轻人,如此年轻为什么不去找份工作?年轻人的回答让默克尔心酸:"我以前做过的工作都无法满足一家人的生活,薪水低得难以想象,钱都被老板赚走了。"

给年轻人买好面包之后,默克尔继续往前走。或许刚才的事情对她触动太大,原先的感觉没有了,她看到了墙角、桥下蜷缩的流浪人,看到了人与人之间的冷漠,看到了为了一马克而大打出手的生意人和顾客。默克尔再次意识到再美好的地方也存在不公平,她陷入了沉思。

接下来的几天,默克尔又去看望了她的那些在"脱离东德"运动中逃到西德的老师、同学和同事。他们的生活似乎过得没有想象中的好,东德背景让他们受尽歧视。默克尔就曾亲耳听到有几个西德人对东德人的侮辱,他们说东德人都是穷鬼,到商店买东西专买那些打折的、处理的东西，一点都不知道丢人。或许在东德人眼中买便宜的东西是节俭，而在虚荣的西德人看来就是虚荣。

归途中的默克尔心情非常沉重。到底怎样的国家形态才能使众生平等，到底怎样的社会才能让民众自由、富有？原本以为东德人的苦难都是政治体制造成的，那么为什么资本主义制度下的西德更加不公平呢？东德和西德原本就是一个整体，两德民众有着天然的血缘关系，为什么仅仅是一道墙就能让他们变得如此遥远？

这是默克尔第一次思考政治体制的问题。以前，对于政治她总是保持缄默，不愿意过多参与有关政治的事情。而这时，接连不断的极大触动让她不由自主地去思考这些问题。也许是因为德国注定要出现一位女总理，上帝才为默克尔安排了这样一场际遇。

人的一生会有许多际遇，我们的生活轨道总是不经意间就被这些突如其来的际遇改变。一成不变的生活太过乏味，偶尔变化一下的生活才更生动。大部分人都喜欢安安稳稳的生活，不愿意多做改变。其实，这样的想法是因循守旧、墨守陈规的落后想法。生活中偶尔出现的变动可以开拓我们的眼界，丰富我们的阅历，甚至帮助我们完善心智、转换思想。我们应该学会乐于接受这些际遇，并从中获得改变。西德之旅对于默克尔来说就是一次改变一生的机遇。如果没有这次给她带来巨大触动的旅行，默克尔或许不会过多关注政治，而是始终默默无闻地做着科研工作。

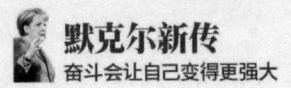

23. 移居，或许不是最好的选择

在西德之旅之前，默克尔对于西德的认知主要来自于父亲的藏书和亲朋好友的书信。西德，对于她来说，是渴望者眼中的天堂，是反对者口中的邪恶之处，是普通西德人生活的地方。默克尔对西德提不起兴趣，因为别人的言论并没对她产生丝毫影响，她认为别人说西德好也罢，坏也罢，都是别人的观点，她此生既然没有机会亲历西德就不会轻易给西德下定义。默克尔就是这样一个谨慎的人，只有亲身经历的事情她才相信。

在默克尔青年时期，西德是大部分东德人眼中的天堂，他们想尽办法要冲破柏林墙的阻隔前往西德，哪怕以生命为代价也绝不放弃。当时东德人前往西德，一般有以下三种途径：

第一，获得合法的移居名额。虽然民主德国政府严禁东德人前往西德，但并不代表东德人并不能通过合法的途径移居西德。迫于舆论压力，民主德国政府宣布可以和西德进行民间人士交往，但是名额有限。这其实是民主德国一种巧妙的政治手段，每年得以获取移居名额的人一般都是社会主义制度的忠实追随者，他们移居西德的目的是为了宣传社会主义，而政府也正好借助此事减少舆论压力。

第二，争取到去西部旅行的合法机会，然后就此留在西德。申请到西部旅行要比申请合法移民容易得多，民主德国给出的合法理由有上百种之多。但是，光有充足的理由还不够，申请者必须做出一些事情让民主德国政府确定他还会回来才能得到批准。民主德国之所以批准默克尔的旅行申请，是考虑到默克尔在物化所的博士学位再有半年就可以获得，并且默克尔刚刚和约阿希姆·绍尔博士相恋。

第三，通过私人渠道逃离。许多人通过这种方法获得了成功，但是更多人因为这种方法失去了自由，甚至生命。即使成功地逃到了西德，普通人也很难被西德政府接受，成为西德的合法公民。如果无法成为合法公民，他将在西德受尽歧视，甚至连工作都找不到。

对于第三种方法，谨慎小心的默克尔是肯定不会去做的，而前两种方法，默克尔都可以轻而易举地做到。第一种方法是最为合法的移居方式，但是名额极其有限，审批非常复杂。因此，靠这种渠道所获取的移居名额也就成了黑市上的热销"商品"。凭借卡斯纳牧师在宗教界的关系网，默克尔不用出钱就能获得名额。第二种方法对于默克尔来说更容易做到，她已经获得了民主德国的审批，只要留在西德不回来就可以。但是，默克尔没有这么做。她认为，东德民众不管采取哪种方式前往西德都将蒙受巨大的损失，并且西德也未必像他们想象的那么好。在没有亲历德国之前，默克尔对西德是不是天堂始终保持怀疑态度。

我们往往可以通过许多途径获得对事物的认知，然而口头相传多有讹误，书本上的东西也不是完全正确。要想领略人生的真谛必须亲身经历，只有经历了，才有发言权。只有置身其中，我们才能通过自己的感官和思维对事物做出符合自己逻辑的判断；不亲身经历，我们所获得的认知往往是人云亦云、以讹传讹。聪明的人从来不轻易相信他人的言论，眼睛看到的或者耳朵听到的都很有可能是错误的，只有亲身经历的才不会欺骗自己。

后来的西德之旅让默克尔确定，西德并不是东德人民想象中的天堂，移居不是最好的选择。她深深地意识到，不论在世界的哪个角落，不公平、不和谐的事情都随处可见。没有任何地方是所谓的天堂，生活的好坏很大程度上取决于人心。

默克尔认为，虽然西德拥有东德无法见到的特快火车、干净街道、琳琅满目的商品。但是，西德社会和东德社会一样存在着各种问题。如果说高压管制是东德的致命伤的话，西德的肿瘤就是拜金、冷漠。默克尔曾亲眼看到在汉堡大街上徘徊的年轻人，他们不是因为没有一技之长而无家可归，而是劳动薪水被老板剥削殆尽；默克尔也曾亲耳听到西德人对东德人的嘲笑，他们没有怜悯这些抛家弃业追求理想的可怜人，反而嘲笑他们贫穷、小气。

结束西德旅行回到东德之后，默克尔说得最多的一句话就是"移居，并不是最好的选择"。朋友问她旅行感受时她也是这句话，有人向她征求怎样才能获得审批时她也是这句话，同事间谈起政治时她也是这句话。朋友们不耐烦时总会问她："你说什么才是最好的选择？"默克尔的回答总是："我还没有想好。"

默克尔一直没有想出"什么才是最好的选择"，这个问题曾经困扰她无数个日日夜夜。终于有一天，从睡梦中惊醒的她犹如醍醐灌顶。她梦到了小时候的自己，那时候的她对政治十分关心，甚至能够背出当时联邦德国内阁官员的名字。自上小学起，为了尽量避免牧师家属身份为自己带来麻烦，她学会了低调做人；上了大学，为了获得无忧无虑的校园生活，她甚至对政治保持缄默。其实，她那颗对政治十分热诚的心一直在跳动着，只是被她刻意隐藏起来。默克尔找到了解决问题的方法，那就是政治。只有建立起最理想的政治体制，用最有效的政治手段去管理一个国家，这个国家才能多一份和谐。

这也仅仅是默克尔的一个念头而已，在脑海中并不成熟。对政治一向保持沉默的习惯让默克尔没有大声宣传自己的想法，而是将其默默地藏在心底。有些想法好是好，如果在不适当的时候拿出来抛在众人面前，就会给自己带来不必要的麻烦。所以，有时候有些话你该说，有时候不该说，聪明的默克尔从小就明白这个道理。

24. 政治绝缘体身份下藏着一颗火热的心

在大学生青年团开展讨论会议的时候，作为班级组织委员的默克尔总是缄默不语，即使要求表达看法，她也总是巧妙地选择自己的观点。在同学眼中，默克尔就是一个政治绝缘体，任何政治热点都不能激起她的兴趣。其实，默克尔并非对政治不感兴趣，而是特殊的身份让她必须装出对政治没有任何兴趣。默克尔的做法无疑是明智的，在当时的情况下，只有对政治完全绝缘，默克尔才能躲避各种麻烦。但是，不论默克尔怎样麻痹自己，火热的心仍在跳动。

在和平年代，政治离普通人的生活似乎很远，给人的印象除了严肃之外似乎没有什么特别之处。但是在动荡年代，政治充斥着人们的生活，如岗哨灯塔给人们以希望，也如洪水猛兽瞬间就吞噬人们的生命。这个时候，不把政治作为终身理想的普通人保全自身的唯一方式就是远离政治。

从上学开始，默克尔就学会了怎样保护自己。她深谙察言观色之道，懂得什么话该说，什么话不该说。高中时期，默克尔就读于被民主德国政府严格管控的学校。学校领导都是马克思主义的狂热追求者，学校的各项校规都致力于将学生培养为马克思主义新一代的接班人。在这样的学校中，默克尔的特殊身份更加凸显出来。为了能够躲避不必要的麻烦，默克尔更加低调，从来不忤逆老师，不违反校规校纪，对人谦恭和善。这种低调的处世态度让默克尔受益匪浅，整个高中阶段她并没有遇到太多的麻烦。但是，默克尔对政治的热情依旧没有减少，她非常关心德国东、西部的政治动态，期望着某一天会有一个强有力的人站出来拔掉德国身上的那根叫做"柏林墙"的刺。

升入大学之后，默克尔对待政治的态度更加明确。她努力让自己变成政治绝缘体，对任何政治事件都不发一言。默克尔这样的做法也是不得已而为之。如果说中学时期政治还是父亲藏书阁里的"禁书"，那么大学时代政治就活生生地存在于默克尔身边。默克尔知道民主德国的特务组织隐藏于学校的各个角落，也亲身经历过老师和同学被政治审查、劳改、迫害的全过程。她曾经苦恼过、失望过，但恩师告诉她，对于无能为力的事情最好的方法就是无视。于是，默克尔强迫自己对政治保持缄默，麻痹自己远离任何政治事件。在学校工作中，她尽量让自己的工作少一些政治色彩；在同学聚会上，她从来不参与有关时政的讨论；甚至政治课考试，她也永远只按课本答题，不做一丝阐述。大学时代的缄默让默克尔拥有了无忧无虑的生活和美好的回忆。

最能体现默克尔可以远离政治的事件是她和学长、挚友伍尔夫特的"绝交"。伍尔夫特是默克尔的学长，虽然比默克尔大十多岁，共同的爱好让他们成为忘年交。阅历丰富的他在默克尔的生活和学习上都给予极大的帮助，默克尔一直非常感激这位学长。而伍尔夫特提起默克尔满满的都是赞美："安格拉爱好文学、文化、戏剧，读的书很多，由于家庭的关系，她能得到难以得到的书，她是可以信任的。"

虽然默克尔和伍尔夫特亲密无间，但在对待政治的态度上两人却大相径庭。伍尔夫特是反对派学生圈子的领导人物，是民主德国制度的批评者。他的政治观点十分激进，以至于默克尔有时会害怕他会被特务组织暗杀。伍尔夫特的遭遇虽然没有默克尔想象的那么糟糕，但是也不容乐观。在大学期间，他不得不在很长一段时间里离开大学，被强迫到工厂去接受劳动改造。就在他的博士论文完成前夕，他被民主德国当局逮捕，后来辗转流亡到了联邦德国。

可是来到西德以后，或许是为了排遣人生地不熟的孤独感，伍尔夫特频繁地给老朋友写信，挚友默克尔当然也在其中。起初收到挚友的来信，默克尔还是非常兴奋的。可是渐渐地，她发现了其中的危险。伍尔夫特总是在来信中批评民主德国政治，有时甚至一封信除了问候语全都是政治言论。默克尔敏感地意识到，如果这些信落到安全部手中，她就会被认为是私通外敌，或许那时候民主德国不但要惩罚自己，还会将伍尔夫特的事情再次提起。那将对逃亡在外的伍尔夫特十分不利，于是，素来小心谨慎的默克尔通过间接途径告诉她的朋友以后不要再寄信来了，伍尔夫特接受了她的提议。对于这件事，默克尔一直非常内疚，但是在当时的政治环境下，她不得不这样做。后来，柏林墙被拆毁了，默克尔做的第一件事情就是去西柏林看望老友。

大学时代，默克尔对于政治的一切选择都是隐藏的，在恐怖的政治高压下，她不得不这样做。其实在默克尔冰冷的态度下是一颗火热的心，她始终默默地关注着政治，尤其关注着东西德之间的政治态势，因为两德统一这件事是她，同时也是大部分东德人民念兹在兹的一件事。只是太长时间的伪装，她已经习惯了对政治保持冷淡。即使有再多的想法、再多的欣赏或抱怨，她也总是告诉自己那是别人的事情。久而久之，她似乎离政治越来越远，似乎真的成了政治绝缘体。其实，如果没有那次西德之旅，默

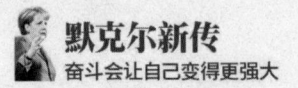

克尔或许就真的淡忘了对政治的热情。但是，命运不舍得抛弃她，德国民众还需要她。

西德之旅之后，默克尔重拾了对政治的热情，甚至比以前更加关心政治。在工作之余，默克尔阅读了大量对当时的政治体制进行批判分析的书籍，尤其被路德维希·艾哈德和他创立的社会福利市场经济理论深深地吸引。她还经常阅读英国共产党的党刊，在提高自己英语水平的同时，也提高着自己的政治判断力。一个成熟的政治理念正在默克尔脑海中逐渐形成，等待合适的机会，这个政治理念将一鸣惊人。

虽然，为了避免不必要的麻烦，默克尔运用各种伪装之术，让自己看起来像政治绝缘体，但是那颗对待政治热诚的心永远没有停止跳动。终究有一天，它开始冲破冰封瞬间爆发，当时之所以默默无闻，不过是时机未到而已。

第四章 柏林墙倒塌后默克尔的崛起

1898年,横亘在东德和西德之间的柏林墙终于倒塌了,这象征着国家分裂的意识形态终于消失了。在这个风云变幻的时刻,默克尔意识到自己应该走出实验室做点什么,于是她走进政坛,为之后的"默克尔时代"积蓄力量。

25. 柏林墙倒塌点燃了默克尔的政治理想

人生总是有许多契机，不经意间就挖出了心中深藏已久的秘密。如果说西德之旅让默克尔重拾政治热情的话，柏林墙倒塌的契机则点燃了默克尔的政治理想。在德国历史上，"开墙日"绝对是个值得纪念的日子，当时默克尔就住在柏林墙附近，她亲眼见证了柏林墙的倒塌。此后没多久，默克尔突然意识到崭新的理想已经在她的心中生根发芽了。

1989年11月9日，就在沙博夫斯基宣布旅行自由的一刹那，全东德所有在电视广播前的人们都欢呼雀跃起来。人们不顾外面凛冽的秋风，破门而出，冲向街头，奔走相告，由于人流过于密集，人们一进入柏林墙所在的街区就不得不选择步行。柏林墙下也挤满兴奋的人群，他们激情昂扬地谈论这一激动人心的消息。或许是压抑太久了，东德人的勇气瞬间爆发。他们决定当晚就砸毁柏林墙，到西柏林逛街。在确定统一社会党军队和苏联军队不会出现的情况下，成千上万的东德人拿起手边的锤子、榔头等铁器，愤怒地砸向控制了自己28年3个月之久的柏林墙。柏林墙被砸时发出的阵阵声响，像在控诉一段血与泪的历史。很难想象当时的人们怎么会拥有那么强大的力量，15厘米以上厚度的柏林墙，可以抵挡装甲车冲击的柏林墙，却挡不住向往自由的东德人民的拳头。突然之间吊杆竖起，联邦德国和民主德国的民众交汇在一起，分裂的德国归于统一。默克尔并没有因为柏林墙的倒塌而打乱自己的计划，她决定在完成日常计划之后才和朋友们一起穿越柏林墙。

默克尔按照之前的计划去洗桑拿，不过她先给母亲打了个电话，因为他们一家早就约定要在柏林墙倒塌的那一天去凯宾斯基饭店吃鲜蚝。电话中，她只是简单地对母亲说："这一天来了。"后来，默克尔回忆这一天的时候是这样说的："当时我甚至没有注意到柏林墙在那天晚上就倒塌了，下午6点我和朋友一起进的桑拿室，到9点也还没有耽误什么，只是没有像平时似的再喝一杯啤酒而是马上就出发了。"

桑拿过后，默克尔和朋友们踏进了西德的土地，在那里，她本来想找一个公共电话打给汉堡的姨妈，随后发现这几乎是不可能的：第一，她身上根本没有西德的货币西马克；第二，她根本没有办法在熙熙攘攘的人流中找到一部公共电话。很快，默克尔和她的朋友就离开了西德匆匆回家了，毕竟第二天还有工作等着自己，柏林墙倒塌了，工作还在继续。

此后，默克尔的表现也证明了她高度的责任心和自律。柏林墙倒塌几天之后的11月31日，那时人们还沉浸在柏林墙倒塌的喜悦之中，而默克尔已经带着责任来到波兰出差，她的工作并没有因此做出丝毫改变。对于默克尔的此次出差，波兰人感到非常惊讶，因为在他们看来，每一个德国人都应该待在德国，等待德国的统一。他们还表示，可能下次到德国出差的时候，德国已经统一了。这句话让默克尔感到震惊，就连其他国家的人都坚信德国会统一，那么德国一定会冲破重重障碍，重新合并成一个整体。

柏林墙倒塌之后发生的所有事都印证了默克尔和波兰人的观点，德国统一是大势所趋。隐藏在默克尔心中多年的政治热情突然爆发了出来。多年来，碍于自己是牧师女儿的身份，默克尔不得不深深隐藏起自己的政治观念。但是现在，默克尔决定冲出种种枷锁，下定决心参加到当时

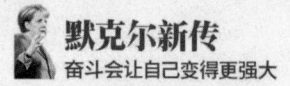

非常活跃的政治运动中去，至于到底要加入哪个政党，默克尔一时也没有主意。

柏林墙倒塌之后，政党和政治重新成为了德国的流行话题。越来越多的人开始建立新的政党，借此实现自己的政治理想。面对如雨后春笋般涌现出的种种政党，默克尔挑花了眼，她不确定自己应该选择哪个政党来实现自己的政治抱负。在这种情况下，默克尔选择了最笨拙的办法，她和当时科学院的上司乌布利希像找工作一样去寻找各种党派和组织，以希望能够找到适合自己的政治组织。

1989年，默克尔将自己的工作从实验室转向了风云诡变的政坛，开启了自己的政治生涯。如她所说，正是柏林墙的轰然倒塌唤醒了内心深处的政治意识，而立之前的她选择了半路出家，开始了截然不同的第二段人生。

对于德国人来说，柏林墙的倒塌都是一个机遇，而默克尔在政坛的风生水起就在于她在机遇来临前已经有了充分的准备，在机会来临时很好地抓住并利用了它。

对于每个人来说机遇是可遇而不可求的，要调整好自己的心态，意识到平时的知识储备和能力提升都是为了不断完善自我，以便能以更好的状态来迎接不期而遇的机遇。古人云，一屋不扫何以扫天下。踏踏实实做好每件事，认认真真过好每一天，是准备抓住机遇的主观条件。要知道，任何伟大的事业都是由无数细小琐碎的事情积累而成的，我们工作的内容会不同，但是每份工作的做事方法和思考逻辑是一样的，每个人都要在工作中不断总结方法，这样才有成长，才能沉淀出人生智慧。此外，每个人都要开拓自己的视野，培养前瞻性。每个人都对自己的人生会有一个大致的规划，因此即使是面对同一个机会，每个人都会有自己不同的理解，有的人认为是一个不可多得的机会，而有的人却认为是一个火坑。而做出什么样的判断，完全取决于这个机会是否适合自己的发展，这就需要你具有敏锐的前瞻性，能够正确把握自己所从事的领域的发展趋势和发展方向。

很明显，默克尔是一个有着大智慧的女人，因为她正确认识到了自己的一生不能囿于小小的实验室，紧紧抓住改变自己一生的机遇，即使已经到了而立之年。

26. 在沉默中爆发的默克尔

不论是在学生时代，还是工作之后，默克尔给人的印象总是对政治毫无兴趣，甚至得到一个"政治绝缘体"的称号。不论何时何地，默克尔总是避开政治，似乎她从来不知道政治为何物。即使是在与政治关系密切的青年团工作，默克尔也只负责社会事宜，对于政治宣传从不参与。在受到青年团领导责怪后，默克尔甚至愿意被退团，也绝对不在集体活动时宣读薄薄几页纸的政治理念。

没有人会将默克尔与政治扯上关系。在同学和同事眼中，她完全没有政治意识，和她谈政治无异于和盲人谈世界的色彩。默克尔把自己伪装成一个绝对的中立人士，她对民主德国的任何政策都不会公开提出异议，也不会参与任何形式的宣传民主德国政治的活动。对有关政治的任何事情，她的表现都不够积极，永远躲在人群后边，尽量让所有人都注意不到她。即使在柏林墙倒塌的那一天，全德国人民都在欢庆时，她也没有表现出多么兴奋。

柏林墙倒塌对于默克尔当天的生活似乎没有任何影响。她照常按时工作，照常去洗桑拿。当有朋友劝她加入狂欢大军时，她还劝朋友不要到人多的地方去，以免一不小心遇到什么问题。直到夜幕降临，柏林墙被彻底砸毁，默克尔才露出了一些兴奋之情。朋友邀请她到西柏林去逛街，没过多久她就把朋友劝回家洗澡睡觉。

其实，对于砸毁柏林墙事件，默克尔的内心并非如表面那么平静。她早已经热血沸腾，她意识到这是德国统一的希望，意识到千千万万德国人期盼的统一即将来临。但是她并不确定自己的想法一定正确，并不确定东德政府和西德政府对和平统一的渴望如普通民众那样强烈。所以，她不能去冒这个险，越是在动荡的时候，政治的破坏力就越大。一不小心，那些参与砸毁柏林墙的人就会被处罚、被扣押。多年来养成的谨慎小心的原则，让她似乎本能地远离可能的危险，这也是她为什么极力劝说朋友待在家中的原因。

当德国的统一成为不可逆转的大趋势，政治高压已经烟消云散的时候，默克尔心中的政治热情瞬间爆发。只站在外沿关注政治显然不能满足压抑多年、对政治充满热情的默克尔。早年默克尔就对路德维希·艾哈德创立的社会市场经济学深感认同，苦于当时的政治环境并不能实施，如今柏林墙的倒塌，让这一切有可能成为现实。于是，默克尔抱着让自己的思想大众化，让更多人认同自己思想的想法，做出了一个惊人的决定——加入一个党派。

当默克尔把这个消息告诉物化所的朋友们时，所有的人都震惊了。他们根本无法想象这样一个对政治没有任何概念的人去参加政党会有一个怎样的结局。同事们纷纷好心地劝告默克尔，千万不要跟风，也不要被德国统一的消息冲昏头脑，政治不是她这样的人可以驾驭的。默克尔没有采纳朋友的建议，因为这些可怜的朋友都被她平静的外表骗了许多年。

虽然默克尔已经决定投身政治，但是在加入哪个政党的问题上，她还有没有任何想法。她只能一一考察，筛选。首先令默克尔产生兴趣的政党是社民党，社民党原是西德的一支很有影响力的政治力量，东德地区的社民党是拆除柏林墙之后在西德社民党的扶植下建立起来的。1989年12月14日，默克尔和物化所与自己志同道合的上司乌布利希一同参加了社民党举办的一个会议，乌布利希在会后马上参加了社民党。相对于乌布利希，默克尔显得谨慎得多，她决定再考虑一段时间。

几天之后，默克尔问乌布利希："如果我参加民主觉醒党呢？你觉得那里怎么样？"对于默克尔的问题，乌布利希并没有责怪她为什么不加入社民党，他谈到了多元化和各党之间的竞争，表示理解默克尔的选择。在后来的采访中，默克尔对于当初没有参加社民党是这样说的，在西部的一个基层支部的帮助下，社民党的一切似乎都已经非常完美了，大家互称"你"。高唱着："弟兄们，向着太阳，向着自由"。但即便如此，她也并没有看到自己想要的东西。

在一段时间的慎重考虑后，默克尔终于加入了民主觉醒党。民主觉醒党是东德地区建立的第一个反对民主德国政治的政党。这个政党在极其恶劣的环境下成立，甚至成立大会开到一半时大部分代表都被警察逮捕。但是它还是成立了，在仅有17名党员在场的情况下秘密成立了。或许是喜欢民主觉醒党曲折的建党经历，默克尔将自己的政治处女秀献给了民主觉醒党。在那个动荡的年代，加入一个政党的程序极为简单。民主觉醒党的入党仪式只是大声喊一句"我决定加入民主觉醒党"。那是一个真正的可以把自己对政治的理想和观点大声吼出来的时代。在后来的采访中，谈及默克尔加入民主觉醒党的原因，她说："我不知道为什么会喜欢这个组织，我只有一个想法，那就是在这里可以为所欲为。"

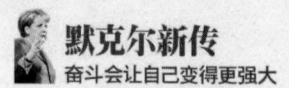

谈起默克尔在民主觉醒党时的工作热情，民主觉醒党早期党员克劳斯·德杰至今仍赞不绝口："在办公地不可避免的混乱当中，她是个少不了的人，走投无路时她总有办法，不起眼，但友善和蔼，默克尔就是这样一个令人尊敬的人。"

在很多不得已的情况下，我们不得不选择沉默。但是，沉默并不等于认输，并不等于漠不关心。很多时候，沉默者是在积蓄力量，是为了更好的爆发。不要小瞧了沉默的人，他一般拥有惊人的力量。在沉默中爆发的默克尔让所有人吃惊不已，不仅为她前后对政治截然不同的态度，更为她过人的从政能力。

成功需要积累，更需要机遇。机遇是通往梦想路上的跷跷板，能够及时把握机遇的人就可以一举跃至梦想门口，机遇并不是随时都会出现，它极少露面并稍纵即逝。所以，只有智慧的人才能看准机遇，及时把握。默克尔就是这样一个人，她把握住德国统一的机遇走上政治舞台，从此顺风顺水，直至走到权力巅峰。

27. 民主德国唯一一次真正民主的选举

随着1989年年底柏林墙的倒塌，民主德国政府的统治也几乎算作垮台，统一社会党已经失去了执政能力，民主德国曾在一段时间处于无政府状态。虽然德国统一已经成为不可逆转的历史潮流，但对于一个已经分裂了几十年的国家来说，合二为一还需要一定的时间。长期处于无政府状态的国家是极其危险的，人民的生命财产安全也得不到保障，因此，民主德国急需组建一个新的政府，哪怕是临时性的看守政府也行。

当时的东德存在着大大小小上百个政党和政党性质的团体，对于东德的执政权他们都非常感兴趣。联合执政是不可能的，且不说政党政见不一，甚至截然相反，单单就数量上来看就无法操作。实力雄厚的政党联合执政，实力弱小的政党参政的执政方式也是行不通的。因为在一个信奉自由的国家，所有人都相信奇迹，实力弱小的政党并不甘心成为参政党，各个政党经过一番激烈的讨论之后，决定进行一次民主选举。

其实，民主选举是西方国家组建政府的最常见方式。然而，这样的方式在民主德国从来没有出现过，即使出现过也并不是以民主为基本理念。第二次世界大战之后，东德就处在苏联占领之中，国际公约上规定苏联只是军事占领，其实和其他三国一样，苏联控制着东德社会政治、经济和文化各个方面。在这样的情况下，苏联是不会允许东德民众自由选择政府的，几十年来，民主德国的执政党只有一个，那就是统一社会党，而政府首脑只能从统一社会党中产生。

民主选举的消息让整个东德再次沸腾起来，东德民众终于获得了盼望已久的政治自由，各个党派也拥有了公平竞争的机会。民主觉醒党和所有政党一样摩拳擦掌，准备在这次竞选中大展拳脚。这次选举对于民主觉醒党来说意义重大，民主觉醒党在当时还是一个新型政党，在民主德国政府的不断打压下，实力非常弱小。如果民主觉醒党能够赢得这次选举，哪怕只是在选举中表现出色，其今后的发展道路就会顺风顺水。

默克尔个人也和其所在政党一样秣马厉兵，决心奋起一搏，自从加入民主觉醒党之后，默克尔就决心大干一场。在参与工作的最初几个月里，默克尔只是个普通的工作人员，没有特别的表现和观点，只是在系统地、

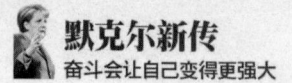

一步一步地建立和巩固着自己在党内的地位。当然人们对于这位刚刚加入不久的年轻女士也没有过高的要求和期许，甚至连民主觉醒党内部的派别斗争也没有拉拢其加入的意思。这样也好，默克尔根本没有兴趣介入党派斗争，她只想赶快充电，好让自己能够发挥一些作用。

事实上，民主觉醒党参加选举的胜算并不大。众所周知在西方的选举中，政党的影响力越大，政党所宣扬的执政理念越得人心，就可以得到更多的选票，进而在议会中分到更多的席位以及获得更大的发言权。然而，成立仅仅两年的民主觉醒党在东德并没有多大的影响力，并且经验不成熟的他们根本不知道该怎样参加竞选，怎样扩大政党的正面影响力。

其实，民主觉醒党从成立之初就有先天不足。民主觉醒党的先驱其实只是一群因为拥有共同的理想而聚集在一起的志同道合的人，直到政党成立几个月之后，他们还是没有明确的政治纲领和政治路线，有时甚至还会自相矛盾。他们没有群众基础、稳定的经费以及宣传自己的手段，所拥有的只有理想与热情，所能做的只是开会与发传单。

落后的组织运行和低级的竞选手段让民主觉醒党十分被动，这使默克尔想到了与实力雄厚的政党合作的方法，并将这个方法反映给最高领导。其实这也是民主觉醒党内普遍的一种倾向，最终党主席施奴尔采取了这个意见，决定和东部基民盟、西部基民盟、德国社会同盟组成选举联盟，共同参选。但是，心高气傲的民主觉醒党决定不与竞选同盟使用同一个候选人，而是推举自己单独的候选人，这样就可以不用和东部基民盟、德国社会同盟分割固定的议院席位。

民主觉醒党做出这样的决定就暴露出他们的不成熟。民主觉醒党员都是一些理想主义者，并不了解政坛风险的他们乐观地认为民主觉醒党的胜算非常大。党主席施奴尔认为民主觉醒党将在3月18日的人民议会选举中获得巨大成功，有的党员甚至觉得会获得20%的支持率。对于一个没有民众基础的不成熟党派，想要获得这样的支持率简直是天方夜谭。

另一方面，东部基民盟是他们所深恶痛绝的统一社会党的结盟党。在骄傲的民主觉醒党党员看来，如果和这样一个政党联合推选候选人就是同流合污，他们绝对不会妥协。其实，在当时的东德只要是能够推进统一的党派就可以获得民众的支持，强烈渴望统一的东德民众才不会去比较一个政党的前世今生。东部基民盟就被认为是可以推进两德统一的党派，缺乏经验的民主觉醒党并没有意识到这一点。

民主觉醒党错误地估计了自己的能力，也没有很好地利用和实力雄厚的党派的联盟，在选举中所面临的形势非常严峻。其实个人的力量总是渺小，而集体的力量不仅仅是个人力量的综合，还是个人力量的升华。所以，时刻懂得到集体中去才是明智之举，如果民主觉醒党知道如何依靠联盟的力量，就不会陷入如此不利的境地。聪慧的默克尔把这些都看在眼里、记在心里，并在以后的政治生涯中充分地利用。

竞争是万物之本，世界上的所有事物都处在"物竞天择，适者生存"的过程中。任何政党要想走上权利的巅峰，都必须经历一次又一次的竞争。然而，竞争与合作并非水火不容，政坛上也没有永远的朋友或者敌人，每一个政党都要经历一个从小到大的过程。政党创立之初，纲领、管理和运作等各个方面都不会十分完善，政治形势上的一点风吹草动都很有可能使刚刚成立的政党元气大伤。所以，寻找一棵可以依靠的大树，对实力不强的政党来说非常重要。

并不是所有政党都愿意承认别人比自己的强，也不是所有政党的领导者都能清楚地认识到与强者合作的利益，成立之初的民主觉醒党就是一个没有经验又有些狂妄的政党。因此在民主德国唯一一次真正民主的选举中，他们面临的形势十分不利。

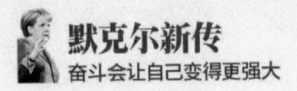

28. 个人的成功，政党的失败

骄傲、单纯的民主觉醒党参加了民主德国第一次，也是唯一一次真正的民主大选，默克尔也辞掉了科学院的工作，全心投入到民主觉醒党的选举工作中。对于自己能够在政治上走多远，默克尔当时并没有信心，她只是想既然加入了民主觉醒党，就应该好好地为组织工作，辞掉工作就是为了在大选之际能多为组织出点力。

由于民主觉醒党的先天不足，其工作方式十分松散。每个人都在忙忙碌碌，却总是有做不完的事情，甚至很多人都没有明确的职务。默克尔刚到组织内工作时就没有明确的工作，她只能在党主席施奴尔的办公室打杂，做些对大选毫无意义的工作内容。默克尔十分不喜欢民主觉醒党主席施奴尔的工作方式，施奴尔只是一个狂热的理想主义者，在管理政党事务方面毫无经验。他根本不懂协同合作对于一个政党有多么重要，在任免人事上又过于随意，并且他也不知道如何安排自己的时间，虽然他把自己大部分时间都用在政党事务上，甚至周末都不休息，但他依然有做不完的事情。默克尔被升任为民主觉醒党发言人就是施奴尔在这样混乱的日常工作中稀里糊涂决定的。

在选举中，获得实力雄厚的财团支持是政党胜出的重要保证。实力弱小的民主觉醒党更需要有大型财团的支持。所以，默克尔认为，财团相关事务应该是组织工作的重中之重，然而，施奴尔并没有意识到这一点。有一次，康拉德·阿登纳基金会代表团决定来考察民主觉醒党的工作，早在一个星期前，默克尔就已经通知过施奴尔，并建议他一定要慎重对待。可是等到财团来访日的前一天，施奴尔却突然告诉默克尔他根本没有时间接见康拉德·阿登纳基金会代表团。默克尔非常为难，极力劝他一定要好好对待财团，这是民主觉醒党翻身的好机会。施奴尔根本听不进去，默克尔劝的次数多了，他就决定让默克尔前去接待。默克尔认为，自己当时并没有任何职位，接待财团恐怕不太适合。结果施奴尔漫不经心地说："你以后就是民主觉醒党的发言人了，这下身份合适了。"

就这样，通过几个月的努力，1990年1月默克尔被任命为民主觉醒党的政治发言人，这对默克尔是个巨大的考验，默克尔以前可从来没有接触过新闻工作。不过向来做事稳重、踏实的默克尔很快就适应了这份工作，并且完成得很出色。

工作态度是可以传染的，不管是积极还是消极的态度都具有传染的因子。我们可以从别人积极的工作态度中得到正能量，也能被别人的不良态度感染。工作态度的传染是在潜移默化中进行的，我们总是在不知不觉中就被同事影响。所谓"近朱者赤，近墨者黑"，怎样的工作环境往往会培养出怎样的工作人员。然而，有一种心理强大的人，不论在怎样的环境下都能做最好的自己。

没有主见的人，最容易受别人不良态度的感染，最容易随波逐流。有主见的人总能在任何情况下都按照自己的做事方式有条不紊地工作。在不健康的工作环境中，有主见之人的工作方式似乎和大多数人格格不入，或许还会遭到嘲笑、歧视和孤立。但是他依旧保持自我，即使集体垮掉，他也仍然站立。默克尔将一向谨慎的工作态度带到党内工作中，即使民主觉醒党的管理异常松散，她也不放松自己。

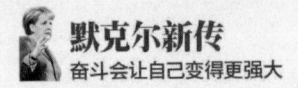

默克尔新传
奋斗会让自己变得更强大

凭借着这种强大的自控力，默克尔上任没多久就已经成为民主觉醒党内部不可或缺的人物了。虽然默克尔从不介意自己的穿着，但她依然给记者们留下了深刻的印象。不管遇到什么事情，默克尔总能有条不紊、谨慎小心。对于记者的提问，她总是礼貌地回答，并且重点突出。记者们纷纷称赞默克尔才是了解当时东德最可靠的信息来源，默克尔过人的工作能力不仅让她获得记者们的一片称赞，也为民主觉醒党增加了几分胜算，许多竞争对手都对她另眼相看。

就在民主觉醒党所面临的形势稍微有些乐观时，一条爆炸性新闻几乎将民主觉醒党推到了全军覆没的边缘。《图片报》的记者彼得·布林克曼自称，他花费10万马克的重金从前安全部工作人员手中购得施奴尔的安全资料，并惊讶地发现民主觉醒党主席曾为统一社会党的特务组织工作过。消息一经传开，民主觉醒党内人心惶惶，这个本来就纪律性不强的组织更是一盘散沙、人心涣散。

显然，这次丑闻事件是某个竞争对手的恶性竞争手段。其实在民主德国的政治高压下，许多人都被迫为安全部门工作过。只是那些成熟的政党更懂得如何保护自己不受伤害，而没有经验的施奴尔甚至根本不知道这件事情也会被人拿出来当作竞争手段。施奴尔在此事上深受打击，已经无法正常工作，默克尔认为自己必须为民主觉醒党做些事情。好在《图片报》为了吸引读者、增加销量，并没有一次性公开全部资料，还有挽回的余地。默克尔找到了施奴尔的新闻顾问，希望他能出面帮忙，这位新闻顾问是《图片报》的副总编辑，在默克尔讲明利害之后，他帮助默克尔说服了《图片报》总编辑没有公布全部材料。

在党内问题上，默克尔首先向全体党员做了自我批评，谴责自己作为新闻发言人没有维护好民主觉醒党的形象，然后向大家讲清楚其中原委，告诫大家如果人心涣散就正中了竞争对手的计谋。施奴尔也在默克尔的建议下向全体党员道歉，并表示与过去的一切划清界限。

在默克尔的危机公关下，丑闻事件渐渐平复，负面形象有所改善。然而，事情既然已经被撕开一条口子，竞争对手是不会轻易放过民主觉醒党的。即使默克尔对各大报刊都做过工作，他们也答应不和民主觉醒党为难，但总有一些漏掉的、或者不讲信用的媒体想借此增加影响力。一个名叫《明镜》的周刊突然间就关于施奴尔问题做了一个专题，并公布了长达260多页的材料。

《明镜》周刊的专题将施奴尔和民主觉醒党逼上了绝路，临危不乱的默克尔积极和同事们商量对策。他们一致认为，要想将此事对民主觉醒党的影响降到最低，施奴尔必须离开民主觉醒党。考虑到施奴尔多年来对民主觉醒党做出的贡献，他们决定为施奴尔留一些尊严，让他骄傲地离去。事发没多久，施奴尔宣布退出总理选举，并辞去民主觉醒党主席的职务。

施奴尔辞职后，丑闻事件算是告一段落，然而民主觉醒党也因此遭受重创。3月18日，人民议院大选结果出来了。洛塔尔·德梅齐埃当选为民主德国总理，基民盟获得了40.8%的选票（163个席位）；德国社会同盟获得了6.3%的选票（25个席位）；社民党只获得了21.9%的选票（88个席位）；统一社会党的后续党——民主社会主义党获得16.4%的选票（66个席位），等等，而民主觉醒党只获得了0.92%的选票，这个年轻的、由一群理想主义者建立的政党仅仅获得了4个席位。

虽然，默克尔所在的政党在这一次竞选中溃不成军，但是默克尔个人却成功了。在大选前4周，面对各种复杂问题，尤其是在党主席施奴尔的问题上，默克尔作为新闻发言官的表现，还是为她赢得了不少赞誉和注意力，这也为她以后的政治道路埋下了伏笔。

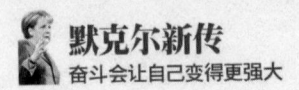

29. 逐渐成长的政治新秀

中国有句古话：台上一分钟，台下十年功。舞台上的每一次倾情绽放都是由背后的努力付出支撑的。按照惯例，民主觉醒党在大选中溃败，其成员除了主席能在新政府中获得职位之外，其他人都无缘新政府。但是，默克尔却打破了这个惯例，之所以还有人记得失败政党中这个不起眼的发言人，是因为默克尔是一个为成功时刻准备着的人。

在3月18日民主德国人民议会选举中，东德的基民盟主席洛塔尔·德梅埃齐当选为东德新政府总理。德梅齐埃是一个出生于胡格诺家庭的基督徒，虽然学法律出身，却通晓音律，擅长中提琴，更有艺术家气质。在民主德国前任总理莫德罗的内阁中，德梅埃齐负责教会方面的事务，并不过多参与政治问题。因此，德梅埃齐并不是一个成熟的政治家，对于组建内阁并没有多少经验。

德梅埃齐的内阁组建非常随意，他似乎只是把空缺的职位填满就大功告成，并不过多考虑这个人是否适合这个职位。按照议会选举获得的支持率比，大多政党领袖都在德梅齐埃组建的联合政府中担任相当重要的职务。基民盟成员理所当然地占据了较多重要部门的领导职务，譬如总理府主任克劳斯·莱辛巴赫、总理府秘书京特·克劳泽。

为了联合整个东德政党，获得广泛支持，德梅齐埃将一些重要部门的

部长位置让给了其他政党。其中，在大选惨败的民主觉醒党主席埃佩尔曼在联合大政府中担任裁军和国防部长，

反对党社民党也获得了包括外交部长、财政部长、劳动与社会部长在内的6个部长席位。对于社民党在新政府中获得多达六个之多的部长席位，许多人颇有微词。他们认为实力雄厚的社民党是基民盟反对党，在内阁中权力过大会牵制基民盟施政。德梅齐埃也慢慢意识到了这一点，决定在以后人事任用中尽量少涉及社民党人员。特别是，社民党的这几位部长总是对德梅齐埃政府采取不合作的态度，甚至要求退出德梅齐埃政府，让德梅齐埃更加忌惮社民党。

在所有职位差不多都各有其主时，德梅齐埃突然发现政府还缺一位新闻副发言人。原本他是想让社民党党员出任这个职位的，可是社民党的不合作态度让他打消了这个想法。副发言人的人选就被耽搁下来。如今，各个政党在新内阁中都拥有了相对合适的席位比例，给哪个政党再加一个席位都会引起其他政党的不满，也会破坏原本政党之间相互牵制的格局，德梅齐埃为此犯了难。

许多人建议将这个职位给社民党，因为自从社民党的几位部长退出新内阁之后，社民党在新内阁中占的比例已经很小，再加一个席位也无所谓。但是德梅齐埃显然对社民党"出走事件"非常介意，始终没有做决定。这时候，民主觉醒党主席埃佩尔曼为德梅齐埃出了一个绝妙的主意。

埃佩尔曼在施努尔辞职之后接任民主觉醒党主席，是管理能力强过施努尔百倍的政治家。对于默克尔在大选中的表现，埃佩尔曼非常欣赏，并在组建新内阁时想尽办法要帮默克尔一把。人的一生要想有所成就，都需要贵人相助，贵人的一个建议、一次举荐等都能将事情朝好的方面飞速发展。埃佩尔曼就是默克尔的政治生涯的第一位贵人，他将默克尔举荐给新政府，帮助默克尔在从政道路上跨出了一大步。

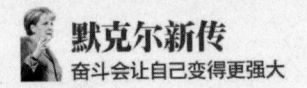

埃佩尔曼说服德梅齐埃启用默克尔的理由有两点，第一，默克尔是位女性，在新内阁中任用女性更能显示联合政府的多样性；第二，默克尔在大选中表现出色，正是她的危机公关使丑闻事件对民主觉醒党的影响降到了最低。当然，埃佩尔曼认为自己胜算在握的理由还有一条，也是最重要的一条：民主觉醒党在大选中已经溃败，多占一个席位对基民盟也产生不了任何威胁。

果然，德梅齐埃采取了埃佩尔曼的建议，立刻委托来自西德的新闻顾问汉斯·克里斯蒂安·马斯去见默克尔。默克尔从容和谨慎的态度让这位新闻顾问非常满意，他极力推荐德梅齐埃启用默克尔，最终，默克尔出任政府新闻副发言人这一重要职位。

在担任政府新闻副发言人期间，默克尔运用她一贯的科学家思维和做事方法，近乎完美地完成了工作。社会各界都对她赞赏有加，甚至连反对党统一社会党的党报《新德意志报》也不得不表示佩服。德梅齐埃高度评价了他的副发言人："谁应该在媒体中占多少位置，默克尔都能够把握得很准确，她预先就提出如何把复杂的政治决策过程传达给公众的问题，实际上也等于提出了行动建议。她虽然是牧师的女儿，却并没有给人特别虔诚的印象，更像个大学生，而且她很有幽默感。"

其实，在新政府当中，默克尔的处境并不乐观，她所得到的实际上只是那些大党派瓜分权利蛋糕所遗留下来的碎屑而已。因为所在政党的溃败，默克尔的同盟只有主席埃佩尔曼一个而已，从某种程度上来说，她是被孤立的。当然这是件好事，默克尔可以有更多的时间和精力来让自己成长得更加出色。

副新闻发言人的工作对于默克尔来说无疑是一件美差。默克尔的顶头上司政府新闻发言人马梯阿思·格勒是一位非常爱惜人才的领导，他主动地将陪同总理德梅齐埃出访或者参加国际会议的任务交给了默克尔，希望她能从中得到历练，默克尔为此感动不已。格策的刻意安排让默克尔成了许多历史事件的见证者，也让她充分发挥了自己的才能。

1990年9月12日，默克尔陪同总理到莫斯科参加有关"2+4协议"签署的国际会议。在这次会议上，东、西德和美、苏、英、法共同签署"2+4协议"，扫清两德统一的最后障碍。在开会之余，默克尔没有闲着，她在莫斯科的地铁上凭借着优秀的俄语，完成了一次民意调查，了解莫斯科当地百姓对于两德统一的看法。这个调查结果充实了德梅齐埃的会议报告，让德梅齐埃赞叹不已。

愚者错失机遇，智者善于抓住机遇，成功者往往创造机遇，机遇只留给准备好的人。我们常羡慕别人的机遇好，羡慕命运对别人的青睐、羡慕别人的成功，却没看到荣誉和鲜花背后所付出的千辛万苦。成功似乎总是虚无缥缈，但对于踏踏实实付出的人来说，峰回路转间就能与成功不期而遇。成功永远偏爱有准备的人，总是为勤奋工作的人提供快速提升的阶梯。许多失败者总是埋怨人生不公平，却从来没有意识到耍滑偷懒的自己根本配不上成功。

在贵人埃佩尔曼的帮助下，默克尔加入新内阁，并凭借自己过人的能力出色地胜任这个职务，她已经成长为政坛不可忽视的政治新秀，更多的奇迹等待着她去创造。

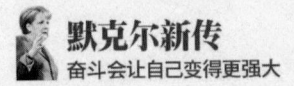

30. 异常艰难的联邦议会选举

1990年3月18日，东德首次民主议会选举落下帷幕，基民党主席德梅齐埃当选东德总理，并组建内阁。他并不急于两德统一，甚至还打算设置东德总统，并推荐无党派人士施托尔帕出任这一职位。然而，两德统一已经成为不可逆转的趋势，东德在柏林墙倒塌后出现的社会问题和经济问题让东德民众迫切地希望两德统一。东德新政府任何想要放慢统一步伐的措施都无济于事，仅仅6个月后，德梅齐埃认为可以保持东德人尊严的东德政府就永久地消亡了。

1990年8月31日，东、西两德在柏林签署了《德国统一协定》，这份厚达1100页之多的协定，规定了两德统一过程中的方方面面，主要是为了确保较为弱势的东德的利益，协议于10月3日生效。东、西两德的统一，在法律形式上有两种选择，一种是两国采用合并的方式统一，另一种是采用西德"购买"东德，东德人民自愿并入西德的方式。显然，第一种方式是最理智的做法，东德和西德将讨论出新的政治体制、社会制度，并将产生一部全新的德国宪法，能够更好地解决两德之间的问题和未来走向。但是，采用这种方式需要很长一段时间，渴望统一的德国民众已经没有耐心等待了。于是，东德政府不得不被迫接受第二种方式。

1990年10月3日，根据《德国统一协定》，东德政府在这一天停止了工作，由西德政府接管其各项工作。这一天对于刚刚成立六个多月的东德新政府来说，无疑是悲伤的一天。新政府坚守的所谓的最后尊严没有了，甚至其中的大部分工作人员都失去了饭碗，默克尔当然也是这些人中的一员。不过她很幸运，在她还没来得及好好考虑以后的生活时，原东德总理府秘书京特·克劳泽就为她在联邦新闻局获得了一个副处级的职位。这是默克尔生命中的另一位贵人，他对默克尔的另眼相看源自于《德国统一协定》的签订。默克尔在这次签订会议上负责东德政府的新闻工作，克劳泽对默克尔的工作表现相当满意，并决心栽培这个年轻人。

西德政府接管东德政府职务只是暂时的，两德还要通过一次新的议会选举产生正式的德国政府，渴望有所作为的默克尔决定参加这次选举。议会选举将在10月份举行，而默克尔做出这个决定时已经是6月份，显然时间并不是非常充足。其实，默克尔赢得这次选举几乎是根本不可能的事情，且不说时间紧促，她从来没有参加过选举，连适合自己的选区都没有。

然而，默克尔却没有退缩。拿破仑说："'不可能'这一词只有在愚人的字典中可以找到。"成功之人的字典中从来没有"不可能"。真正的强者不会被失败摧毁，不会长期沉溺在痛苦之中，他们从来不会失去前进的勇气，总能在逆境中向着成功义无反顾地迈步。那种经常被视为是失败的事，在智慧的人眼中，只不过是暂时性的挫折而已。因此，不论与怎样的挫折不期而遇，不管命运之神加诸于身上的苦难有多大，人生的赢家都能保持追求成功的激情。

人的一生，就像一次经历了万水千山的跋涉，而生命风景的精彩之处就在于峰峦叠嶂，在于柳暗花明。只有智慧之人才能在峰峦叠嶂、柳暗花明中体会到生命的真谛，他们相信峰峦叠嶂中定然藏有千年古刹，柳暗花明处定有安逸的邻水人家。默克尔深知这个道理，于是在巨大的困难面前

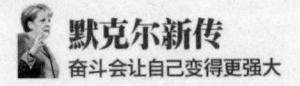

她没有放弃、没有退缩，反而迎难而上，积极寻找解决方法。

没有合适的选区就代表默克尔不会被提名为候选人，没有资格参加议会选举。所以，默克尔的当务之急就是寻找选区。在默克尔决定参选时，人口众多的大城市早已被各大政党拿下，甚至有些政党已经在那些城市经营多年。默克尔根本无法挤进大城市的行列，头脑灵活的她将目光转向了勃兰登堡选区。虽然勃兰登堡选区在各大选区中实力并不雄厚，但是默克尔认为家乡在滕普林是她最大的优势。她的老师、同学和朋友大都生活在这里，他父亲又在当地教会拥有良好的关系网，然而，勃兰登堡选区已经拥有候选人，默克尔被拒绝了。

很多人劝默克尔放弃，以前的研究院也明确表示愿意重新接纳她，但是她依然倔强地为自己寻找选区。选举马上就要开始了，默克尔仍旧没有找到选区，她只好采取最后一个办法，默克尔找到了对自己赞赏有加的克劳泽，希望他能够帮忙。

克劳泽欣然接受了默克尔的请求。首先，克劳泽本身也参加了竞选，他非常欣赏默克尔，希望在以后的从政过程中有一个得力的助手；其次，默克尔是东德人，他认为如果在新政府中东德人占得比例比较大的话，就可以为东德民众谋得更多的利益。于是，他凭借自己多年从政的经验，为默克尔选择了施特拉尔松—吕根—格利门选区。施特拉尔松和吕根选区的候选人早已确定，分别是联盟党的工作人员克劳斯·赫尔曼和来自奥尔登堡的银行家汉斯京特·策姆克。这两位候选人都是西德人，为了增加选举的胜算，该选区急需一位东德候选人，默克尔在此时出现再好不过。克劳泽利用自己是基民盟梅前州主席的职位，在选举审查手续上下了点功夫，并说服格利门州的州议员摩尔肯丁出面做工作。最终，基民盟同意由默克尔出任格利门选区的候选人。

似乎上帝也在帮助默克尔，在选举当日形势出现了戏剧性的转变，最终默克尔赢得了选举。吕根选区的策姆克表现非常优秀，而且一锤定音的最后投票也在吕根选区，策姆克几乎可以说是胜券在握。默克尔只有在一种情况下可以赢得比赛，那就是吕根选区的选民大部分都没有到场。但事实上这怎么可能，格利门选区选民不弃权就已经是万幸。

结果不出所料，策姆克获得了最多的140张选票，默克尔只获得了96张选票。然而，由于策姆克的票数并没有达到绝大多数，投票需要进行第二轮。由于投票是在晚上进行，第一轮结束后时间已经很晚。当默克尔得知需要进行第二轮选举时，她感到翻盘的机会来了。她告诉工作人员偷偷地安慰格利门选区选民不要着急离开，并承诺选举结束后会宴请选民。这个方法果然奏效，两轮下来，默克尔获得了48.6%的投票。因为，吕根选区的选民在第二轮选举时都已经回家睡觉了。默克尔就这样成功地进入了1990年12月20日在波恩组建的联邦议会。

许多人都认为默克尔非常幸运，只有默克尔和熟悉自己的朋友知道她为这次竞选付出了多少。世上没有幸运之人，所有的运气都需要付出百倍努力去争取，默克尔通过辛苦付出赢得了议会选举，也为自己走向权利顶端铺平了道路。

第五章 女政治家一路扶摇直上

初入政坛的默克尔被人们称为"科尔的小女孩",她用自己的实力推翻了人们的种种偏见,证明了女性也能在政坛上做出骄人的成绩。默克尔,这位青年女政治家,一路走来,虽有坎坷,但也收获颇丰。

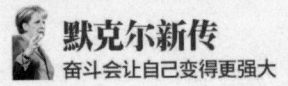

31. 科尔的小女孩

政坛是一个风云诡谲的地方，人人都带着面具处世，不敢出现丝毫差错，因为一不小心某些事情就会被有心人士歪曲、夸大。由于异常激烈的利益角逐，政坛是最容易出现谣言的地方。在政治上崭露头角的默克尔就曾经被舆论误解，传说她受到了贵人科尔的特殊照顾。但是，默克尔从来没有在公共场合为自己澄清，她知道口头上的澄清毫无意义，只有实际行动上的澄清才能彻底击垮这些谣言。

1990年8月4日，在民主觉醒党召开的特别党代会上，大多数党员代表同意政党与东部基民盟合并，并在两德正式统一之后跟随东部基民盟与西部基民盟合并为一个统一的基民盟。根据民主觉醒党与基民盟之间的谈判结果，在合并之后，民主觉醒党的成员们将在基民盟内建立一个"民主觉醒工作小组"，作为民主觉醒党继续存在的形式，默克尔从此成为基民党的一员。1990年10月1日和2日，基民盟在汉堡召开了统一党代会，默克尔作为民主觉醒党的3位代表者之一，也参加了这次会议。正在准备议会选举工作的默克尔迫切地想要引起时任联邦政府总理的科尔的主意。如果能够得到科尔的赏识，默克尔在今后的政治道路上就有拥有一层保障。

科尔，全名赫尔穆特·科尔，1930年4月3日出生于路维希港一个军官家庭，是一个身材魁梧、高大健硕、时刻给人以力量和安全感的政治家。科尔在青年时代就投身于政治，1947年上中学时加入基民盟，1969年出任莱法州州长，并当选为联邦基民盟副主席，1973年当选为基民盟主席，1982年出任联邦总理，并在1990年的大选中获得连任。

科尔最有名的政治主张就是《十点计划》。1989年11月9日，柏林墙倒塌后，大批东德人涌入西德。在这样的情况下，时任西德总理的科尔提出了关于东、西德的《十点计划》，此计划一经公布，就激起了千层浪。科尔主张先加强东、西德的人员往来，最后过渡到德国的统一。对于科尔的这一政治主张，默克尔表示非常赞同。

统一党代会当天，默克尔通过同为民主觉醒党党员的汉斯·盖斯勒的引荐，得以结识心目中的大人物科尔。在汉堡市政厅地下餐厅，默克尔和科尔谈了整整三个小时。显然，默克尔给科尔留下的印象很不错，因为在谈话最后，科尔告诉默克尔如果她能在议会选举中获胜，就可到波恩联邦总理府做客，这个邀请让默克尔如获至宝。选举胜出之后，默克尔立刻就前往总理府拜访。后来，默克尔回忆那次终身难忘的会面时说："我还记得，我到了波恩，先在科尔的秘书韦伯的办公室里等候，直到韦伯告诉我他要接见我。在科尔的办公室里，我们聊了一些关于选举的事情，科尔显然对这次谈话很满意。"第二次会面让科尔开始真正注意默克尔，也是在当时科尔下定决心要好好栽培这样一位对政治如此热心的年轻女士。

1991年，科尔内阁成立，默克尔被任命为联邦妇女与青年部部长，她攀登上了政治生涯第一个小高峰，那一年的默克尔只有36岁，她成功打破了两项纪录，成为最年轻的联邦议员和最年轻的联邦部长。从民主德国科学院的年轻研究员到德国政坛一颗冉冉升起的政坛新星，从弱势政党"民主觉醒"的普通工作者到联邦内阁的女部长，从每天按时上班、按时下班的女科学家到家喻户晓的联邦总理赫尔穆特·科尔身边的红人，完成

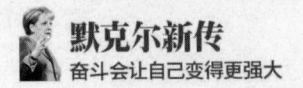

默克尔新传
奋斗会让自己变得更强大

这一切，默克尔只用了从 1989 年 12 月到 1990 年 12 月这短短一年的时间。这样火速升迁的速度让人瞠目结舌，谣言也因此风起云涌。

其实，科尔给予默克尔这样的安排是经过深思熟虑的。首先，他一直主张，联邦内阁应能充分反映地区政治，而一位来自东部地区又信仰基督教的年轻女性是最理想的人选。其次，科尔将默克尔安排在妇女与青年部是想让默克尔接受历练。科尔曾把默克尔做为"在艰苦的政治管理领域中的学徒"，他故意把一个处理"软性"政治问题的部交给来自德国东部的年轻女部长，为的是让她在任期内积累足够的处理政务的经验，并且为承担更重要的任务做准备。

默克尔对于妇女、青年工作并不感兴趣。她曾经自嘲地说："事情的发展让人有些不知所措，你根本没时间去仔细考虑这些问题。我自己清楚，这种安排是有道理的。女性、来自东部、又年轻，这些对我来说都不是什么损失。这个部的工作内容我过去确实很少接触，妇女和青年这类话题在统一时期不是我的主要兴趣。"

然而，默克尔也明白科尔的良苦用心："我认为这项任务为我提供了一个绝好的机会，我可以逐渐进入工作角色，可以了解整个机制，同时又没有在重重困难中为某事而心力衰竭的风险。比如克劳泽，他失败的部分因素在于他所在的交通部是一个庞大的机构，一个可以支配很多资金，同时又是院外人士游说的是非之地，他没能把持住自己，我实在为他感到惋惜。"

所以，即使不喜欢这份工作，为了报答科尔的良苦用心，默克尔也决定要把这份工作做好。可是，社会舆论却并没有那么善解人意，那些久历宦海、精明无比的政客和记者认为科尔太过宠爱默克尔，并十分不友善地称默克尔为"科尔的小姑娘"。

默克尔曾一度被这个绰号所困扰，她说："客气地说，人们总是把我看作是科尔所派生出来的身影，这对我来说实在是不公平的。我必须从一开始就为自己能够成为一个独立的存在而斗争。科尔一个人这么看我是没有用的，我要让其他的所有人都这样看待我。事实上，从我得到那个部长的职位起，整个舆论就干扰着我。当时各个职位已经被占满，尽管很不合理，但要权衡的因素很多，如女性比例、基民盟内的左派、被科尔直接左右的人等。我很想做些事情，但在我所处的位置上很难马上动手，因为我先要试着从科尔的阴影里走出来才行。对我来说，这在一定程度上是一种保护，但一想到这些不合理的安排，我就很不舒服。"

人和人之间的交流从来都不是无障碍的，总是会因为各种各样的原因出现误解。有些人一旦被人误解，就要用各种方式让别人"付出代价"：或喋喋不休地解释，磨破别人的耳茧；或面红耳赤地争吵，弄得双方各一肚子火；更有甚者，大打出手，难堪收场。其实，这都是愚昧者的表现。对待误解，甚至是谣言，最有效的方式就是无视它，然后用正面行动告诉所有人真相到底是什么。

聪明的默克尔没有和媒体针锋相对，而是选择沉默，因为她知道谣言是无法用语言澄清的，只能用实际行动来证明。当实际行动得到所有人的肯定时，谣言就会不攻而破。于是，默克尔憋足了劲头要在职位上大展身手，那她究竟是怎样打破谣言的呢？

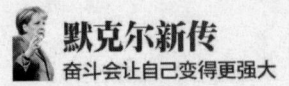
默克尔新传
奋斗会让自己变得更强大

32. 急于证明自己的女部长

1991年1月18日，从默克尔宣誓就任联邦妇女和青年部部长之日起，她就成为舆论关注的焦点。每个人都想看看这个年轻的女性政治家是拥有怎样的魅力才能坐上部长这样重要的职位，但默克尔的表现似乎让大家非常失望，这也让舆论对她的负面评价增多。

尽管自由的国度都强调男女平等，但女性政治家毕竟还是很少。在大多数眼中，女性政治家必须成为万绿丛中一点红，在男性政治家为主的环境中，精心打扮自己，利用自己女性身份的特殊性来为自己从政造势。但是默克尔显然打破了大多数人的一贯思维，她是不修边幅之人，在公众场合从来不会展现大家期望的甜美笑容，衣服总是以灰色调为主，头发永远都是"锅盖头"，甚至有时还会穿着拖鞋出门。这让生活态度十分谨慎的德国人难以忍受，他们一度认为，这样一个随意、邋遢的部长肯定没有可以胜任部长职务的能力。再加上默克尔一贯冷淡的态度、毫无激情的言谈，让她被贴上了木讷、迟钝的标签。社会舆论对默克尔非常失望，他们再一次肯定了自己的猜想：默克尔和科尔肯定有一种特殊关系，默克尔只是个受科尔宠爱的空瓶，甚至连花瓶都称不上。

"科尔的小姑娘"这一绰号像一把双刃剑，一面给默克尔带来方便和保护，大众认为默克尔是科尔的嫡系，默克尔为了摆脱这一标签，独立地做了一些决定，但是人们依然觉得是科尔在背后指示。科尔大批的支持者爱屋及乌，为默克尔在党内外的竞选提供隐形的帮助；有支持者就有反对者，原本默克尔可以拉拢的支持者也许会因为反感科尔而连带反感默克尔；另一方面，默克尔所做的一切事情都被社会舆论当作是科尔的功劳，这让默克尔非常窝火。她清楚地意识到，要想让自己尽快地从科尔的影子里走出来，她必须做一些事情。

政坛是一个现实的地方，只有那些拥有真才实学的人才能站稳脚跟。身居高位的政治家赢得选民的支持，就必须接受选民的监督。滥竽充数的人根本无法逃过民众的眼睛，仅仅是社会舆论都能让他落荒而逃。社会舆论的矛头总是指向那些风头正盛的政治家，稍有不满意他们就会不管是非黑白一吐为快。要摆脱舆论的纠缠，最好的方法就是用实力说话，只有拥有斐然业绩的官员，才能获得舆论的信任和尊重。

社会生活也是这样，一千个人眼中有一千个你，纠结自己在别人眼中的形象问题是没有意义的，只有让别人看到自己的成绩、让别人了解自己的能力，才能够获得想要的信任和尊重。年纪轻轻就官居高位的默克尔陷入舆论泥潭是意料之中的事情。好在她懂得什么是解决问题的最好方法，知道要通过政绩让自己从"科尔的小姑娘"自动变回"部长默克尔"。

所谓"新官上任三把火"，不点火无以确立威信。三把火的点法非常重要。如果烧得好，新官就能得到上司的信任和下属的尊重；如果烧不好，等待新官的将是下属的不良情绪和工作难以开展。虽然在官场历练的时间不长，但默克尔已经深知为官之道。对于一部之长来说，组建自己的工作团队十分重要。只有拥有一个高效协作的工作团队，部门的各项事务才能有条不紊地进行。如何组建一个得力的团队，培养心腹、剔除害群之马非常重要。

俗话说："一个篱笆三个桩，一个好汉三个帮。"一部之长要拥有三

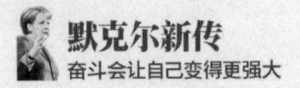

两个心腹，才能够坐稳江山。领导者只有一颗头脑、两只手，显然不能应对部门大大小小各种事情，这时候就需要有人来帮助。领导者必须保证这些帮手是诚心诚意地追随自己，否则不但不能协助自己工作，一旦被有心人拉拢，对自己来说是一颗威力无比的定时炸弹。其次，贤明君主讲究"亲贤臣，远小人"，领导者必须选择能力过人、品质优良的人做自己的心腹。所谓"近朱者赤，近墨者黑"，领导者如果选择品质差的人做心腹，工作必定出现差错。默克尔显然深谙此道，一上任就开始着手心腹培养工作。

默克尔首先启用了联邦内政部的副司长维利·豪斯曼作为自己的国务秘书，豪斯曼是那种最朴实肯干却从不惹人注意的人，默克尔非常欣赏其工作态度。默克尔与豪斯曼的结识源自于两德统一条约的签署，当时默克尔负责东德方面的新闻发布工作，豪斯曼负责西德方面。豪斯曼总是特别照顾默克尔，并且能够非常完美地完成上司的指示，这让默克尔认为，豪斯曼会成为其身边一位极其忠实和守口如瓶的官员。默克尔任用官员从来都是只看重才能，不讲究人情。刚上任不久，默克尔换掉了私人助理，启用了她以前一位关系密切的同事。这位同事对待工作有条不紊、头脑清晰，让默克尔觉得是个非常不错的私人助理人选。然而就任没多久，这位同事竟然给广播电台的夜间节目打电话，自称是妇女与青年部部长默克尔的助理，并要求通过广播为他找一位愿意与自己约会的女士。这件事情让默克尔大为恼火，即使以前感情再深，她也丝毫不留情面地将其开除。

每个团队都有害群之马存在，不仅自己不进步，还要危害团队的利益。领导者对害群之马的仁慈就是对团队的残忍。所以，在必要的时候，管理者必须拿出强硬的态度，实施霹雳手段，严肃处理给团队带来巨大危害的人。在强硬的领导者面前，许多矛盾冲突都会迎刃而解。

默克尔团队的办公室主任是一个叫做约阿希姆·维尔伯斯，他曾经是前任部长聚斯穆特的私人助理,并且十分熟悉本部情况。负责妇女政策的司长是一位叫做顺普席林的女性官员,她曾经是前任部长聚斯穆特的心腹。默克尔本来认为这两个人熟悉本部情况,可以成为默克尔的好帮手,谁知道他们不但不感激默克尔的知遇之恩,反而给默克尔制造了许多麻烦。默克尔意识到这两个人是不愿意离开聚斯穆特转而效忠自己,于是痛惜地换掉了他们。

默克尔刚上任时的一切表现,都能让人感受出她强烈希望有所作为的心情,只是在这样强大的舆论压力下,新官上任的她要想证明自己确实不容易。新的工作团队已经组建好了,那么这个团队是否可以高效运转呢,是否可以显示出默克尔的能力呢?

33."边缘衙门"的不斐政绩

科尔的从政手段和他的体魄一样都是大手笔,他解散了联邦德国政府原有的青年、家庭、妇女和卫生等四个部门,将这四个部门合并为三个,即联邦卫生部、家庭与老年部以及妇女与青年部,分别由格尔达·哈瑟费尔德、哈内罗尔·瑞施和默克尔任部长。因为三位部长都是女性,而且三个部门的工作内容都与家庭有关,因此媒体有些讽刺又有些调侃地称这三个部为"三姑娘之家"。虽然科尔用心良苦把默克尔安排在青年与妇女部,但是这个部门毕竟与主管国家经济命脉的工业部、铁道部等不可相提并论。青年与妇女部只能算得上是边缘部门，再加上默克尔是不被看好的年轻女部长，社会舆论字里行间满是轻视。默克尔不与他们计较，也没有破罐子破摔，而是鼓足劲头准备做出些成绩。

组建好自己的团队之后，默克尔开始投入工作，她将妇女问题作为第一个要解决的问题。随着两德合并，妇女问题急剧恶化，比如妇女就业问题、生育问题都是急需要解决的问题。默克尔召集全部门工作人员开会，要求将妇女问题作为当时的工作重心。她指出先从就业问题着手，并安排部门工作人员立刻进行社会调研。有工作人员抱怨："这样繁重的工作三年之后都不一定完成，怎么可能在短短几个月出成效？"

一向谨慎、和善的默克尔立刻勃然大怒："新联邦州的妇女们等不到1994年。我必须在规定的时间看到数据，完不成任务是你失职。"其实，如果肯辛苦一些，这项工作在规定的时间足以完成。这位工作人员之所以抱怨，不过是认为年轻的部长好欺负罢了。默克尔没有过多计较，只是拍案而起就镇住了他。随后，在默克尔软硬兼施的领导下，工作进行得非常顺利。

随着德国社会经济的不断发展，人们的生活节奏加快、生活压力增大，单单依靠男人的收入来支撑整个家庭开支已经不太现实，许多家庭主妇不得不走上社会寻找工作。而另一些女士，她们深受男女平等思想的影响，不愿意待在家中相夫教子，而希望能有充分的工作自由。女性对工作的渴望加大，而社会并不一定愿意吸纳女性，如此妇女就业问题便产生了。默克尔本身就是一个女人，自然知道妇女们在就业时遭到了哪些不公平的对待，更知道如果保护她们就业权利的法律被通过，广大的德国女性们将受到怎样的鼓舞。

1992年初，默克尔第一次提出"平等法"相关草案，这项草案使得女性在就业问题上获得了与男性同等的法律权益，规定雇主在雇用人员时不得有性别歧视。在以男性老板为主的社会里，默克尔的这项草案可谓是逆风而行。不出所料，默克尔再次成为舆论围攻的对象，《星期日图片报》更是展开以"整个波恩都在嘲讽默克尔的妇女解放政策：您会雇用这样的妇女吗？"为标题的论战，连续攻击默克尔。甚至，连参加联合执政的自民党以及颇具影响力的经济联合会都强烈反对草案中关于雇用被证明有负担的妇女重返工作岗位的提法。德国工商大会主席施蒂尔也毫不掩饰他对草案的蔑视，他说："人们惊奇地看出，政治家们因为本身没有这样的问题，所以才会产生这种想法。"

当然，倔强的默克尔没有屈服，她有足够的调研资料证明，这样的政策是符合德国妇女的普遍要求的。为了协调各方对"平等法"的不同意见，默克尔与各方势力进行了持续几个月的谈判，直到1993年9月，草案才被提交到联邦议院。虽然默克尔不得已对草案进行了修改，但是她尽最大能力为德国妇女争取了最多的就业权利。

在对妇女堕胎问题的处理方式上，默克尔更是让政坛和舆论界刮目相看。堕胎问题的出现也是两德匆忙合并为一的后遗症，联邦德国大部分民众都信仰基督教，他们认为堕胎就是残害生命，不允许妇女堕胎。而崇尚无神论的民主德国认为堕胎是妇女的自由，如果胚胎阻碍到妇女的生活，妇女可以自由选择堕胎。这两种观点本身并无对错之分，只是信仰不同而已，但是两种观点势均力敌地出现在一个国家，问题就出现了。政府在法律中该怎样处理这两种观点呢？

在这个问题上，自民党主张限期解决的办法，即胚胎还没有生长成婴儿形体时，妇女可以自由堕胎，如果在此之后堕胎，将会受到法律惩戒。而多数基民盟、基社盟议会党团成员则倾向于由医生出具适宜堕胎的严格的证明，只有在法律规定的医院开具相关证明才被视作合法堕胎。而一向以"帮助代替惩罚"作为施政指导思想的默克尔主张是采用咨询的方式，

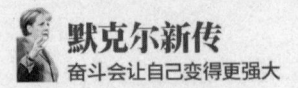

并最终由当事妇女本人做决定的解决方法。

默克尔的提案在联邦议会表决中获得了通过。在解决这一问题的过程中，默克尔不仅为德国的妇女尽可能多地争取了权益，并且在那些看不起她的人面前证明了自己的能力。

在青少年问题上，默克尔也显示出其过人的能力。在她的推动下，联邦议院通过了《扶助儿童及青少年法（修正案）》，使得年满3岁的儿童在上幼儿园的问题上获得了法律的保障；她带领妇女与青年部于1992年1月制定了持续3年的132项青少年反暴力攻击的项目，并建议为学生开设"人类文化学"课程作为必修课，同时提示电视台须加强自我监督，限制暴力内容节目的播出；她还积极推动反对虐待儿童的运动，在全德范围开展了"反对儿童施暴"的启蒙教育活动。

凭借强大的内心和坚定的意志力，默克尔迎难而上，做出了一项又一项巨大的政绩。社会舆论的嘲讽和轻视渐渐少了，而赞美之声慢慢多了起来，比如有杂志这样称赞她："默克尔在和同事讨论复杂的政治问题时就像'政治动物'，有着本能的直觉，总能神奇般地指出立论的缺陷。"

每个人在生活中都难免会遇到各种各样的困难，难免会经历一些挫折或坎坷。这时候，你千万不要灰心失望或自暴自弃，人生总与苦难相伴。一个人要有所作为，不知要经受多少艰难险阻。能够留下坚实的足迹，走进"柳暗花明"的境界，靠的是意志和奋发。在艰难险阻面前，如果因失败而丧失信心，放弃人应具有的主体意识，任意糟蹋自己，抛弃自己，也就失去了人生的价值和生存的意义，也就是生命的自我毁灭。

一位伟人曾说："自暴自弃是一条啃噬心灵的毒蛇，它吸取心灵的新鲜血液，并在其中注入厌世和绝望的毒液。"而自暴自弃者则害怕和逃避艰难险阻，只愿在平坦中漫步，不愿在坎坷中跋涉；只愿在风平浪静下荡舟，不愿在惊涛骇浪下掌舵。成功时便陶醉，失败时便灰心，以致逐渐沦为遭世人唾弃的懒汉、赌徒、窃贼等。

自从默克尔成为联邦政府最年轻的部长之后，负面舆论从来没有停止过。面对嘲笑和讽刺，默克尔没有自暴自弃，她把这些都当作人生的磨难，凭借坚定的信念和意志，她向德国民众证明了自己。

34. 勃兰登堡州竞选的溃败

虽然默克尔已经成为联邦部长，并在职位上政绩斐然，但她从来没有自我满足过。为已经取得的成绩感到骄傲、自豪是人们的普遍情绪，但是长期如果沉溺于这种自我满足的感觉，人们就会不思进取，甚至有一天丢掉原来的成绩。默克尔显然非常懂得这个道理，在事业蒸蒸日上的时候，她就开始为自己以后做准备。

在舆论压力越来越小的时候，默克尔为自己定下了新的目标，寻找属于自己的领地。默克尔的这个目标出于两种考虑：

首先，虽然她已经在青年与妇女部部长的位置上做出了巨大的政绩，但是她仍然是一个暂时的、可被替换的角色。人生如逆水行舟，不进则退。每个人都要有居安思危的意识，说不定哪一天千辛万苦取得的成功就会付诸东流，我们就会在一夜之间变得一无所有。有些人在为梦想奋斗的路上精力充沛、不辞劳苦，可是一旦实现了梦想，他就会被成功冲昏头脑，被安逸的生活麻痹，失去继续奋斗的意识。这样的人只有一种结果，

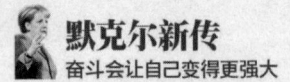

那就是把成功挥霍完，重新变成穷光蛋。所以，不论在任何情况下，奋斗的脚步永远不能停止。默克尔深知，她的胜利果实今天是自己的，明天是自己的，但到了后天，也许就成了别人的。所以，她必须继续努力，为自己打造一支忠实地支持自己的选民队伍。

第二，给人"打工"并不是她的终极目标。在政坛经历了几年的风风雨雨，她已经有了更宏伟的目标，这个目标不是靠一两个人的赏识就能完成，而一定要有自己的选民、自己的支持者、自己的"领地"才行。

在当时的德国联邦政治中，要想寻找一块属于自己的"领地"，只要成为这个"领地"的党主席就可以了。许多联邦政府官员都成了自己竞选州的党主席，而默克尔是小城市选出来的联邦议员，回到那里做州主席也无济于事。默克尔不得不为自己寻找新的地区，就在她不知所措时，她的老上级、前民主德国总理德梅齐埃给了她答案。

德梅齐埃在两德统一之后辞去了东德总理的职务，成为科尔的副手，开始将大量精力投入到党内事务上，担任基民盟副主席、勃兰登堡基民盟主席等职务。然而没过多久，德梅齐埃就被媒体曝光曾经与东德情报机构斯塔西合作。当时正值法庭清算东德政府罪行的时候，全德国人都在关注斯塔西的犯罪行径，不少人咬牙切齿地要求法院必须重判那些伤害了东德人的斯塔西成员。当时，"与国家安全部有关"这个借口也成了整垮一个拥有东德背景的政治家最有力的武器，德梅齐埃在这一时期被爆出此事，正是撞在枪口上，他根本没有任何翻身的余地，只得于1991年9月9日辞去所有党政职务。

默克尔为德梅齐埃感到惋惜，这已经是她第二个上司因为被迫为东德安全部工作而无奈地离开政坛。默克尔对东德安全部的厌恶之情更深了一层。在惋惜之余，默克尔也看到德梅齐埃的辞职为她提供了一个很好的机会。勃兰登堡州这块"领地"空了出来，默克尔可以趁机将其占领。早在参选联邦议员的时候，默克尔就想到了勃兰登堡州。她认为自己的家乡在那里，胜算会比较大。然而当时她去晚了一步，勃兰登堡州已经有了候选人，默克尔只能无奈地离开。这一次她又来了，想法已经不太一样，她认为，德梅齐埃虽然离开了勃兰登堡州的基民党，但他的支持者和影响力仍然留在党内。而她自己是德梅齐埃的十分赏识的老部下，可以利用德梅齐埃的人脉取得竞选胜利。

但是，默克尔也不得不考虑她强有力的对手乌尔夫·芬克。德梅齐埃一经辞职，当时基民盟内代表雇员利益的社会委员会主席及德国工会副主席——西德人乌尔夫·芬克很快盯上了这块地盘，打算争取成为德梅齐埃的继任者。芬克已经担任勃兰登堡州基民盟副主席两三年，并且在选举之前，他在勃兰登堡州下了很大的功夫，进行了多次竞选活动，且得到该州多数地区基民盟组织的支持。

显然，默克尔处在弱势。她又一次成为后来者，在据大选开始仅仅剩下十几天的时候，她才决定参与进来。虽然默克尔在勃兰登堡州的滕普林长大，似乎会有更多的优势，不过她上大学开始就已远走莱比锡，默克尔对于勃兰登堡州的实际情况并不了解，而且时间紧张，根本来不及造势宣传。

奇迹不会一次次地出现，这次的结果如人所料，默克尔失败了。选举于1991年11月23日在勃兰登堡州的克纳特河畔的区里茨进行，默克尔以67：121的悬殊差距败给了芬克。默克尔这次失败的原因错综复杂，并不完全是个人能力的问题，而与经验、局势等都有很大关系。

虽然默克尔的家乡在勃兰登堡州，但从政治的角度上说，默克尔还是初来乍到，芬克的实力在勃兰登堡州已经根深蒂固，默克尔根本无法撼动他的地位。另外，在参与竞选上，芬克显然比默克尔老道，他敏锐地意识到科尔的支持对默克尔的不利影响，极力暗示自己不是基民盟总部的宠

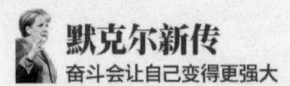

儿，吸引那些对总部持批评意见的人将选票投给他。

科尔的支持的确成为默克尔在这次竞选中最不利的因素。芬克是基民盟前总书记海涅·盖斯勒多年的同事和朋友，而科尔与海涅·盖斯勒是死对头，所以科尔对芬克并没有好感。当默克尔告诉他自己要竞选勃兰登堡州基民党主席时，科尔表示全力支持。他自然明白，让一个听话的下属当选比让死对头的朋友当选，对自己有利得多。因此，他在党内公开推荐默克尔，并表示：一位来自新联邦州的女候选人接替德梅齐埃，这将对党的内部发展具有重要意义，这样的"恩宠"让许多人非常不满。

勃兰登堡州竞选的溃败是默克尔政治生涯的第一次大失败。默克尔从这次失败中学到了很多，首先，她开始真正意识到政坛竞争的残酷，领会到选举究竟是怎么一回事，并下定决心要好好学习竞选艺术。第二，这次失败给默克尔敲了一个警钟，让她意识到虽然之前的道路一帆风顺，但自己并不是万能的，今后必须更加小心谨慎。

35. 名义上的基民盟副主席

勃兰登堡州竞选的溃败让从政多年的默克尔第一次尝到了失败的滋味，但是，一次选举的失败对于乐观的她来说并不是什么世界末日，无论如何，年轻有为的她还有大好的未来。很快，默克尔就有了新的目标，并将在勃兰登堡选举失败中获得的经验教训运用到这次追求新目标中，从而取得了巨大的胜利。

德梅齐埃辞职后，在联邦政府和基民党内留下了众多职务，最重要的莫过于勃兰登堡州基民党主席和全德国基民党副主席两个职位。既然勃兰登堡州基民党主席的职位已经被芬克拿到，默克尔将目光转向了全德国基民党副主席的职位。通过勃兰登堡一役，默克尔在竞选上成熟了不少，她已经可以熟练地分析自己的优势和劣势，并更多地扬长避短。民盟副主席最好是由来自东德的政治家担任是全党的共识，当时默克尔算是最耀眼的东德女政治家了，她充分发挥自己的优势，进行了各种游说和宣传。因此，就在勃兰登堡选举失败几个星期之后的1991年12月，默克尔再次品尝到了成功的滋味，她在德累斯顿基民盟党代会上竞选当时联邦基民盟唯一的副主席一职。

生活拥有酸甜苦辣各种滋味，每一种滋味都是上帝的恩赐，都值得我们珍惜。经历了酸甜苦辣的人生才是完整的人生，缺少其中的任何一种滋味都将是生命的缺失。生活中有快乐也有悲伤，我们既要有享受阳光沐浴的信心，也要做好迎接风雨洗礼的准备。人生的每一次创伤都是一种成熟，每一次失去都是一种获得。坦然面对挫折，勇敢地挑战挫折，在挫折中反思，在挫折中磨练，我们才能发觉挫折中蕴含的丰富金矿。

挫折是普遍的社会现象，不会因为你厌恶它，就远远躲开。世界上没有人不曾遇到过挫折，在陷入人生的困境时，是沉沦还是奋进，取决于你对挫折的认识。挫折固然会给人带来痛苦，但也能够让人有所收获。勃兰登堡选举的失败让默克尔的政治态度和政治手段更加成熟。也正是吸取了这次失败的教训，她当选德国基民盟副主席的胜算大大增加了。

当然，默克尔的这次成功与科尔的支持也是分不开的。从默克尔进入联邦政府之后，科尔对默克尔的提拔就是显而易见的，他协助默克尔的从政之路是出于多方面考虑的：默克尔是一位女性政治家。任命女性政治家

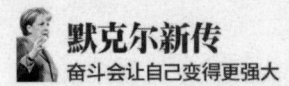

参与联邦政府事务可以让科尔的施政显得更加民主自由；默克尔严谨、温和的性格让科尔觉得，如果默克尔成为他的心腹，会是一个忠实、听话的心腹；既然科尔把默克尔作为心腹培养，就一定要为心腹谋取更多的权力，好在他不用担心默克尔会对自己造成威胁，因为默克尔只是一个根基未深的政治学徒；默克尔的确有能力胜任本职工作，这让科尔不必苦恼如何为他的提拔善后。

基于以上考虑，科尔总在这次基民党副主席的竞选中，给予默克尔最大的帮助。科尔虽然不是万能的，但仍然没人能撼动他在波恩总部的影响力。从默克尔的选票中就能看出，默克尔获得了719票中的621票，其中还有32票弃权，得票率高达86%。这次选举让默克尔在最短的时间里成为联邦政府内唯一具有长远发展潜力的东德女政治家，让科尔认为自己的施政又有了一个重要保障。

从科尔的角度来说，他在这次选举中获得了很大利益，忠实于自己的心腹成为自己的副手，将会给自己今后的施政减少许多麻烦和牵绊。但是，对于默克尔来说，这次选举却让她得不偿失，虽然她取得了胜利，风光地就任了基民盟的副主席，但是这仅仅是一个名义上的职务。无论是在党内还是联邦，她的职权范围都没有增加，行事强势的科尔并没有给她应有的尊重。在科尔看来，默克尔的资历太浅，仍然是一个学生，交给她太多政务，对联邦政府来说非常危险。另外，科尔也有意稍微压制一下这个年轻人，毕竟他不能完全保证默克尔的风头没有盖过自己的那一天，所以，默克尔被剥夺了许多权力。

《法兰克福汇报》在当时有一段讽刺默克尔的话："能处理基民盟内部危机的只能是党主席和联邦总理科尔，而不是什么其他人，也不是他的第一和唯一的副主席、青年部长默克尔。"明眼人一眼就看出了其中所蕴涵的潜台词，科尔虽然偏爱默克尔，但默克尔永远只是科尔手中的棋子，这样的评论让默克尔一度非常困扰。

更令默克尔无法接受的是，她和德梅齐埃的关系也因为这件事情急速恶化，德梅齐埃是默克尔在东德内阁的老上司，对默克尔非常赏识，也对默克尔有非常重要的提拔之恩。两人的关系一直很不错。在联邦政府，德梅齐埃一直将同样出身于东德的默克尔视为同盟，他完全无法接受默克尔在自己失败时迅速攀升，他甚至觉得默克尔忘恩负义。

好在默克尔没有对德梅齐埃做出忘恩负义的事情，而德梅齐埃也没有找到任何证据可以证明默克尔忘恩负义，两个人的关系才有所缓和。但是裂痕毕竟已经出现，两个人不可能和好如初，德梅齐埃始终对默克尔顶替自己的职务耿耿于怀，默克尔也对德梅齐埃的猜忌表示愤怒。

其实，很难说默克尔和德梅齐埃关系的恶化责任在于哪一方，或许是因为职位和经历的变化，让两个人的心境都发生了变化。辞职后的德梅齐埃继续从事他的老本行，开了一家律师事务所，巧的是默克尔和丈夫绍尔博士居住的公寓正好就在事务所附近，所以默克尔经常能和德梅齐埃碰面。德梅齐埃几次邀请默克尔参观他的律师事务所，对德梅齐埃心存芥蒂的默克尔却一次也没有去过。这让德梅齐埃十分生气，并大肆宣扬对默克尔不利的言论："我两次对默克尔说，你有时间就到我这儿来坐坐，你来这里随时都有咖啡喝，可惜她一次都没来。我有一种感觉，她害怕接触所有提拔过她的人和曾经对她起过重要作用的人，她已变成西方式的政治家而不再像一个东德人了"。

通过这件事情可以看出，在处理两人关系上，德梅齐埃和默克尔都有不当之处。其实，两人从内心深处还是非常珍惜这段友谊的：德梅齐埃经常赞扬默克尔的政治理念；默克尔总是为德梅齐埃抱不平，甚至还呼吁他重返政坛。

全德国基民盟副主席的选举让默克尔再一次深刻体会到生活多种多样

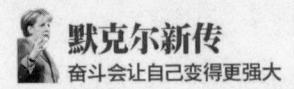

的滋味。选举的胜利当然是甜的,而职位没有被赋予实权又让默克尔感到心酸,和朋友关系的恶化更让默克尔苦不堪言。通过这次选举,默克尔对待政治的看法更加成熟了,这是一个变化莫测的地方,她必须做好多重准备才能很好地应对。

36. 天时地利人和下的选举

世间的事往往都具有两面性,即峰和谷。无论我们处在人生的什么阶段,只要保持好心态,顺境时不忘危险,逆境时积极进取,就能平平安安地走过人生的峰与谷。当选为基民盟副主席,对默克尔来说,是弊大于利。虽然获得了选举的胜利,展示了自己的能力和才华,但是她没有实际权力,并因此失去和德梅齐埃的友谊。不过政坛变化莫测,谁又知道这场胜选不是件好事。

1992年10月,在默克尔出任基民盟副主席10个月后,基民盟要进行第二次选举。在杜塞尔多夫基民盟党代会上,默克尔获得了968票中的762张选票,连任基民盟副主席一职。但是,76%的得票率让默克尔看到了危险。仅仅10个月,她的拥护者就减少了10%,这并不是默克尔能力不足所致,当选副主席之后她甚至更加努力地工作。真正的原因是政治形势变化莫测,政坛的竞争异常激烈,默克尔再一次强烈地意识到,她必须拥有州一级的支持。自从勃兰登堡竞选溃败之后,默克尔陷入了"无家可归"的境地，要想重新寻找选区还要费一番功夫。又是一个偶然的机会，让她在寻找"领地"这件事情上有了头绪。

这一次为默克尔提供机会的是她的良师益友克劳泽。1953年出生于哈勒的克劳泽与默克尔一样，30多岁才进入政坛。大学时期，他学习了建筑工程学和信息学，31岁获得博士学位，后在维斯玛应用技术大学任教，并在3年内完成教授论文，成为一名信息工程学教授。克劳泽在政治方面很有天赋，尽管涉足政坛较晚，但依旧被认为是东德的政治希望。在德梅齐埃担任东德总理的时候，克劳泽就出任了东德总理府秘书一职。两德统一的《德国统一协定》就是由克劳泽和时任西德内政部长的朔伊布勒在东柏林的菩提树下宫签署。

两德统一之后，克劳泽被任命为交通部部长。在当时的德国，这是一个非常重要的职位，两德统一后，联邦政府若想重振原东德地区的经济，四通八达的交通网络是必备的基础，大量的高速公路开工建设。克劳泽统领的交通部工作触及面广泛，动用的资金庞大，部长的职权也非常大。克劳泽拥有强有力的政治手腕，也抱有攀上权力顶端的远大抱负，上任交通部部长后，他四面出击，与大量相关的政治人物交流、斡旋。

然而，太过张扬的人往往会被别人暗算。一条劲爆消息断送了克劳泽的大好前程：克劳泽与德国军火商勾结。德国民众对德国军火商并没有什么好印象，甚至异常厌恶这些唯利是图的商人。克劳泽的行为让德国民众非常不满，他们强烈要求交通部部长下台，或许是"墙倒众人推"，随后克劳泽又接连被曝出搬家漏税和雇佣保姆等丑闻。两德刚刚统一，国民经济亟待恢复，克劳泽雇佣保姆和搬家漏税被民众视为严重的腐败。事已至此，克劳泽已经没有方法摆脱困境了，只能在1993年辞去党内和政府内的一切职务，暂时离开德国政坛。

默克尔意识到自己的机会来了，她开始着手申请梅前州基民盟主席

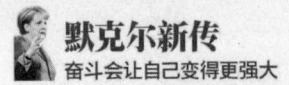

一职。默克尔获得梅前州基民盟主席一职是毫无悬念的。首先,联邦总部表示非常支持默克尔的这一举动,科尔希望自己的心腹拥有牢固的地位。其次,梅前州基民盟出于扩大自己影响力的考虑,也希望由默克尔这位既是联邦部长又是基民盟副主席的人来担任主席职务。第三,梅前州基民盟清楚地意识到,在失去德梅齐埃与克劳泽之后,能代表东德政治势力的只有默克尔了,默克尔更可以帮助梅前州基民盟在波恩基民盟总部争取到更多的利益。

毫无悬念,默克尔很快获得了候选人提名。在1993年6月的竞选投票中,她获得159票中的135张,得票率达85%之高。自此,默克尔成功拥有了自己梦寐以求的领地。

现实仿佛在轮回:和德梅齐埃一样,克劳泽对待默克尔的态度也发生了变化。如果说德梅齐埃是在误解默克尔后对她非常失望,那么克劳泽则几乎是怨恨默克尔火速接收了他的大本营。克劳泽年富力强,一腔抱负还未施展,他和德梅齐埃彻底对政坛灰心不一样,他还想东山再起,还要一展拳脚。而默克尔入主梅前州无疑破坏了克劳泽的计划,悲愤交加之际,克劳泽做出了许多伤害默克尔的事情。在这件事情上,默克尔非常委屈,政坛竞争异常激烈,默克尔不去竞选州主席,也会有其他人竞选,何况,默克尔并不知道克劳泽的计划。

老子说:"祸兮,福之所倚;福兮,祸之所伏。孰知其极?其无正。"人生祸福相依、笑泪交织。我们大可不必为祸而极忧,为福而极喜。生活变化莫测,下一秒就是另外一番光景。无论什么时候,保持头脑清醒是最重要的,在顺境的时候懂得居安思危,在逆境的时候也不要气馁。祸事确实难以让人接受,然而其中却可能隐含有更大的成功因素,经历逆境也是成大业的一种很有效果的资本。虽然默克尔深陷"空壳副主席"泥潭,又遭遇友人反目,支持率也不断下降,但是她能始终保持清醒的头脑,从逆境中寻找生机。

默克尔的这次胜选可谓是天时、地利、人和。然而，这样好的竞选条件并不是凭借运气就能获得的。默克尔为此付出了艰苦卓绝的努力，如果她不是凭借强大的内心，很快从"空壳副主席"的阴影中走出，再好的时机也抓不住；如果默克尔不是不辞辛苦地创建政绩，让自己成为最有影响力的东德政治家，梅前州是不会对她这样的年轻人刮目相看的；如果没有在政坛的辛苦经营，她也不可能获得如此多的支持者。所以，任何成功都和运气无关，只有奋斗的汗水才能浇灌出成功的花朵。

37. "轻量级部长"

1994年，统一后的第一届联邦政府任期已经到了，德国迎来了一个超级大选年。科尔在这次大选中优势已大不如前，但是仍旧凭借老练的手段击败了反对党社会民主党候选人鲁道夫·沙尔平获得第三次连任。自然大选之后就要重新组建内阁，科尔认为默克尔这个心腹已经培养成熟，可以大胆地任用了。于是，他为默克尔安排了一个非常重要的岗位——环保部长。

在这次大选中，默克尔依然以较高的得票率当选联邦议员和基民盟副主席，她认为自己应该还可以连任青年与妇女部部长。没想到，科尔再次上任后的第一件事情就是把"妇女和青年部"与"家庭和老人部"重组为一个"家庭部"。科尔频繁减少有关家庭社会工作的部门，也充分说明默克尔以前工作的青年与妇女部是一个边缘衙门。默克尔向科尔自荐担任新的家庭部部长，毕竟在青年与妇女部工作这么长时间，已经积累了大量经验。但是，科尔没有同意，他要为默克尔安排一个更高的职位。当然，对外科尔只是说："默克尔是自然科学出身，不太适合有关社会问题的工作，单单妇女和青年工作也还能应对，再加上老人和家庭工作就有些力不从心了。"

最初，科尔也不知道该把默克尔安排到哪个部门去，交通部、建设部、安全部、工业部等都是关系到国计民生的重要部门，把默克尔安排到这几个部门的话，职位是足够高了，只是科尔不知道默克尔能不能胜任。上次组建内阁时，默克尔被任命为边缘衙门的部长就备受轻视和嘲讽，虽然现在默克尔在公众心中的形象有所提升，但是如果突然被安排到这些核心部门，舆论界又将掀起巨大的波动。默克尔认为这样会影响她展开工作，科尔的看法也是一样，就在科尔为难的时候，时任基民盟基社盟组成的联盟党党团议会第一干事长的吕特格斯给科尔出了一个好主意。

吕特格斯毫无预兆地冲进科尔的办公室，眼睛里怒火熊熊，科尔被这位脾气还算温和的干事长吓到了，连忙亲自奉上茶水。吕特格斯才没有心思喝茶，言辞激烈地历数环保部部长特普菲尔的过错，科尔听后不觉好笑，原来是特普菲尔这个麻烦精惹火了吕特格斯。

其实，特普菲尔并不是什么坏人，只是做事强势霸道罢了。从1987年上任以来，特普菲尔已经在环境部长这个职位上干了7年，也算是立下了汗马功劳，只不过为了这些汗马功劳，特普菲尔几乎得罪了所有其他部门的部长。

特普菲尔在职期间，大力推行他的环保政策，扩大环保部门的影响力。他认为，工厂企业对不可再生的自然资源被过度开采，工业废水、废渣、废气的无节制排放都对人们赖以生存的水、空气等造成严重污染。联邦工业部必须对这些污染负责，而为了不使工业发展速度降低，工业部部长并不理会特普菲尔的呼吁。这让特普菲尔非常恼火，当着下属的面将工业部长一顿臭骂，工业部长不愿与他计较，承诺注意环境问题，而心中早已对他十分不满。他与建设部关系也很恶劣，因为快速发展的建筑事业带来污染问题，特普菲尔同样为德国统一后的大量高速公路建设而与交通部交恶。

为了推行环保政策，特普菲尔的行事手段极其强硬。其实，在当时环保事业并不被人重视的情况下，采取强硬手段推行环保政策是无可厚非的。然而，特普菲尔也因此得罪了许多人，他的联邦同事们实在难以忍受他的性格，不少联邦部长先后到总理科尔那里告状。起初，科尔一直压着这件事情，他知道如果撤掉特普菲尔，换一个性格温和的人，环保部的工作将举步维艰。可是，越来越多的控诉让科尔觉得这件事情必须解决了，特别是第一干事长火冒三丈的责怪，让科尔下定决心撤掉特普菲尔这个老臣。

撤掉特普菲尔后，默克尔的问题就迎刃而解了，默克尔被任命为环保部新一任部长。科尔的这一任命可谓考虑十分周全：环保部并不是核心部门，默克尔不用承受太大的压力，而环保部的职权也并不小，科尔完全达到重用默克尔的目的。默克尔是自然科学出身，而环保部涉及自然科学的方面较多，默克尔做起来得心应手，最重要的是默克尔的性别优势，在环保事业不受重视的情况下，从事环保工作必须强硬。默克尔是女性，即使态度非常强硬，那些争当绅士的男性也不会和她计较的。

默克尔欣然接受了科尔的提议，于1994年11月17日宣誓就职。当然在就职之前，默克尔提议科尔重新启用特普菲尔，毕竟这样正直的老臣很难得。科尔经过深思熟虑之后，将特普菲尔任命为职权更大的建设部部

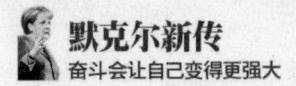

长,这个任命充分显示出科尔知人善用的政治家眼光。一方面,特普菲尔之前与建设部矛盾重重,现在自己担任建设部部长就能体会其中的不易,霸道强势的行事风格可能会收敛一些。另一方面,科尔是向告诉其他人,有能力的人哪怕全世界都反对,科尔也支持他。

不出所料,默克尔就任环境部长,又引来嘘声一片。在社会舆论看来,妇女和青年部与环境保护和核安全部根本不在一个重量级上。一个是基本无事的清水衙门,另一个虽说不是核心部门,但也处于权力中心,对于国家经济等各方面都有重大影响,每天都要面对的问题纷繁复杂。于是,默克尔又多了个绰号——"轻量级部长",社会舆论纷纷污蔑默克尔:"'轻量级'选手挑战'重量级'工作,无疑是自找死路。"

环保部门的工作,对于默克尔来说,的确是一个很大的挑战。但是,默克尔没有在舆论的打击下失去自信,而是坚信自己能够胜任这份工作。有了之前的经历,默克尔更是对舆论不加理会,默默地开展工作,静静地等待翻身的时机。

人最大的敌人是自己,只要相信自己能行就已经成功。生活的道路从来都不是一帆风顺,我们总会与高山、河流不期而遇。面对生活的困境,自信非常重要,如果坚信困难可以克服,我们就会充满力量。在第四次连任德国总理的科尔重新组建内阁时,默克尔被安排了一个重要的职务,虽然政府内部和舆论界对默克尔都不看好,但自信的默克尔接受了这次任命,并下定决心出色完成这项任务。

38. 新官上任三把火，解聘国务秘书

默克尔非常懂得"御下之道"，上任环保部部长之后，她做的第一件事情就是树立威望。因为威望是领导者必备的气质，能让领导者在无形中获得团队成员的尊敬，当团队成员对领导者信服时，他们做事就能听从领导者的意见，不会自作主张、各行其是。默克尔树立威望的第一步是，采取强硬手段将国务秘书施特洛特曼解聘。此事一出，环保部工作人员再也不敢低估这位来自东德的女士的决心和毅力。

由默克尔担任环保部部长的消息一经传出，就引起一片嘲笑、污蔑之声。社会舆论并不看好这个轻量级部长，环保部的工作人员也不认为这个年轻的女性能比老练的特普菲尔做得更好。默克尔刚刚上任的前几个月，环保部毫无纪律可言，圆滑的工作人员虽然表面对默克尔没有表现出轻视、不敬之意，但是在实际工作中却消极怠慢，丝毫不把默克尔放在眼里。默克尔觉得树立威信是十分必要的事情，领导者要树立权威大致可以通过两种手段，一是做出政绩让下属心服口服，二是采取相应手段震慑下属。显然，默克尔想要在刚刚上任就做出政绩是不可能的，那就只能暂且采用第二种方法。都说"新官上任三把火"，新上任的领导带来新的政策是无可厚非的，但默克尔这把火烧得实在是太大，竟然烧掉了为环保部立下汗马功劳的施特洛特曼。默克尔的做法是对的，炒掉的人物越大牌，震

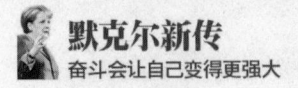

默克尔新传
奋斗会让自己变得更强大

慑力就越大。

施特洛特曼在特普费尔手下工作了近 8 年，两个人创建了现在的环保部。特普费尔对这位心腹十分依赖，在很多重要问题上都参考其意见，施特洛特曼一度成了环保部的代名词。施特洛特曼在环保工作上经验老练，如果能为默克尔所用，不可谓不是一个得力的助手。刚上任时，默克尔也有心拉拢施特洛特曼，而施特洛特曼却毫不领情。施特洛特曼似乎将前任上司被撤职归罪于默克尔，丝毫不愿意配合默克尔的工作，爱惜人才的默克尔不愿与其计较，继续善待他。慢慢地，接触时间久了，默克尔发现施特洛特曼并不适合做自己的助手，他是一个求名欲望很强、很爱出风头的人，总是一派自命不凡的样子，把谁都不放在眼里。默克尔无法忍受这样的人，她喜欢踏实肯干的下属。默克尔意识到自己以后会跟施特洛特曼闹矛盾，这将给工作带来巨大的麻烦。

默克尔的担忧不无道理。默克尔和特普费尔的工作风格完全相反，特普费尔在工作中喜欢抓大放小，所以只要施特洛特曼的行为不威胁到特普费尔的地位，特普费尔都能容忍他。因为施特洛特曼对他绝对忠诚，而且两人合作非常默契，默克尔却是一个天生的工作狂，她的风格则是事无巨细。她要求自己的下属要和自己一样在工作中小心谨慎，任何危害到团体利益的事情都不能出现。所以，默克尔无法和行事张扬、傲慢无礼的施特洛特曼在一起工作。

虽然默克尔不喜欢施特洛特曼的行事风格，最初也没有想要炒掉他，只是决定把他降级而已。但是施特洛特曼却自己往枪口上撞，他竟然公开挑衅默克尔，对默克尔大声呵斥。这让默克尔实在无法忍受，她觉得施特洛特曼多留在环保部一天，环保部的麻烦就会多一些。于是，她开始向联邦议会申请撤掉施特洛特曼国务秘书的职务。

这一消息在环保部引起了轩然大波。环保部工作人员纷纷表示："没有施特洛特曼的时代"简直是不可想象,更有人为施特洛特曼打抱不平:"我们经常在具体问题上与施特洛特曼争吵,但我们始终都相信他说的。"这些言论无疑对默克尔是很不利的,如果施特洛特曼继续留在环保部,他的支持者就不会听命于默克尔,默克尔再次深深地意识到,施特洛特曼必须下课。

1995年1月6日,默克尔以施特洛特曼年事已高可以提前退休为由,解除了他的职务。默克尔这一招"杀鸡儆猴"显然非常有效,环保部工作人员再也不敢低估自己的新上司。那些特普费尔和施特洛特曼的心腹看到上司一个个被撤职,也开始选择追随默克尔。默克尔早就猜到同事的心理,其实真正敢于直面权威的人寥寥无几,多数人只敢站在别人背后,假装上帝,提出道德审判,如今没有人庇护,自然全都闭嘴了。自此之后,默克尔在环保部的工作变得顺利多了。

炒掉施特洛特曼之后,默克尔必须安排一位新的国务秘书,这时候她想起了她在妇女与青年部时的国务秘书豪斯曼。她与豪斯曼共同工作多年,彼此非常熟悉,合作也十分默契。科尔没有同意默克尔的想法,虽然豪斯曼和默克尔合作默契,但到了环保部依然是新人一个,并不能发挥多大作用。即使要用新人,也要用从政经验丰富的新人,显然,豪斯曼并不是合适的人选。于是,科尔为默克尔物色了一个大家公认的管理专家——埃卡德·尧克,他虽然也是环保政治领域的新兵,但是拥有丰富的经验,可以给予默克尔巨大的帮助。

兵法上讲究"慈不掌兵",没有铁血手段的将军带不出虎狼士兵,同样,优柔寡断的领导者打造不出强有力的钢铁长城。领导者的心慈手软必定会造成团队的纪律松弛、人心涣散,一盘散沙似的团队是没有工作效率可言的。领导者要想打造高效团队就必须在特定的时候拿出气魄,杀伐决断毫不犹豫。

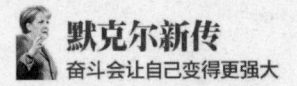

然而，用强硬手段震慑下属而获得尊重并不是长久之计，没有人会长期屈服在一个毫无作为的领导者的铁腕下的。默克尔意识到，只有创造业绩才能让她在环保部站稳脚跟。幸运的是，不久机会就来了，默克尔的想法是明智的，领导者如果没有实力，就无法居于高位领导众人。对所从事的工作一窍不通或者一知半解的领导者，在管理上容易被下属看不起，只有领导者具有过人的能力，在工作中做出突出贡献，才能令人心服口服。

39. 怀柔政策：泪水换来《柏林议定书》

默克尔就任部长之后，环保部工作人员并不看好她，背地里搞出许多小动作。为了使工作正常开展，默克尔被迫采取应急措施，以开除国务秘书等强硬手段暂时震慑住员工。然而，这毕竟不是长久之计，默克尔得找一个能够充分展示自己才华的机会，这个机会就是在柏林召开的联合国气候峰会。

"二战"之后，随着全球经济的回暖，大部分国家进入快速工业化进程中，温室气体逐年增加，超过了森林等植被的吸收能力。地球向外界释放的长波辐射被温室气体吸收，大量热量散发不出去，导致人类生存的环境气候温度越来越高。全球变暖导致世界地理温度带发生变化，人类的生存环境受到严重威胁，两级冰川也随着气候上升而不断融化，导致部分地区沿海城市淹没。越来越严重的气候问题，让世界各国都产生了危机感，为了延缓全球变暖的速度，联合国各成员国决定举行全球气候峰会，一起商议解决办法。

在德国政府的争取下，以减少温室气体二氧化碳排放量为目的的联合国气候峰会得以于1995年在德国柏林召开，环保部部长无疑是这次会议的主角，默克尔感到前所未有的压力。如果在默克尔的操办下，此次会议获得圆满成功，那当然就不会再有人对她能否当好环保部长持怀疑态度了，所有的质疑声都将变成歌颂；但是如果失败，就连默克尔自己都不知道还有没有脸面在这个位子上坐下去，甚至会连累到在背后支持她的科尔。况且身为环保部部长，默克尔不仅希望自己能够通过此次柏林峰会获得德国民众的信任，更希望全球环境问题能够在柏林峰会上取得实质性进展。

在巨大的压力下，默克尔没有退缩，她的字典里从来没有"放弃"这两个字。默克尔拼尽自己最大的努力，为柏林峰会做足了准备工作，从各国代表们的住宿、饮食，到峰会的场地、议事日程等，她都亲力亲为。默克尔充分发挥女性心思细腻的优势，将有关柏林峰会的一切工作都处理得妥妥当当。此时，环保部的工作人员开始对默克尔另眼相看。

参与柏林峰会的人员包括130多个国家的上千名代表，默克尔意识到他们的意见肯定存在着巨大的分歧。默克尔非常理解他们之间的分歧，因为每个国家的代表都只会站在自己国家利益上考虑问题。为此，默克尔做了大量的问题预案，积极思考综合各国意愿的妥协方案。

在默克尔不辞劳苦的准备下，柏林峰会终于顺利召开，不出她所料，各个国家在何时实施，发达国家、发展中国家的减排标准，是否具有强制力等核心问题上存在严重分歧。特别是发展中国家和发达国家在谁要对全球变暖背负更多的责任上的分歧最为严重。发达国家指责发展中国家才是当下最大的温室气体排放国，应当负起相应的责任；发展中国家则以国家

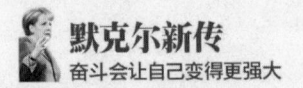

默克尔新传
奋斗会让自己变得更强大

经济发展需要等理由推脱,更指责发达国家在过去的现代化进程中同样排放了大量温室气体,现在国家经济繁荣,更应以身作则。整个会议各方都在互相推诿与攻击,默克尔几乎看不到任何使他们达成一致的可能性。

在柏林峰会召开的两周时间内,默克尔几乎从来没有在午夜前睡觉,因为在集体的谈判之外,她每天都要与那些特别难缠的代表团进行持续至深夜的单独谈判。尽管默克尔努力从中斡旋,希望各方都能互相体谅,各退一步,稍作妥协,但是依然无济于事。前来与会的各国代表都不是等闲之辈,为了本国利益,他们不可能在默克尔这个资历尚浅的政坛小辈面前屈服。

两周的时间很快就要过去了,统一的协议依然没有达成,默克尔的身体和心理已经达到了极限,在各国代表面红耳赤地相互推脱、攻击时,她流下了眼泪。当各国代表意识到东道主伤心流泪之后都安静下来,甚至面露愧色,默克尔从泪眼朦胧中看到了各国代表反常的表现。要知道,这些代表都是代表国家利益来参加柏林峰会,一个个强硬威严,深怕毁坏国家名誉,什么时候见到过他们面露愧色?默克尔突然意识到这是一个稍纵即逝的机会,她立刻走上主席台,哽咽着劝说各国代表体谅一下德国民众,乃至全世界人民的苦心,世界需要柏林峰会的最终协议,否则流泪的将不仅仅是她,还会是几十亿的全球同胞。

有时候,眼泪也是最尖锐的武器,默克尔声泪俱下的一番话让各国代表陷入沉思,随后他们纷纷表示会承担起应有的责任。终于,在柏林峰会的最后几个小时,统一的协议最终达成,这就是《柏林议定书》。柏林峰会之后,联合国将这一协议公诸世界,全球一片欢腾,世界人民终于看到了环境保护事业的未来。

虽然在全世界各国代表面前流眼泪,让默克尔感到狼狈不堪,但她所取得的成就让所有质疑和批评她的人全都闭上了嘴。从此,环保部的工作人员对待默克尔再也没有轻视、敌意等负面情绪，反而眼神、言语中全都是对默克尔的尊敬之意。社会舆论再也不敢对这个年轻的部长品头论足了，因为在很长一段时间内，一旦有谁批评了一句默克尔，听到这句话的德国民众就会群起而攻之，甚至联合国对这位女性政治家都尊敬有加。

已经成为德国总理的默克尔依旧认为，这几乎是她这辈子所经受过的最严峻的考验，但同时也是她迄今为止取得的最大的政绩之一，她说："我当上环保部长就遇上了1995年的柏林气候峰会，更要命的是，我们还是东道主。好在会议结束时形成了所谓的《柏林授权书》，在14天会议期间我赢得了与会者的信任，保证了大会取得圆满结果，我认为这是我最好的业绩之一。"

对于难以克服的困难，坚持不懈、毫不退缩的刚烈性格非常必要，但有时候柔性态度却能取得更好的效果。人都有柔弱的一面，许多人都把柔弱当成缺点，不愿意在人前表露，其实，性格中的柔弱如果被恰当地利用，就会具有巨大的威力。流水是何等柔弱，还能滴穿顽石，何况是人的性格？不要害怕在人前展现柔弱，说不定什么时候它能帮你一个大忙。默克尔显然能恰如其分地运用自己女性政治家特有的柔弱来处理各种政务，《柏林议定书》就是她用这种柔弱的武器换来的结果。

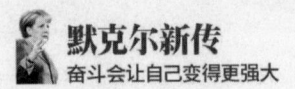
默克尔新传
奋斗会让自己变得更强大

40. 内阁会议惨遭滑铁卢

　　柏林峰会的影响十分明显，德国民众开始普遍对环境问题十分关注，新的环境问题被不断发现，环保部必须积极应对每个问题。1995年入夏之后，德国环境监测部门发现空气中臭氧值超标，并向公众公布了这一问题。消息一出，德国民众人心惶惶，纷纷要求联邦政府采取相应的措施，反对党也趁机煽风点火，给联邦政府制造压力。

　　面对这种情况，默克尔所在的环保部夜以继日地工作，希望拿出妥善的方案以安定民心。然而，方案的制定非常困难，因为科研部门甚至找不到臭氧值增加的最主要原因是什么，只是初步判断废气排放量的增大可能与此问题有关。柏林气候峰会上的成功让默克尔的自信心达到了顶点，她没有等更精确的研究结果出来就向议会提交了一份协议，倡议禁止车辆行驶或限制机动车行速，这次鲁莽让默克尔再一次尝到了失败的滋味。

　　默克尔提交这份协议也并非完全自作主张，她也曾向交通部长马蒂亚斯·维斯曼和经济部长京特·雷克斯罗德请教过。维斯曼和雷克斯罗德对默克尔的倡议不置可否，从自身部门利益上讲，他们自然不愿意车辆限行；而从全国民众利益上讲，他们又不得不同意默克尔的倡议。于是，维斯曼和雷克斯罗德纷纷赞扬了默克尔为民众利益考虑的做法，并希望默克尔能够给他们时间考虑如何应对。

默克尔误解了两位部长的意思，竟然认为两位部长也很满意自己的倡议，她再也没有犹豫，立即将倡议提交。谁料想，在表决这项倡议的内阁会议上，默克尔却陷入了孤立无援的地步。默克尔本来认为自己的倡议能够得到大多数成员的支持，可是会议召开那天竟没有人站在她这一边，就连原本她认为支持自己的维斯曼和雷克斯罗德也纷纷批评默克尔倡议的不成熟，指出许多不足之处。

维斯曼说，因臭氧值增高而禁止车辆行驶或限制机动车车速这一举措，就连科研人员也不敢保证有效，如果真要采取措施也绝不能影响高速公路。雷克斯罗德要求无论如何与经济和公务有关的车辆都不应该列入受管制的行列之内，否则整个经济就有可能瘫痪。维斯曼和雷克斯罗德的"变卦"让默克尔无法接受，她感觉自己像落入了一个圈套，似乎维斯曼和雷克斯罗德就是设下这个圈套要削弱默克尔从柏林峰会上赚得的人情。其实，默克尔的想法是完全错误的。维斯曼和雷克斯罗德当初并没有肯定默克尔的倡议，他们要求默克尔给他们时间去考虑，而维斯曼和雷克斯罗德在议会上提出的意见正是他们考虑的结果。显然，默克尔是被柏林峰会的巨大胜利和议会的巨大失败搅乱了思维，才做出如此错误的判断。

在众口一词的强大压力下，一贯支持她的科尔也不敢触犯众怒。行事老练的科尔采取了折中的方式，他表示，他完全理解生态环境的重要性和民众对环境的担忧，但他觉得，在夏季休假前仓促出台相应措施是不恰当的，而且就算要出台，主管部门还需要与议会党团进行细致的商讨才行。就这样，默克尔的倡议被议会否决，巨大的心理落差让她再次泪如雨下。

默克尔在当时所承受的压力和打击是方方面面的，在接受采访时她说："长期以来，我面临了太大的压力，反对党整日喋喋不休，我必须赶在夏季来临之前把这个议题提到内阁的日程上去。不过很显然，科尔此前没太注意这个问题，但他问我是否与基社盟和自民党的代表，即米歇尔·

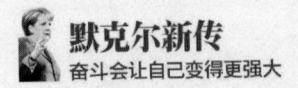

格罗斯和赫尔曼·奥托·索尔姆斯商量过,而这两人恰恰是我唯一没有征求过意见的人。长话短说,维斯曼和雷克斯罗德的表现让我感觉自己像是落入了一个圈套,面对这种局面,一个男人会大声叫喊,而我只能流泪。"

虽然默克尔在失败的打击下流泪哭泣,但她并不是一个输不起的人。她开始寻找自己的失误之处,并从春风得意的骄傲姿态中走出来,虚心向同事们请教。她第一时间找到了米歇尔·格罗斯和赫尔曼·奥托·索尔姆斯征求意见,表示会好好考虑基社盟和自民党的利益。在这个请教同事的过程中,默克尔意识到自己对维斯曼和雷克斯罗德的误解,并真诚地道歉。维斯曼和雷克斯罗德也给予默克尔许多有用的意见。

在默克尔的不断努力下,新的环保方案终于出台了。新方案中和了各方面意见,主要体现在以下问题上:第一,方案规定当臭氧浓度超标时禁止无催化装置的汽车行驶,此规定不涉及有害物质低的柴油汽车、短途公交车、医生和医院用车及摩托车。第二,联邦州可以根据需要允许通勤车、度假及与经济运营有关的车辆不受此规定的限制。

世界上有许多事情是难以预料的,也许我们今天还站在领奖台上璀璨耀眼,明天可能就一无所有。其实,人生只要在前进,就会有变故;没有变故,人生将停步不前。睿智的人会坦然面对生活中遭遇的磨难,从来不悲观丧气、怨天尤人,即使伤痛也会快乐着,因为他知道,痛苦烦恼是人生路上的必经考验。

能够获得成功的人也必然是可以承受起失败的人。成功和失败是人生的两大主题,没有人一辈子只会成功,而与失败素不相识。输不起的人根本赢不起,因为成功与失败相辅相成、不可分割。很多时候,成功总是跟我们开玩笑,让成功者觉得所向披靡、无所不能,从而做出许多愚蠢的事情。所以春风得意时我们更应该提高警惕。否则,失败就会趁虚而入。所谓"满招损,谦受益"就是这个道理。

默克尔显然是一个赢得起，也输得起的人。在柏林峰会结束之后，默克尔向联邦议会提交了另一份环保意见。由于在一些细节问题上考虑不周，默克尔在内阁会议上遭遇滑铁卢。还在为柏林峰会的成功而春风得意的她被打到了谷底。但她没有难为情，也没有自怨自艾，而是坦诚地面对失败，认真修改决议。最后，相关协议终于出台，并得以很好地执行。

41. 核的超强"破坏力"

在通往成功的道路上，我们会与许多困难和坎坷遭遇，也将面临无数次的失败。如果在挫折失败面前，我们能够保持一颗冷静的头脑，就能做出准确的判断，就能在人生的分岔路口轻松地找出那条通往成功的大道。其实，默克尔在夏季废气排放规定出台一事上所遭遇的只是小小的挫折，接下来在1998年5月所爆出的核废料运输危机就是一颗足以断送默克尔前程的重磅炸弹。默克尔几乎因为此事被迫辞职，但是她心灵强大的抗干扰能力救了她。默克尔没有在这场危急中方寸大乱，反而头脑冷静地寻找问题根源，最终向民众澄清这件事情的原委。

事实上，核能一直是一种让人又爱又恨的能源，早在奥地利女物理学家莉泽·迈特纳在第一次世界大战期间发现核裂变这一物理反应起，国际社会对核能就褒贬不一。核裂变反应就是不稳定的原子核在中子的撞击下，分裂为两个原子核或者多个原子核的反应，其间会伴随产生大量的裂变能。裂变能的威力不容小觑，以常见的核燃料铀 235 为例，1000 克的铀裂变过程产生的能量相当于两千多吨标准煤炭释放的能量。为了解决资源短缺问题，各国纷纷创建核电站。德国这个工业十分发达的国家自然也不会落后，甚至一度成为世界上拥有核发电站最多的国家。飞速发展的经济对能源有着大量的需求，然而德国的煤资源储备并不丰富。煤又是一种不可再生资源，使用多少就会少多少。所以，德国政府急需一种新型的、用之不竭的能源。核能自然就成为最好的选择，并且核能如果被安全利用，几乎不会产生任何环境污染，这也正好符合极其重视环境保护的德国政府的追求。

然而，德国民众对于核能似乎不太友好，他们惧怕于核能的危险胜过了热衷于其能量。1986 年，苏联切尔诺贝利核电发生泄漏事故，直接或间接造成的伤亡人数就高达 10 万，并且让核电站周围方圆几十公里内成为没有任何动物的"死亡区"。当德国民众从电视上看到，一名苏联救援人员在无视一颗被污染的沙粒之后瞬间死亡，他们对核能更加忌惮。德国民众开始强烈抗议核电站的建设，在他们看来核电站就像是一座关着魔鬼的监狱。联邦政府并不愿意为此做出妥协，他们看到的是核能给经济带来的极大好处。并且联邦议员都认为，联邦政府拥有全国顶尖的科研团队，一定会妥善处理核安全问题。所以，历届环保部部长在核能问题上，都采取强制建设手段。默克尔的前任特普菲尔在职期间就始终强调不管核电到底是否该取消，只要现在的法律支持核电工业，他就坚定地执行政策。

1998 年出现的核废料运输危机让德国民众再也无法忍受，他们开始采取极端手段公开反抗联邦政府。默克尔一直主张由本国自己解决核废料问题，因此德国的核废料都是用卡斯特储罐车从巴符州运往下萨克森州戈莱本镇的储存中心进行集中处理的。1998 年 5 月，媒体突然曝出了装有核废料的卡斯特储罐防护措施不足，核辐射超标的问题。一时间，德国民众积攒多年的复杂情绪全部爆发，他们对于核电工业已经完全失去信任，强烈谴责联邦政府只考虑经济发展而不顾民众生命安全的做法。

刚开始，默克尔还是沿用环保部一贯的强制政策，她说："这关系到原则，关系到法治国家的原则，凡是法律规定的，国家就必须执行。另外，我的基本信念是，和平利用核能是负责的态度。但我很清楚，如果核废料的处理受阻，核技术的应用也就无从谈起。"然而，这次被恐惧、愤怒等复杂情绪缠绕的德国民众不再买账，开始暴力抗议，不断地有人采用卧轨等激烈方式阻止运输废料的火车运行。

在反对党趁火打劫的煽动下，默克尔成了众矢之的。绿色和平组织指责默克尔说，不管是核电企业还是主管安全的部门都没有按要求履行监督职责。在野党发言人菲舍尔言之凿凿地指控默克尔，在1998年4月底才得知早就已经发生的核运输超标事故是极其严重的失职行为，并表示仅这一点就足以让她退位。当时社民党联邦议会党团的干事长彼得·施特鲁克也指出，默克尔应认识到她作为部长所应承担的责任，她必须毫无漏洞地说明，究竟是核电企业向环保部错报了信息，还是环保部明知危险却仍然批准了核运输项目。地方政府甚至也不愿意继续支持默克尔。她邀请各联邦州环保部部长到首都参加危机峰会，但很多州根本不把她的话当回事，只是象征性地派司长一级的官员前来。

默克尔感到前所未有的压力，也第一次体会到众叛亲离的感觉。好在科尔还坚定地站在默克尔背后支持她，这给了她莫大的安慰。默克尔迅速调整心情，开始调查这件事情。默克尔知道此事绝对不会是联邦政府的责任，以她物理学家的专业眼光，相关规定的防护措施完全可以处理好核废料，更不会有核废料储罐辐射超标的问题。她必须扩大调查范围，最终，真相浮出水面，联邦政府的政策确实没有问题，问题在于核电企业没有按规定标准操作。而如果真的要追究政府的责任，也应该追究州一级的核安

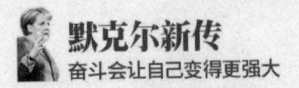

全部门，因为按照联邦州的法律，核电站的运营及安全问题由各州全权处理。

事情追查到此，默克尔在接受采访时说："我感觉自己被欺骗了，尤其是在他们（指那些核工业企业）对核储罐没有采取改进措施这件事上。当你对一件事负有责任，却又力所不能及时，那种感觉是很糟糕的，我相信恐怕每个人都曾有过这样的感觉。"

当然，默克尔也没有推脱环保部应该担起的责任。在追查原因的同时，默克尔还制定了许多相关应对措施。比如，1998年5月21日，环保部要求立即停止核废料运输：停止在国内和向国外运输一切待处理的核废料，直至确定相应的安全措施万无一失，并保证不再发生核污染为止；随后，她就提出了核废料安全运输的10点措施，要求在能源供应规划中制定新的运输方案，实行放射值超标申报这个迄今为止尚未有过的制度。

很多时候，一座城池的沦陷并不是因为外敌的猛烈进攻，而是由于内部自乱阵脚。当守城将士被敌军的威猛吓倒，或者抵制不住敌军糖衣炮弹的诱惑时，城池的防御指数和攻击指数就会下降，城池的沦陷就不远了。对于一个人来说也是这样，当苦难来袭时，如果我们分寸大乱、几欲崩溃，或者自制力不强、难抵诱惑，你就成了苦难的奴隶，将永远受到苦难奴役和驱使。

在核废料运输事件中，默克尔凭借临危不乱的强大内心，追查事情的根源，并采取适当的应对措施，化解了这次政治危机。如果默克尔在危机面前自乱阵脚，那结果只能是在多方压力下被迫辞职，就没有今天攀上权力巅峰的辉煌。在挫折面前保持冷静是一种修养，一种智慧。沉着、冷静的心态是脱离险境、减小损失的最佳选择。

42. 做环保部长时的那些事儿

默克尔联邦环保部长的任期足可以用多灾多难来形容，甚至还因为核运输危机几乎断送了自己的政治前程，然而默克尔还是艰难地克服了这些问题。默克尔以实干家的做事风格，像一个身上缠满缰绳的牛，执拗地顶着压力一步步向前，因此得以在短短的4年任期内、在这种种灾难的夹缝中仍然做出了许多令人侧目的政绩。

"二战"之后，德国工业发展步伐不断加速。企业在生产、市场经营和消费过程中产生的垃圾已经成为困扰德国环保事业的重大问题。企业生产过程中产生的"三废"往往不经过回收利用便直接排放，对环境造成严重污染，对资源造成严重浪费，也给处理"三废"的政府财政带来了严重的负担。其实，工业"三废"中一般还有很多可以回收再利用的资源，如果企业能够重视回收利用问题，以上问题就迎刃而解。

调查到这一点之后，默克尔开始针对这些问题设立法律法规。默克尔认为，企业生产出产品还不是任务的结束，它还须负责按环保规定处理垃圾，包括废物再利用。为此，1996年秋，默克尔主持设立了《循环经济法》。该法本着"谁污染谁治理"的原则，有效地解决企业生产过程排出的大量工业"三废"问题。因为如果企业造成污染，按照该法规定就必须投入大量资金治理。企业为了节省治理污染的资金，自然就会选择减排、

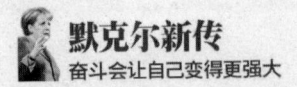

优化工艺、回收再利用等做法。《循环经济法》不仅有效地解决了工业浪费和污染问题,还使联邦环保部加强了对企业的监管。

对于任何国家,土地问题都必须被高度重视。土地不仅是国家大部分食物的基本来源,还是城市建设的基本资源。如果土地问题得不到妥善解决,出现土地资源短缺现象,国家就会陷入混乱。"二战"后的德国,土地问题一直都是联邦、联邦州和行业协会之间争论的焦点。为此,1996年9月,默克尔向议会递交了关于改进土地保护的名为"保护土地改良和清理土地废物法"的法律草案。经过议会表决,《土地保护法》正式生效。该项法律的出台目的是规定土地和地产所有者对于按照法律保护土地,减少所属土地圈封现象,减少或避免由工业、道路和住宅建筑对土地造成污染等义务。

与《循环经济法》的基本原则类似,《土地保护法》依然是把责任落实到每片土地的生产、建设者头上。默克尔这两项法律的成功出台,可以说得益于她多年积累下来的洞察世事的本领。默克尔背负特殊身份在东德恐怖政治下小心翼翼地生活,为了避免不必要的麻烦,她练就了一门察言观色的能力。这种能力不仅让她在学生生涯中受益匪浅,在从政生涯中也帮了她不少忙。这两部法律就是充分利用了人性特点,才能出色地解决相关行业的环境污染问题。

随后,默克尔开始关注有限资源的利用问题。1997年初,她在《法兰克福评论报》撰文:"今天的能源太便宜了,我认为应有目的地提高能源价格,包括矿物油、煤气和电。只有逐年增加税收比例,才有可能达到我们期望的环保政治导向效应。"她倡议联邦政府应该从国家和人类的长远利益出发,对汽油和取暖油收取生态税。税收不但可以有效地减少资源浪费问题,还能时刻提醒人们合理利用和保护越来越少的有限资源。联邦议员对默克尔的这项主张非常欣赏,纷纷赞扬默克尔是一个有远见的政治家。

1997年11月，世界气候会议在日本京都召开，默克尔积极参加。在参加会议的七个月前，默克尔带领环保部完成了第二次国家气候保护报告。该报告显示从1990年两德统一开始到1996年，有害于气候的温室气体在德国西部的大气中的含量升高了1.9%，但在东部却反而减少了43.6%。因此，默克尔在这次会议上更有发言权，她的态度和举止也表明德国愿意在环保问题上为国际社会作出好的榜样。默克尔还参加了大名鼎鼎的《京都议定书》议定工作，并在其中功不可没。

默克尔对于环保部的工作，事无巨细都要亲力亲为。她不仅关注涉及面较广的土地浪费、工业污染等问题，对于一些小问题她也从不放过，譬如以塑料袋为代表的白色污染等。她曾经还专门制定过一项有关易拉罐回收的规定，要求商家对购买易拉罐饮料的顾客收取押金，以改变人们随手乱丢易拉罐的坏习惯。

环境保护无论对于国家还是对于全人类来说，都是一件功在社稷、利在千秋的好事。默克尔从1994年年底至1998年的环境部长任期，虽然不是特别出彩，但是在前任特普菲尔的阴影下，在"超级父亲"科尔的光环下，默克尔还是取得了丰硕的成果。在默克尔任期即将结束的时候，已经没有人再叫她"科尔的小姑娘"或者"轻量级部长"了，因为她在自己第二个同时也是最后一个部长的任期内做了很多有利于国计民生的事情。

在漫长的人生岁月中，每个人都会碰到一些令人不愉快的事情。有些人选择把它当做一种不可避免的情况，而坦然面对，学会适应；也有些人选择用忧虑来毁掉生活。其实，生活中的不愉快正如河蚌中的沙砾，我们接受它，它就会在日复一日的滋养中变成闪烁的珍珠；我们因为它而丧失了活着的勇气，最终只能在沙滩上慢慢干瘪。很多问题之所以让我们痛苦不堪，是因为我们没有坦然地接受它，没有学着去接受它。

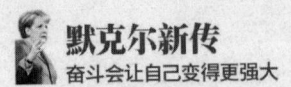
默克尔新传
奋斗会让自己变得更强大

痛苦与快乐之间只隔着一层薄纱,如果远远地躲开痛苦,将永远无法找到快乐。坦然接受生活中的不愉快,从容应对接下来的打击,我们才会有翻盘的机会。其实,生活中的不愉快就是成功来临的前奏。学会忍受它,在忍受中自强不息,在忍受中拼搏不断,成功就会翩然而至。默克尔的从政之路一直与舆论的歧视和嘲笑为伴,但她没有因此而放弃。她坦然面对这些负面评价,拼尽全力要做出些成绩。最终,她做出了许多让人肃然起敬的成绩。

第六章 领导基民盟的女统帅

众所周知,德国前总理、基民盟前主席赫尔穆特·科尔是默克尔的"政治教父",但是当科尔老去的时候,默克尔顶了上来,领导基民盟继续追求政治目标,不断实现政党和个人的政治宏愿。

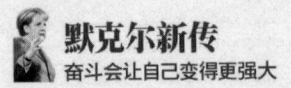

43. 一步步接近政治理想

卡耐基说:"成功需要一系列的奋斗,需要克服一个又一个困难,而不会一蹴而就,但是,坚持可以创造奇迹。"35岁之前的默克尔似乎与政治扯不上任何关系,对于政治她总是避之而唯恐不及,更不用说加入到权力中心。但是,她心底深处也有自己的政治追求。柏林墙倒塌后,她意识到实现追求的机会来了。于是,她积极投身政治,并一步一步接近政治理想。

默克尔在加入基民党时,曾有过这样一段演说:"对我来说,有三件事在德国统一后变得清晰起来——我想要进入议会、我希望看到德国迅速团结、我支持发展自由市场经济。"演说中的三件事成了默克尔毕生追求的目标,为了实现目标她一步步地努力着。

她从来都是那样的淡定从容,没有人能看得出她对权力的急切渴望。而这也正是她能得到那么多贵人相助的主要原因。当然默克尔的淡定从容并不是假装的政治手段,是她从小到大无意中形成的特殊气质。她总被人认为是把从政当成排遣无聊的游戏,不会有太大作为,也不想有太大作为。似乎没有任何威胁性的她赢得了一个又一个前辈的鼎力相助,毕竟提拔一个听话的、无害的小跟班比提拔一个能力强、风头盛的助手对自己更有利。

这些贵人就是默克尔前进路上的阶梯，他们共同为默克尔铺平一条实现梦想的康庄大道。东德最后一任总理德梅埃齐将默克尔从民主觉醒党选举溃败的泥潭中救出，并给予她新闻副发言人的重要职位；东德总理府秘书克劳泽竭尽全能将甚至连选区都找不到的默克尔送进了联邦议会；德国统一后的第一任总理科尔更是对默克尔信任有加，频频对其委以重任。他们的提拔和鼎力相助让默克尔在从政的大路上越走越远，也正是这些政治明星的陨落又给默克尔提供了一次又一次的机遇。德梅埃齐因与东德安全部有关系的丑闻，被迫辞去一切职务，默克尔顺利地接任其基民党副主席的职务；克劳泽因与军火商人来往的丑闻，使他被迫离开德国政坛，默克尔成为其选区梅前州唯一的候选人；接下来科尔又将带给默克尔怎样的机遇，德国民众都在猜想着，毕竟科尔已经老了，默克尔还年富力强。

默克尔生命中的三个贵人对其淡定从容的从政态度欣赏有加，成就了默克尔政治道路上一次又一次的飞跃。然而仅仅有贵人的相助是远远不够的，追逐梦想的人必须有一个清晰的计划，持之以恒地按计划行事才能实现梦想。贵人不过在量变到质变的过程中起到一个催化作用。默克尔的确有这样一个计划，并且不管遇到再大的挫折和风险都绝对不会放弃这个计划。有评论家这样评论默克尔："她的本能、她对男人的不信任、她对阴谋的嗅觉，在她35岁时柏林墙倒塌之际就已经形成了，甚至连她的事业似乎都遵循着一个非常个人化的五年计划。"

虽然有贵人频频相助，但是默克尔的从政之路也并非一帆风顺，甚至可以用多灾多难来形容。1989年，柏林墙倒塌点燃了默克尔的从政热情。于是，她选择加入民主觉醒党，没想到这一选择让她刚刚开始的从政道路就阴云密布。民主觉醒党是一个不成熟的政党，经验缺乏、纪律松弛、人员鱼龙混杂。所以，在民主德国举行的唯一一次民主选举中，民主觉醒党遭到重创。作为新闻发言人的默克尔不辞疲倦、辛苦奔走，最终还是没能

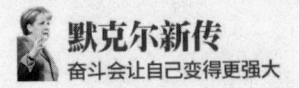

默克尔新传
奋斗会让自己变得更强大

挽回民主觉醒党惨败的结局。刚刚踏入政坛就如此不顺，以后还不知道要面临怎样的腥风血雨。然而，默克尔没有退缩，梦想像磁铁一样吸引着她不断前进。好在默克尔遇到了她人生的第一个贵人，德梅埃齐看到了默克尔在民主觉醒党中的出色表现，吸纳其成为新内阁的新闻副发言人。

没想到好不容易得来的职位，在两德统一后就付之东流。已经辞掉工作、决心成为走职业政治道路的默克尔成了无业游民。这已经是政治道路给她的第二次沉重打击了，许多人都劝她放弃这条道路。但是倔强的默克尔没有认输，为了离梦想更近一步，默克尔参加了联邦议会选举。又是一场血泪征程，不过幸运的是默克尔凭借出色的能力得到了第二位贵人克劳泽的相助，最后成功入选联邦议员。

自从1990年12月当选联邦议员之后，围绕着默克尔的嘲笑、轻视就没有停止过。她被称为"科尔的小姑娘"、"轻量级部长"，不管哪一个绰号都充满着污蔑和挑衅。默克尔没有向社会舆论妥协，处境越困难她就越坚强。终于，她华丽转身成为最被看好的年轻女政治家。

默克尔的从政计划充满坎坷，但有条不紊。她总是知道什么时间该干什么，什么时间不能做什么，什么场合适合张扬个性，什么场合适合藏愚守拙。她不急躁，不退缩，巧妙地抓住每一个机会，一步一步地向自己的政治理想靠近。

每个人都渴望成功，但成功似乎总是遥不可及。其实，成功与运气没有关系，也不在于谁天资聪明或平庸。只要树立明确的目标，并且向着目标努力前进，我们最终都能叩开成功的大门。

任何目标的实现，都需要你一点一滴地付出，持之以恒地坚持。有了坚持，一个人在追逐成功时才能生机勃勃、充满活力，才永远不会感觉疲乏和倦怠，才能冲破一切诱惑和阻碍，获得成功。持之以恒，滴水穿石；半途而废，前功尽弃。成功与失败往往只在一念之间。坚定抵制沿途风景的诱惑，坦然面对前方暗礁的危险，以坚持为船桨，金碧辉煌的成功之门终将为你开启。默克尔从来不退缩，或者放弃，她只会一步步地靠近梦想，眼神中充满坚毅和倔强。

1998 年，统一后的德国迎来又一次大选。科尔和基民党对德国的统治似乎已经走到了尽头，而默克尔的政治理想尚未实现。这一次，她又该怎样不辞辛苦地维护自己的政党，又会遇见怎样的传奇机遇？不管过程怎样，默克尔始终会朝着她的梦想奋力狂奔的。

44. 走马上任基民盟总书记

执着与变通看似是两种不同的人生态度，但在通往成功的道路上二者却要相辅相成。默克尔为人处事小心谨慎，但并不代表她不懂得变通。当科尔时代已经日薄西山时，默克尔毅然选择了朔伊布勒。默克尔这样做并不是薄情，出任基民盟主席后她并没有亏待科尔，反而为年事已高的科尔在党内安排了一个重要的职务。她当时之所以转而追随朔伊布勒，是在为自己、为基民盟寻找机会。

1998 年，德国即将迎来再一次的大选，科尔时代似乎已经走到了尽头。早在 1994 年的上一届全国大选就开始，基民盟和基社盟的联盟党就开始走下坡路。年事已高的科尔失去了年轻时候的睿智，科尔内阁也已经越来越不得人心。在政坛上沉浮多年的政治家都已经看出，科尔在 1998

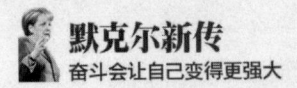

年的大选上绝对会一败涂地。事实果真如此，在1994年大选时，基民盟和基社盟组成的联盟党还能以41.5%的结果勉强与自民党组成联合政府。而4年后，他们再也没有能力胜选。最终，社会民主党和绿党组成的"红绿联盟"赢得大选，基民盟以35.2%的投票率败北，成为在野党。科尔和基民盟对德国长达16年的统治结束了，而默克尔也失去了联邦环保部部长的职位。

默克尔非常清楚沦为在野党的普通党员会陷入怎样的绝望境地，她的大部分担任过联邦部长的同事在政府更换后的惨痛教训就是很好的例子，他们必须在议会中退居后排，担任的职务也都是有名无实，最终不得不退出议会。默克尔的政治理想还没有实现，她不能就这样离开权力中心。她必须为自己寻找一条出路，然而，在野党内能够拥有实权的职务只有寥寥几个，不管竞争哪一个，资历尚浅的默克尔似乎都没有胜算。她没有稳固的政治根基，也没有相应的政治力量，想要在众多沉浮政坛多年的优秀政治家中脱颖而出简直是天方夜谭。但是，命运再一次眷顾了她，是基民盟内的二把手朔伊布勒。

朔伊布勒，同默克尔一样，也是科尔一手提拔起来的。在外界看来，他与科尔的关系似乎比默克尔与科尔的关系更加亲密，因为社会舆论把他与科尔的关系往往比作"父亲与儿子"。科尔也一直宣称朔伊布勒是自己的接班人。其实，接班人这个位置都是最尴尬的。因为如果没有实力，他的位置就会被人取代，可如果太有实力，又会遭到一把手的打压。所以朔伊布勒早就希望有机会打破这个尴尬的局面，但碍于科尔的知遇之恩不愿意将事情做得太绝。

在总理位置上连任四届的科尔越来越专断，这让朔伊布勒非常不满。特别是基民盟落选之后，朔伊布勒更是认为大部分原因都应该归于科尔的老迈昏庸。他甚至在公开场合说："我知道，科尔听不进公开的，特别是朋友的建议，所以我也不给他出主意。"虽然朔伊布勒已经决定开始"夺权"计划，但他并没有全胜的把握。毕竟科尔在基民盟中经营数十年，人际关系盘根错节，而且基民中不乏有资历更深、能力更强的政治家。于是，朔伊布勒想到了默克尔。

朔伊布勒认为，首先，默克尔是德国政坛公认的极具潜力的政治家，在两个部长任期内的表现也都相当出色，拥有相当大的号召力，可以助自己一臂之力。第二，默克尔也是由科尔一手提拔起来的，并且都急于摆脱科尔那巨大阴影的影响。第三，朔伊布勒早在此前就对默克尔有一定的好感。学法律出身的朔伊布勒与学自然科学的默克尔在她做环保部长时就很合得来。两个人的政治观点也具有一定的相似性，他们在很多争议很大的问题上都能保持一致。最重要的是，默克尔毕竟资历尚浅，而且看起来也没有什么政治野心，选择她做盟友不会对朔伊布勒本人的领导地位造成太大的威胁。

朔伊布勒以基民盟党总书记的职位真诚邀请默克尔相助，默克尔加入了他的阵营。在后来接受采访时，默克尔说："这没什么好犹豫的。尽管我很清楚自己完全不具备担任总书记应有的条件，我有点狂妄，或许还有点过分大胆，但是我想推动这个党的发展，因此我很乐意承担这项工作。"

强强联合之后，默克尔和朔伊布勒并没有高枕无忧。在基民盟内他们还有一个强劲的对手，那就是老资历的国防部长吕尔。朔伊布勒开始积极拉拢吕尔，并总是表露出要将吕尔任命为基民盟总书记的意思，没能参破计谋的吕尔欣然加入了朔伊布勒的阵营。

一切准备妥当，朔伊布勒开始向科尔发难。沉浸在基民盟大选失败中尚未回过神来的科尔被朔伊布勒着实吓了一跳。他原本还在考虑如何带领基民盟走出政治低谷，而朔伊布勒的行动让他彻底明白自己的时代已经结束。如果他还死死守着基民盟主席的位置不放手，那就是在害基

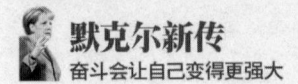

民盟。于是,1998年11月7日,在联邦基民盟党代会上,科尔揉着湿润的眼睛把党主席的宝座拱手让给了朔伊布勒,自己则成为名誉主席。默克尔也以874对68票的高票当选基民盟总书记。而吕尔却因在1989年到1992年之间曾担任过基民盟总书记,原则上不能再担任此职务,而被安排了其他职务。

人生不可能一帆风顺,通往成功的道路总是坎坷不平。在这种充满不定性的环境中,我们必须朝着既定的方向执着努力。只有不为沿途的风景逗留,不被鸟语花香诱惑到人生歧路,我们才能取得成功。但是执着并不是固执。执着让我们遍尝成功的甜蜜,固执却使我们遍体鳞伤。执着与固执之间只有一念之差,那就是变通。

世界总是变化莫测,应对人生旅途中出现的风霜雨雪从来没有既定的规则。如果面对无法解决的困难,我们依然执着,那么即使遍体鳞伤也无济于事;倘若这个时候我们试着寻找规避困难的方法,也许我们成功的期限会延期,但毕竟还有希望。随机应变、灵活变通是一种智慧,这种智慧让人受益。

默克尔凭借对时政的洞察和灵活变通的头脑,成功地当选了基民盟主席,保住了从政道路。有同事评价她说:"与默克尔打过交道的人都知道,这是一位极富智慧的女性,她在从事政治中寻得快乐。她很有政治头脑,也有必要的政治铁腕;她既具野心,又十分谨慎,而且并不遵循德国的老一套的行为准则以及沟通规矩。"有执着和变通两大武器,任何人都有理由相信,默克尔会在从政的道路上走得更远。

45. 默克尔的第二段婚姻

当选基民盟总书记之后，默克尔再次成为舆论焦点，她的感情生活也自然备受关注。自从1982年与乌尔里希离婚之后，默克尔就一直保持着单身状态。她似乎将所有精力都用来处理政事，根本无暇顾及个人生活。但是随着媒体对默克尔的关注度提高，她的感情生活也被迅速挖掘出来。原来，多年来还有一个男人一直陪在她身边，支持她、温暖她。这个人就是她的第二任丈夫约阿希姆·绍尔。

约阿希姆·绍尔，如今被舆论界统称为绍尔教授，1949年绍尔出生于萨克森州的霍耶斯维尔达，比默克尔大5岁，同样是民主德国人。尽管作为糕点师的父亲很想让绍尔教授子承父业，但是绍尔教授在厨艺上似乎并没有任何天赋。然而，他却是个读书天才，仅用七年时间就拿下了化学博士学位。1977年，绍尔教授进入民主德国科学院工作。也就是在这里，他认识了科学界的新人默克尔。绍尔教授具备非常出众的科研、分析、演说才能。他是理论化学研究领域的专家，负责过许多专业科研项目，对物理、化学的专业领域比如量子力学、量子化学等的研究都非常出众；他是在全世界范围内都很受欢迎的善于演讲的科学家，从维也纳化学—物理协会到佛罗里达的"赛尼伯尔量子理论研讨会"，到处都有他的足迹。

和默克尔一样，绍尔教授也同样有过一段失败的婚姻。1976年，还在

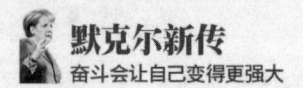

读大学的绍尔教授和前妻坠入爱河,并很快结婚。婚后,他们生育了两个孩子——丹尼尔和阿德里安。由于绍尔教授整天忙于学术研究而忽视了家庭生活,难以忍受的前妻向他提出离婚。1983年他与妻子分居,1985年正式离婚。

1986年,绍尔教授接受了作为默克尔博士论文点评老师的邀请。离婚后心情低落的绍尔教授被默克尔从容淡定的人生态度所吸引,默克尔也非常欣赏绍尔教授的博学和认真。于是,两个人开始频繁接触。慢慢地,他们发现彼此有许多共同的地方,甚至他们前半生的经历几乎一模一样。这样似曾相识的感觉让绍尔教授和默克尔迅速坠入爱河,并在相恋几年后开始同居。一向默契的他们,都没有提出过结婚,因为他们有着相同的顾虑。默克尔在婚后接受采访时说出了这个顾虑:"我之所以对结婚这件事持谨慎的态度,是因为我已经经历过一次失败的婚姻了。"

毕竟婚姻是爱情的坟墓,默克尔和绍尔教授因为珍惜两个人的感情,害怕再一次失败的婚姻让两个人形同陌路,所以选择不结婚。但是他们的亲朋好友和社会舆论却并不能完全理解他们的苦心,默克尔所在的基民盟与教会的关系是相当密切的,她本身又是牧师的女儿,从基督教的角度看,默克尔的行为是不被接受的。1993年,大主教约阿希姆·迈斯内就曾对《图片报》说:"据说现任政府里有一位当部长的基督徒还过着未婚同居的生活。"而反对党也频频以此事诋毁默克尔。

为了使默克尔从政的阻力减少,支持默克尔的人纷纷劝说默克尔结婚,但都被默克尔拒绝了。默克尔当众表示,她不喜欢别人评论她的私人生活,也不允许任何人对她男朋友造成困扰。就这样,默克尔和绍尔教授坚守着他们的爱情。两人在一起时,从来不提工作上的事情而只享受二人世界。

1998年,默克尔和绍尔教授认为,他们的爱情已经非常牢固,可以步入婚姻殿堂，便登记结婚。默克尔没有听从同事的建议将婚礼当作宣传手段，而是默默地结婚。当然，为了纪念这个特殊的日子，他们和普通德国人一样选择在报刊上公布这个消息。1999年1月2日，《法兰克福汇报》答应默克尔的请求公布了这则消息。消息的内容只有短短一行字："我们结婚了。安格拉·默克尔，约阿希姆·绍尔，柏林，1998年12月"，并且刊登在一个平常很少有人会注意到的角落里。默克尔没有举办婚礼，也没有通知家人。结婚第二天，她告诉母亲时只是轻描淡写地说了句："对了，我昨天结婚了。"看到默克尔的表现，卡斯纳太太简直哭笑不得。

婚后，默克尔和绍尔教授很注意将工作和生活分开。绍尔教授一直避免成为焦点人物，很少在公众场合露面，对媒体的采访也敬而远之。对于自己在学校的活动，他也严加保密，任何记者都不得进入他的课堂。他公开露面的场合，似乎只有一年一度的拜罗伊特音乐节。

有杂志评价他在音乐节上的表现时说："默克尔挥手向人群致意，而绍尔只是直视前方。即使在随后的招待晚宴上，他也从不多说一句话，客人得到的答案只有'是'或'不是'。"对此，绍尔教授解释说："我的生活和太太在政坛上的工作没有任何关系，所以我也不愿意成为公众人物。"

也正因为如此，他们的婚姻生活是甜蜜的。每到周末，默克尔就会抛下繁重的政务和丈夫共度二人时光。默克尔厨艺不错，拿手菜有"一锅烩"和"炸猪排"，还会采用各种方法烹调鱼肴。默克尔在一次电视节目中忍不住透露："他是一个不错的家伙。周末有空的话，我俩就会去我们在滕普林的寓所度假。在那里，我做饭，他讲述他的科研，这是我们二人世界的一部分。"

工作和生活都是人生不可或缺的组成部分，每个人都要通过工作和生活来满足自己的物质需求和精神需求。虽然工作和生活关系紧密，但是也不能混为一谈。智慧的人总是能将生活和工作分开。工作只进行在办公室、实验室、讲台等家以外的其他场所，而家是生活的地方，是给可爱的孩子讲童话故事的地方，是帮慈爱的父母捶背揉肩的地方，是与贴心的爱人共进晚餐的地方，是心灵休憩的地方。如果能够划清工作与生活的界限，那么工作是快乐的，生活是轻松的。

如果将工作带到生活中去，心灵就会被塞满；如果将生活带到工作中去，工作就无法顺利进行。但是往往很多人都难以将生活和工作完全分开，以至于活得非常累。特别是对于公众人物来说，为了宣传自己他们不得不将生活和工作完全暴露在摄像机前，每分每秒都要伪装自己。默克尔却是一个聪明人，她从来不将生活与政治扯上丝毫关系。工作上，她为权力、为国家利益辛苦角逐；生活上，她毫无顾忌地做回小女人，从来不把生活当作政治宣传手段。

正是默克尔和绍尔教授对待工作和生活的睿智态度，让他们的婚姻变得纯粹、美好。默克尔甚至曾经说过："如果我的丈夫在南非得到一个教授职位或研究课题，我会义无反顾地跟着去，把政治撂在一边。"工作和生活本来就不能混为一谈，划清界限才能享受到两方面各自的美好。

46. 政治风波中的绝地反击

1998年大选之后，默克尔提交了联邦内阁部长的职务，开始专心当好基民盟的总书记。默克尔和基民盟的同事们一样辛苦奔波，希望能够带领基民盟走出政治困境。总书记的职务虽然忙碌，但是默克尔非常享受。因为在她的不懈努力下，基民盟的处境已经没有刚刚落选时那么糟糕。黑森州、萨尔州、萨克森州、图林根州都实现了基民盟独立执政或联合自民党执政，就连1994年只有18.7%支持率的勃兰登堡州都仿佛疯掉一样直线上升8%左右。默克尔看到了基民党崛起的希望，而这微乎其微的进步差点被1991年发生的"献金丑闻"毁掉。

1995年，德国税务机关的人员发现基民盟有接受政治献金的嫌疑。经过四年的调查，奥格斯堡地方法院于1999年对1971年至1992年担任科尔财务主管的瓦尔特·莱斯勒·基普发出逮捕令，罪名是参与军火商施莱伯献金案。基普曾经是基民盟中非常重要的人物，即使从位置上撤下来，其献金案也会对基民盟造成很大的负面影响。因此，作为名誉主席的科尔代表基民盟对公众表示，基民盟对献金一事一无所知。

科尔和基民盟抛弃基普的态度让基普非常失望，他在被捕后不久招认从军火商那里获得的100万马克非法收入，并没有进入他自己的腰包，而是作为捐款给了基民盟。这让社会舆论再一次炸开了锅。一个接一个的丑闻被挖出，基民盟陷入水深火热之中。最致命的是科尔被指控在基民盟内部有一个神秘账户，用于存放非法捐款。这件事情是和科尔有过节的原基民盟元老级人物海涅·盖斯勒爆出的，他说："除了联邦一级的正常预算外，党内还有其他账户，并且这些账户只由党主席和财务主管负责。"

社会舆论将这件事情炒得沸沸扬扬，使科尔不可不作出反应。最后，科尔迫于压力，承认基民盟内部有一个内含200多万马克非法捐款的秘密账户，但他声明那是用于公务，绝非为私人牟利。然而，科尔始终不愿意说出捐款人的姓名。从基民盟的角度出发，科尔作为德国统一时的联邦总理，无论是在基民盟历史上还是在德国历史上都是非常重要的人物，他们希望慢慢将这件事平息下去，但是科尔的不合作态度让他们非常伤脑筋。

科尔的这种做法最终激起了德国民众对基民党的厌恶。即使在基民盟为科尔缴纳 400 万美元罚款之后，德国民众还是不愿意原谅基民盟。

仍旧有黑幕不断被爆出，越来越多的人开始谴责基民盟。事情已经发展到不可收拾的地步，甚至基民盟的现任财务主管迫于压力在家中悬梁自尽。默克尔认为，作为为数不多的没有被献金案牵连的她必须想办法解救基民党。

献金案最早追溯到 1991 年，而当时默克尔只是一个政坛新秀，根本没有资格参与到如此机密的事情中来。因此默克尔并不会被献金案牵连，所以她只用不作为就能保全自己。但是一向正直的性格不允许她默不作声，作为基民盟总书记的责任感也不允许她默不作声。

于是，1999 年 12 月 22 日，她在《法兰克福汇报》发表了一篇署名文章批评科尔。她在文章中指出，科尔拒绝说出捐款人的名字让人无法理解，这是一种不负责任的态度，是在把基民盟往火坑里推。她还说："科尔的确创造了一个辉煌的时代，但是这个时代早已过去，没有任何一个政党可以靠着过去走向未来。党必须学会自己走路、学会自信，在将来，即便没有像科尔这样的老战马（他经常喜欢这么称自己），也能与政治对手战斗。我们的党要像青春期的少年一样，离开家走自己的路。"

默克尔的这篇文章在很大程度上为基民盟塑造了一个良好的形象。她文章中的基民盟承认自身的错误，含泪批评自己的老功臣，舔舐着流血的伤口也要朝着理想前进。文章一经发出，许多人都感动于基民盟的正直和坚强。然而，科尔却并没有被感动。他认为，朔伊布勒和默克尔是一伙，默克尔发表这样的文章肯定是朔伊布勒要落井下石。于是，被舆论压迫的不再理智的科尔开始攻击朔伊布勒，爆出了朔伊布勒接受施莱伯 10 万马克献金的事件。其实，默克尔在发表这篇文章时并没有征求朔伊布勒的意见，她确定和献金案有牵连的朔伊布勒会阻止她。但是要解救基民盟，她必须发表这篇文章。况且当时她并没有意识到，科尔已经丧失理智到拉同盟垫背。

　　默克尔的文章让朔伊布勒和科尔的关系恶化到极点。这两个被视为"父亲与儿子"关系的人相互揭发，曾一度成为德国政坛的笑闻。默克尔也因此被认为心机深重、忘恩负义。毕竟，朔伊布勒和科尔因相互揭发而形象俱毁，默克尔就成为基民党内最有威望的人。但是，坦坦荡荡的默克尔并不介意这样的评价，她说："当时的基民盟就好像身处一个牢笼之中，无论在哪个领域、哪个方向都被紧紧捆缚，难以迈向未来。她认为只有斩断绳索，基民盟才能获得自由，才能拥有更多更广的选择方向，才能走得更远更快。也就是说，基民盟必须打破科尔时代的桎梏。"

　　科尔与朔伊布勒的论战让两人的政治形象都遭受毁灭性打击。所以，2000年朔伊布勒终于在基民盟、基社盟议会党团面前提出辞去党主席和议会党团主席的职务，科尔也宣布离开德国政坛。默克尔的正直被越来越多的德国民众理解，她逐渐成为基民党内最有威望的成员。

　　世间有一件事情最难做，那就是做正直的人。正直，是一个人良好的品质，是公正无私，坚持原则。不能坚持自己原则和立场的人充其量只是一个奴才、一个傀儡，每天活在别人的阴影下，始终找不到真正的自己。其实，任何人都不想被奴化，只是面对金钱、名誉、地位的引诱让他们迷失了做人的本性。正直的人总能不顾自己的得失名誉，去尊重事实，维护真理。

　　正直的人就如"出淤泥而不染"的莲花，即使身处追名逐利的纷乱世界，他也能保持一颗刚正不阿的心。正直的人总是坦坦荡荡，仰无愧于天，俯无愧于地，即使被千万人误解也能吃得甜、睡得香。官场是变幻莫测的地方，很多人迫不得已地要站队，很少有人能始终如一地坚守正义。那些选择追随某个派别的人，为了派别的利益往往抛弃一切，甚至是道

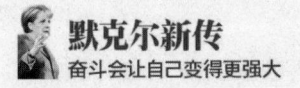

义,最终成为派别的奴隶。而坚守正义的人却能堂堂正正地说实话,最终赢得大众的支持。

默克尔就是这样一个正直的人,在两位贵人科尔和朔伊布勒出现信誉危机时,她没有从私人关系出发去支持他们,而是站在道义的角度去谴责他们。虽然默克尔因此被社会舆论指责为"背信弃义",但她不后悔,因为她做了正直的事情。显然,时间让默克尔的正直显露出来,她获得了很高的声望。

在这个特殊时期里,默克尔始终保持着她的立场,不因为受过科尔恩惠而选择支持科尔,也没有选择明哲保身,而是站在正义的立场上坚持自己的看法。正是这种坚定的不从属、不被左右的立场让她一下子赢得了大量的支持。

47. 德国历史上第一位女性党主席

在献金案和其后的科尔与朔伊布勒之间的大论战中,基民盟元气大伤。虽然默克尔的文章为基民盟挽回了一定的损失,但毕竟有限。所以,朔伊布勒在辞去基民盟主席的职务时曾经语重心长地说:"基民盟处于历史上最严重的危机中。"基民盟已经失去了许多支持者,在德国民众心目中的形象已经恶劣到无法想象的地步。因此,基民盟急需要一个救世主,解救其于水火之中。

当时，被认为可以解救基民盟的人有三个：前基民盟总书记吕尔、北威州基民盟州主席吕特格斯和基民盟总书记默克尔。显然，吕尔和吕特格斯都不想趟这趟浑水。谁都知道如今基民盟主席这个职位意味的不是巨大的权力，而是无休止的麻烦。因此，吕尔和吕特格斯对基民盟主席的选举并不上心。

当时，吕特格斯正面临着北威州基民盟州主席的竞选。在献金案的影响下，许多基民盟原来的坚定支持者都因对他们失望而放弃选票或者投给了其他党派。不论参加任何竞选，基民盟党员都必须小心翼翼，不敢再有任何大的举动。所以，吕特格斯有充足的理由不去理会基民盟主席竞选。

吕尔是基民盟的前主席、联邦政府前国防部部长，又是资历最老的基民盟党员之一，在关键时刻站出来力挽狂澜最合适不过了。但是，吕尔却提出由州长出任临时党主席的建议。其实，吕尔的建议不无道理。在献金案中，党内高层的人物少有不被波及，选民心中对党内高层的怀疑和失望情绪非常严重。让某位州长先来担任这个特殊时期的主席，等事情平静了再另行选举。这样做不仅可以避免选民因为对献金案太过敏感而做出错误的选择，也可以在一定程度上转移和淡化献金案的影响。

吕尔的想法虽好，但是基民盟内部却不能接受这种拖延政策。毋庸置疑，特殊主席不会被赋予特别多的权力，因为他并不被认为是合格的主席，只是救急而已。而基民盟却迫切需要一个强有力的领导者带全党走出困境。所以，甚至有党内权威人士发表声明，不会接受任何所谓"过渡时期党主席"的安排，也绝不承认这样的党主席。

吕尔的建议没有得到基民盟内部的支持，但吕尔推脱出任党主席的想法已经昭然若揭。这时候，人们都将目光投向了默克尔。《明星》杂志甚至发表了一篇标题为"统帅女士，请您接管！"的专题文章。默克尔被强烈渴望成为基民盟主席，成为拯救基民盟的那个人。虽然她在党内的资历还不深,但她却是第一个没有推脱责任的人。聪明的基民盟党人都知道,只有真心愿意承担的人,才能给基民盟带来光明的未来。

许多同事和友人担心默克尔无法承担如此沉重的担子,力劝默克尔支持吕尔的缓兵之计。默克尔却不赞同吕尔的建议,缓兵之计虽然风险小,但基民盟走出困境的时间将被延期。风雨飘摇的基民盟已经经不起等待,于是默克尔坚定地选择为基民盟承担一切苦难和风险。

人的一生总会有被推到风口浪尖的时候,勇敢的人会努力担当,而懦弱的人却推卸责任。担当就注定会有风险,因为在风口浪尖地带一步走错就会粉身碎骨。但是,有担当的人不会害怕这些,他们愿意为国家社会、为亲朋好友、为钟爱的事业流尽最后一滴血。有担当的人从来不会置身事外,强烈的责任感让他无法选择明哲保身,或者坐收渔翁之利。他总是第一个冲向危险的人,并享受这种为心中所爱拼搏的过程。

有担当之人必定拥有过人的魄力,能够受命于危难之间,独自扛起大梁;有担当之人也必定非常自信,相信自己能够收拾残局,开创新局面;有担当之人注定会受人敬仰,因为他无异于一场灾难中的救世主。以默克尔当时在党内党外的威望,她本来可以等基民盟情况渐渐好转时再谋图党主席一职的,但她没有这样做,而是在基民盟元气大伤的时候毅然接手这个烂摊子。她认为,在基民盟生死存亡之际,她有责任与党共存亡。

2000年4月10日,基民盟在埃森联邦基民盟党代会上举行了一次名义上的选举,默克尔获得了935张选票中的897张,以巨大的优势毫无争议地当选为基民盟党主席。默克尔的当选同时也创造了历史,成了德国历史上第一位女性党主席。

当默克尔成功当上党主席时,各种报刊纷纷对此事发表评论。《法兰克福汇报》刊出菲尔德迈耶在的文章来总结了默克尔的从政道路。《日报》则发起了"默克尔究竟是清除废墟的妇女还是救世主"的论战。另有杂志称，心思缜密的默克尔一步步克服绊脚石，一步步走向权力巅峰。默克尔在接受采访时却说，政治道路上的每一次成功都是一个惊喜，她只会精心呵护理想，并不期望什么。默克尔的确是用一种赤子之心对待政治，纯真到为了理想奋不顾身。

当选基民盟主席后的默克尔马上开始组建新一届领导班子。每一届主席总会为自己挑选总书记，默克尔选中的是明斯特地区的联邦议员鲁普莱希特·波伦茨。鲁普莱希特·波伦茨果然没有辜负默克尔的期望，以781张选票而成功任职。另外，根据默克尔的提名，一直担任副主席的吕尔继续留任，默克尔的前任朔伊布勒仍为7名主席团成员之一。

虽然默克尔临危受命更多的原因是愿意与基民盟共患难，但也不排除圆梦的因素。攀爬到权力巅峰是默克尔从政以来一直的理想。出任基民盟主席虽然还不算实现梦想，但是她已经向梦想又靠近了一大步。默克尔就是这样一个倔强的人，为了梦想哪怕要上刀山、下火海，她都不会退缩。

基民盟处在风雨飘摇之际，急需有人力挽狂澜。人们对默克尔这个资历尚浅的女政治家其实并没有十足的把握，只是别无选择。而默克尔对自己也没有信心，但是她相信事在人为，只要付出百分百的努力，上帝会回报丰收的果实的。在基民盟危难之际，默克尔勇敢地挑起重任。就凭这份担当、这份勇气，我们都有理由相信她能够为基民盟开创一个美好的明天。

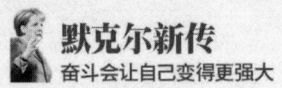
默克尔新传
奋斗会让自己变得更强大

48. 出师不利的基民盟主席

基民盟是一个烂摊子,所有人都知道。默克尔当然也知道,强烈的责任感让她毅然决然的挑起了这个重担。从成为基民盟领袖的那一刻开始,默克尔就不再是有前辈遮风挡雨的政坛新人,她必须学会为他人遮风挡雨。基民盟的大事小事默克尔都必须操心,任何危险她必须第一个冲在前面。这对于从来没有尝试过最高统帅的默克尔着实有难度,接二连三出现的打击让默克尔心力交瘁。

由于献金案的影响,基民盟不但失去了执政资格,甚至在州议会选举中节节败退。北威州议会选举对基民盟来说非常重要。这是献金案之后基民盟参加的第一个选举,如果能够成功,基民盟的公众形象就会有所好转。所以,基民盟对这次选举非常重视,投入大量人力物力。身为北威州基民盟主席的吕特格斯是北威州的候选人,他在这次选举中可谓使出浑身解数,甚至无暇顾及基民盟主席的选举。然而,选举结果却并不理想,献金案造成的影响依然存在,一部分基民盟的忠实选民放弃了自己的投票资格,基民盟惨败。

虽然基民盟在北威州惨败,但基民盟成员并不悲观。毕竟执政多年,基民盟在各州的力量并不薄弱,只要其他州的选举还算顺利,基民盟就不会遭受毁灭性的打击,然而,基民盟在州一级的议会选举中却节节败退。

2001年3月，莱法州举行议会选举，基民盟由克里斯多夫·博尔参加竞选，这里是基民盟的老巢，科尔曾在这里担任州长和州主席多年，民众支持率可谓是全国各州中最高的。默克尔急需这次选举能给基民盟带来一些希望，然而得到的却是更多的失望。克里斯多夫·博尔行事风格非常强硬，虽然能力优秀却并不得人心。而他的对手州长库尔德·贝克思想开放、行事开明，又加上外表俊朗潇洒，很受公众欢迎。因此，这场选举基民盟以35.3%的得票率输给了社民党。

眼看着地盘一天天萎缩，基民党内部开始出现消极悲观情绪。默克尔此时已经觉得力不从心，谁想祸不单行，基民党又失去柏林这个至关重要的地盘。2001年6月16日，社民党、绿党和民社党对柏林市长迪普根和柏林基民盟提出不信任案。迪普根一怒之下带领柏林基民盟而退出柏林市政府。在基民盟地盘一天天缩水的情况下，这种做法显然非常不明智，不但不能表达自己的不满，还会让其他党派趁虚而入。事发突然，默克尔只能表示无奈。

新选举定于2001年10月21日举行，默克尔又用四个月的时间积极活动，重新收回柏林，考虑再三，她决定将朔伊布勒提名为候选人。虽然献金案让朔伊布勒的公众形象受到很大影响，但在政坛经营多年的他声望还是有的，当选柏林市长问题似乎不大。

然而，有一个人却鼓足劲要把基民盟搞垮，那就是做过基民盟几届党主席的科尔。或许科尔并没有打击基民盟的意思，但不可否认他让基民盟再一次受创。科尔利用自己残余的政治能量在幕后操纵，使柏林企业家弗兰克·施泰弗成了候选人，从而阻止了朔伊布勒的提名。就这样，在2001年10月21日的选举中，基民盟在柏林的选举减少了17个百分点，降至23.8%。

这一事件对于基民盟来说无疑是毁灭性打击，23.8%的支持率是基民

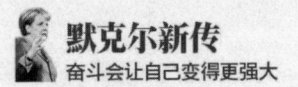

盟自创立以来从未有过的耻辱。社会舆论和基民盟党内都开始对默克尔的能力提出质疑。即使艾尔温·托伊费尔赢得巴符州的选举，基民盟内部也没有一丝喜悦。打击还在接二连三地发生，这个被称为德国有史以来最成功的政党似乎真的走到了尽头。

1998年联邦大选惨败之后，基民盟和基社盟组成的联盟党进入了反对党的角色，位置十分尴尬。当一个新政策付诸实施，如果取得了好成绩，功劳将被社会公众算在社民党领导的政府头上；如果政策没能发挥作用，社会上就可能出现诸如"改革之所以失败，都是因为反对党从中阻挠"或者"就是因为反对党的不配合，我们的经济才没能取得应有的发展"之类的抱怨。所以，反对党的领导人必须有高超的应对事件能力，否则永无翻身之日。默克尔当然还想让基民盟重回权力中心，对待每一条决议她都小心翼翼。然而并不是基民盟所有的领导都有默克尔这样的觉悟。他们中的许多人都陷入失望和惊恐的情绪中，非常害怕突然又发生什么事情让党的前途彻底无法挽回，在应对政治问题时也完全不能发挥自己应有的思考力和分析力。

新政府上台不久，就提出了有关税收改革问题的议案。默克尔认为这项议案具有很大的可行性，她一边力劝基民盟支持这项议案，一边做好通过社会舆论宣传基民盟政见的准备。当德国民众都知道基民盟对这项议案的提出也付出很大努力的时候，功劳就不会只归于社民党的囊中了。然而政策的实际执行是由议会党团主席迈尔茨负责的，默克尔只有提建议的权力。迈尔茨在这件事情上并不想和政府合作，于是联盟党站在了反对的立场上。显然，联盟党低估了联邦总理施罗德和财政部长艾歇尔的巧妙策略。虽然联盟党执政的州席位占多数，但是施罗德和艾歇尔通过收买的方式，致使这些州从拒绝税收改革的立场转变为支持的态度。联盟党在这次会议上再次受辱，党内原有的乐观主义气氛不复存在，默克尔和迈尔茨的关系也一度恶化到不可收拾的地步。

万事开头难是人类在千百年实践探索中得出的至理，它总是不偏不倚地横陈于一切事物发展的前面。一切的一切都始于开头，开头决定着事物的走向。所以，即使万事开头难，我们做任何事情也必须从开头做起。万事开头难的原因在于惧怕、陌生和懒惰的心理。对于陌生的事物，我们常常会产生畏惧的心理，不确定自己是否能够应付得过来。而这种悲观情绪又让我们片面地夸大事情的难度，不愿为之付出太多努力，从而产生恶性循环。

其实，不畏艰险的精神、坚定的信念和勤奋的态度是解决万事开头难的法宝。当接触到陌生事物的时候，勇敢面对能让我们对事物做出准确的判断，相信自己能让我们快速找到正确的解决方法，奋力拼搏能让我们最终走出"开头难"的困境。虽然基民盟主席对于默克尔来说并不陌生，自己担任这个职务独挡一面却还是头一次。遵循万事万物的发展规律，默克尔基民盟主席道路的开头注定也是困难重重。

尽管从默克尔当上基民盟党主席的那一刻起，麻烦就一个接一个地、不曾停歇地向她袭来，但是默克尔从来没有想过要退缩。她对自己有信心、对基民党有信心，相信只要辛苦付出，终有拨开云雾见月明的时候。自信和坚持是困难的克星，在坚定的信念和坚持不懈的努力面前，任何困难都会俯首臣服。

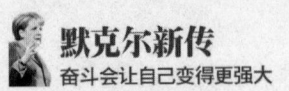
默克尔新传
奋斗会让自己变得更强大

49. 新主席的政治主张

在政党陷入政治低谷的时候,领导者就是普通党员心中的救世主,每一位党员都希望遇到一位有能力、有魄力的领导者。强有力的领导者不仅可以很好地解决问题,还能对全党起到精神支撑的作用。选举的节节失利、党团政治策略的错误、高层之间的矛盾等问题,让在献金案的低落情绪中还没有走出的基民盟党员更加失望,甚至绝望。而他们渴望的救世主似乎也并没有什么作为,社会舆论再一次展开对默克尔的狂轰滥炸。这一次,默克尔没有选择无视,而是给予有力的反击,正是这一反击,让笼罩着基民盟的悲观情绪消失殆尽。

对于困难,默克尔并不畏惧,她有足够的信心去战胜困难;对于社会舆论的嘲笑和污蔑,默克尔丝毫不受影响,她有强大的内心让她忽略这些干扰;但是对于下属的怀疑,默克尔却非常在意。一个领导者如果不能让下属心服无疑是非常失败的,默克尔觉得自己必须采取措施,让自己在基民盟内树立威望。充满智慧的她想到了一个一箭双雕的方法。

当时,有人指责默克尔缺乏鲜明的施政特点,说她没有理想和对治理国家独到的见解。默克尔决定借这个机会打压一下社会舆论的威风,也让基民盟党员对她重拾信心。于是,2000年11月18日默克尔在《法兰克福汇报》发表了一篇题为《我们的社会——关于新社会市场经济的必要性》

的文章，在这篇文章中，默克尔全面阐述了自己的政治理想和施政观念。

默克尔指出当前社会市场经济存在的几大问题："社会市场经济解决了工业社会中资本与劳动之间的矛盾，但劳动性质在知识社会发生了变化，故要求对劳资双方伙伴关系的准则进行变更。德国的社会保障体系仅仅是将附加工资与劳动成本费用相挂钩，因此有必要在更广泛的基础上建立社会保障体系。面对新经济的国际特性，我们除了要考虑建立本国的还应考虑建立国际的行为准则，本民族的规定在许多方面显然已经不够用了。"

默克尔认为，随着社会的不断发展，德国市场陈旧的劳资关系已经不再符合经济发展的要求，德国必须建立一种新的适应当前全球化要求的劳动关系。并且，在全球化经济越来越成为未来经济发展的新时代，德国市场经济和社会政治的视角也越来越显现出狭隘性。于是，默克尔提出了"新社会市场经济"的概念，这是她首创的一个概念，默克尔用大量的篇幅对其进行全面的解释。

在社会事业方面，默克尔认为，在新社会市场经济理论指导下，国家将拓展医疗领域各种保险选择的可能，而自愿的、收支平衡的预防保险将成为法律养老保险的补充支柱，另外国家会加大对德国教育系统的投入、对社会弱势家庭提供补贴；在经济方面，默克尔主张企业员工可以选择股份形式更多地参与企业生产资本；扩大交通、能源、电讯领域的私有化程度；开发更加自由的劳动力市场。

她指出，这个提法不是布莱尔代表的"第三条道路"方案，也不是1998年施罗德在大选之年为解决德国福利国家的现实问题而提出的"新中间道路"纲领，而是基民盟创立了更适合德国政治、经济和社会发展的施政理念。当然，默克尔也没有过高估计自己的施政理念。她认为，进行改革不是一蹴而就的事情，"新社会市场经济"要想取得明显的成果，必须

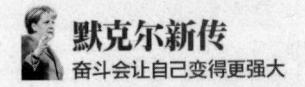

得几代人坚持不懈的努力才行。所以,在文章中,她写道:"在制定财政政策、经济政策和社会政策时,我们需要持续性,只有这样,今后几代人才能过上与我们相比更理想的生活。"

默克尔的这篇文章显然达到了预期的效果。宏伟的篇幅让默克尔的施政理念非常有气势。德国民众通过默克尔上万字的文章了解到,默克尔并不是一个政治空瓶,她有完整的治国理想和施政理念,默克尔的公众形象得到了提升。这篇文章也让基民盟党员心中重新燃起了希望,他们看到默克尔的能力,再一次坚信默克尔不是"收拾垃圾的妇女",而是基民盟的救世主。

当然任何时候,社会舆论都不缺质疑声。即使默克尔这篇文章的人气再高,也有人持反对意见。有人指出,在2000年11月默克尔是无法使人们相信"只有新社会市场经济才是让时代的变化为人服务的有效制度"的;还有人拿默克尔理论名称开玩笑,说"如果她给自己的理论换一个更好听一点儿的名字的话,也许就会有更多人愿意相信她"。默克尔才不会理会这些闲言碎语,既然自己的公众形象得到提升,基民盟再次找回往日乐观的精神,她的目的就已经达到了。接下来,她应该做的是将这套施政理念付诸实践。

为了使新社会市场经济方案更加完善,默克尔成立了以她为首的基民盟理事委员会。通过理事委员会,默克尔广开言路,汲取各方面的营养来修补自己的理念。终于,在2001年8月27日,内容广泛的新社会市场经济方案与公众见面,开始进行最后的民意修改。三个月后,完善的新方案在基民盟德累斯顿党代会上被通过,并正式作为基民盟纲领的一部分。

在竞争异常激烈的政坛,政党的发展不可能一帆风顺,总会遇到各种困难。在危机四伏的时候,领导者必须成为下属心中的依靠,平抚他们的情绪,给他们以信心。世界上没有天生心态好的人,领导者的冷静理智、技高一等也不是与生俱来的，而是通过后天的修养获得的。能够为属下遮风挡雨的领导者一定要自信，始终对自己保持信心，在遇到苦难时就能够冲到最前面；一定要有自控力，面对任何困难都能淡定从容，给下属以安全感；一定全面客观，总能广开言路，寻找最好的解决方法。

对世事的洞悉让默克尔总是知道在什么时间该做什么事情。在基民盟内部悲观失望情绪越来越严重的时候，默克尔当机立断发表一篇关于自己施政理念的鸿篇巨制。基民盟党员从这篇文章中看到了希望，重新振作起来。

50. 遭遇信任危机的总理候选人

默克尔的政治理想是攀爬到权力巅峰，如今她只剩一步之遥。然而，就在默克尔意气风发地为竞选总理准备时，她却遭遇了从政以来最大的危机——信任危机。显然，默克尔在这件事情中非常委屈，她是遭到了有心人的诋毁。但是在德国民众大部分都误解默克尔时，一切斥责、反击只能让默克尔背上恼羞成怒的恶名。于是，默克尔选择了忍耐，选择等事情平息再做打算。

2004年，默克尔已经在基民盟党主席的位置上做了整整四年。在这四年里，她时刻都在为基民盟的未来努力，发表文章、演讲游说、利用媒体宣传等各种对挽回基民盟形象有利的手段她都用过。终于功夫不负有心

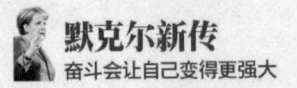

人，基民盟的支持率有所回升。虽然支持率还没有达到献金案之前的水平，但是已经非常乐观。

再过一年，德国就要进行又一次的大选，乐观的基民盟决定再一次参选。基民盟与基社盟组成的联盟党在2001年，就开始紧锣密鼓地为提名候选人做准备。党主席默克尔虽然从政资历尚浅，但能力、贡献和职位足以让她无可挑剔地成为候选人之一。为了保险起见，联盟党还推选出了另外一位候选人，那就是巴伐利亚州州长施托伊伯。施托伊伯的提名让默克尔非常意外，因为他很少在公众场合表示过要参与总理选举。虽然多一个候选人，默克尔的胜算就少一些，但是从政党的利益上考虑，默克尔没有阻止施托伊伯。更让默克尔没有想到的是，2001年2月1日，基民盟基社盟议会党团主席迈尔茨表示，除了默克尔和施托伊伯以外，他也可能成为总理候选人。同样站在政党的角度考虑，默克尔也接受了这个事实。这样联盟党就出现三个候选人，所有联盟党人都开始乱了阵脚，他们竟然不知道该支持谁。

在竞争如此尖锐的时刻，取得信任是最重要的事情。睿智的默克尔肯定也深知这一点，所以她和其他两位候选人一样积极地想做出些成就。随后的马其顿暴力事件让默克尔似乎看到了机会。马其顿的阿尔巴尼亚族武装部队与当地安全部队之间发生武力冲突，为了表示愤怒，阿尔巴尼亚族武装部队接二连三地制造暴力事件，严重影响了当地居民以及周边国家居民的安全。欧盟组织和欧安会出面进行调解，但效果并不理想，于是，欧盟决定派遣部队前往该地区处理相关事务，联盟党也准备参与欧盟的出兵计划。

对于应如何处理这件事，2001年8月29日联盟党议会党团内部出现了分歧：68名议员违背联盟党领导的意愿拒绝对马其顿进行武装干预。为了顺利解决这一事件，默克尔和当时的议会党团主席迈尔茨共同劝说其他成员,然而这样的努力显然没有起到明显作用。这件事情就暂时搁置下来。

不久之后,联邦总理又对此事重提,邀请各政党领导参加高层领导人会谈,默克尔也受邀参加了这次会议。有心人开始利用这件事情批评默克尔,说正是默克尔支持联邦政府的观点,导致基民党内部出现意见不一致的情况。因为按照规定,党主席是不能过多干预议会党团事务的。默克尔显然是冤屈的,她只是想做出一些成绩,让联盟党在选举中更有优势而已。并且,支持出兵计划是她自己的意见,她是在议会表决之后才参加的联邦高层领导会议。然而,默克尔这时的解释是无济于事的,因为联盟党似乎铆足了劲要让默克尔难堪,不断攻击她干预党内要务。

事情远远不止这些。最爱凑热闹的媒体也参与进来,纷纷对默克尔进行质疑或抨击。有报纸还提出了"谁还支持默克尔?"的问题,让大众去论战。他们还将默克尔和属下失和的事情旧事重提,批评默克尔根本没有能够胜任党主席的能力。

"和属下失和"这件事情是指默克尔辞退党书记波伦茨一事。默克尔当选基民盟党主席后,第一件事情就是任命波伦茨为自己的总书记。然而,在以后的工作中,她越来越发现这个决定是错误的。她想要一个在实质问题上与她完全保持一致且不太影响到她个人风格的人来做总书记,而波伦茨显然并不符合她的要求,因此,默克尔决定免去波伦茨总书记的职务。波伦茨本人对于被免职这件事并没有感到难过或难以接受,他说有一种如释重负的感觉。所以,这件事情并没有造成两人关系紧张,反而两人都能互相谅解,一直保持良好的朋友关系。

本来就是一场再平常不过的人事调动,被有心人士一发挥就成了默克尔和属下失和。信任这个东西建立起来很难,倒塌却是一瞬间的事。到了这样的地步,已经没有人会冷静地思考媒体的说法是否正确,只是片面地

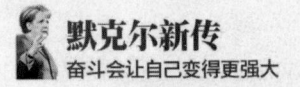

认为的确不能再支持默克尔。

信任危机不但让默克尔陷入困境，基民盟因为此事让自己好不容易在民众中积累的人气衰落不少。但是，默克尔无能为力。反对她的声音已经越来越多，不仅有来自外界的，还有联盟党内部的。默克尔已经成为众矢之的，她的任何举动都会被有心人士歪曲、放大。

默克尔也曾愤怒过。2001年10月22日，默克尔在地方会议上对党内批评她的人进行了威胁，2001年11月10日又在鲁斯特的巴符外党代会上发表了一番带有火药味的讲话。但是随后而来的更多的批评让默克尔知道这条路行不通。于是，她选择了忍耐，选择在沉默中等待机会。

每个人在人生旅途上，都要受到命运之神的捉弄。面对人生的变化无常，我们很多情况下都是无能为力的。这个时候最佳的选择就是忍耐，把难熬的寂寞、怨愤、艰辛强压在心底，在沉默中悄然立下再次起航的信念。"一箪食，一瓢饮，回也不改其志"是儒生对清贫的忍耐；寒窗十载、夜夜挑灯是书生对枯寂的求知之路的忍耐，那么从容淡定就是政治家对政治风暴的忍耐。

当我们陷入痛苦的深渊又无法扼住命运的咽喉时，就要心平气和地接纳我们所处的弱势，然后发奋图强，争取早日冲破牢笼。忍耐是蛰伏，忍是一种弹性前进策略，是无奈时的智慧选择，是暴风雨中明丽彩虹的酝酿。大好的机会往往蕴含在忍耐之中，意气用事只会错失良机。默克尔忍耐的做法无疑是正确的，在遭遇信任危机的情况下，她的任何反击都会得不偿失。最明智的方法就是静静地等待，等待转机的到来。

51. 政治阴谋下的众叛亲离

虽然在官场沉浮多年，但默克尔毕竟资历还不深，这种政治经验上的不成熟让默克尔在竞选总理之前就众叛亲离。面对突如其来的政治阴谋，默克尔没有愤怒、沮丧或者痛苦，依旧和平时一样严肃认真。因为她知道，一时的得失不算什么，如果乱了阵脚就再也没有翻盘的机会。

在最初准备竞选总理候选人的时候，默克尔对于施托伊伯并没有太在意。却不想，正是这个默克尔认为不会对自己造成威胁的人将她逼到了众叛亲离的地步，这件事最终发生并不是因为默克尔大意轻敌，而是对手太老练。默克尔显然是陷入了基社盟的阴谋当中，但她一直浑然不觉。最终当所有州长都不再支持她时，她才意识到政坛的尔虞我诈有多恐怖。

虽然联盟党对推选施托伊伯作为总理候选人的呼声很高，但是施托伊伯从来没有公开表态，甚至还时不时暗示自己不希望成为总理候选人。早在1999年，就有人向施托伊伯提出是否会作为总理候选人参加2002年的大选。当时，施托伊伯态度非常暧昧，他说他认为总理竞选就是一场足球赛，这场比赛要到2002年才开哨，在这种问题上，比赛结束前的几分钟才是关键，所以，他会在大选前决定是否参选。当时社会舆论猜想施托伊伯之所以这样说是因为对自己并没有信心，所以认为他的态度是倾向于否定。

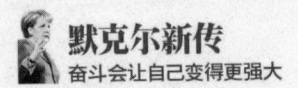

2000年11月，施托伊伯公开表示不会参加总理竞选，他说："你们知道我不想当这个候选人，因为我是州长，如果我2003年继续连任，我还会在州里待一段时间。"但是，成熟的政治家都能从这句话中读出另外的意思，施托伊伯并没有把话说绝，他只说自己不想当候选人，但并不拒绝别人推选他为候选人。2001年，施托伊伯以96.6%的支持率连任基社盟主席。在任职演讲中，施托伊伯依然没有明确表示是否参加总理竞选。

施托伊伯这种暧昧的态度其实是一种巧妙的政治手段，这也能体现出施托伊伯在政治斗争中的老练。候选人的名单越晚被公布，"被搅局"的危险就会越小。当候选人的竞争阴谋被识破或者破解之后，再加入竞选的候选人就不用面对这些恐怖的政治风暴。并且，如果在大选才公布候选人名单，竞争对手就没有充足的时间去搞破坏。1998年施罗德当选德国总理的最大诀窍就在于，社民党直到大选前半年左右，才公开声明决定让施罗德参选德国总理。联盟党根本没有足够的时间去"搅黄"施罗德的候选人资格。

此外，在媒体业迅速发展的21世纪，媒体宣传也是重要的宣传手段之一。施托伊伯一天不明确表态，媒体就会继续议论这件事。所以，基社盟认为联盟党共同提名的候选人公布得越晚，越能保证施托伊伯和基社盟有更大的影响。其实，老练的政治家都习惯拖到最后一刻才发表自己的意见。当别人都对自己的意见议论纷纷，并迫切想要答案时，自己的意见就显得越有分量，并且这样的做法可以把犯错的可能性降到最低。

其实，默克尔和施托伊伯的竞争已经不单单是两个人之间的竞争了，而是基民盟和基社盟联盟党双方的竞争。基社盟成员们的想法出奇的一致，因为他们不仅想在2002年的大选中有所作为，还想在联盟党内部占据优势地位。而基民盟却并没有意识到合作伙伴的这种想法，所以基民盟党员还如同散沙一般各自考虑着各自心目中理想的总理人选。当然，默克尔刚开始也并不明白基社盟的意图，联邦议会基社盟小组主席格罗斯的出手让默克尔恍然大悟，可一切似乎都已经晚了。

格罗斯在候选人问题处于不明朗状态的时候，又扔进一个烟雾弹。他提议，除了默克尔和施托伊伯，朔伊布勒也可做总理候选人。并且狡猾的他为了激起朔伊布勒的斗志还采用了激将法："我认为可以考虑朔伊布勒，但我不知道他是否会参选。"此事一出，舆论界又炸开了锅，以朔伊布勒、默克尔和施托伊伯三人为主角的报道频频见诸报端。甚至，一向友善报道朔伊布勒的海里伯特·普兰特在《南德意志报》上写道："施托伊伯的出路是朔伊布勒。"

格罗斯的这一行为虽然狡猾，但也无意中给默克尔提了醒。默克尔已经明白了基社盟的险恶用心。朔伊布勒和默克尔同属于基民盟，一个党内出现两个候选人，默克尔当选的概率就会降低。而当时正值检察院对朔伊布勒就收受10万马克捐款一事进行调查，朔伊布勒的支持率也不会对施托伊伯造成威胁。好在朔伊布勒对于是否参加竞选并没有明确表态，他似乎只是很享受格罗斯提名他为总理候选人这件事本身。

看穿对手的阴谋之后，默克尔开始寻找挽救措施。然而，就在她想组织基民盟团结起来抵抗基社盟的破坏时，她才发现自己始终是一个人，不管是应对政敌还是处理政务，她都没有培养出属于自己的力量。如今当她需要全党人的帮助时，全党竟然如一盘散沙，根本不愿意听她的号令。这种情况让默克尔非常无奈，她只能任凭最坏的结果到来。

党代会一结束后，施托伊伯终于正式向联盟党其他高层领导人表示准备接受候选人提名，但他不愿冒风险，只有当他确信所有州长一致支持他时，他才准备宣布参加竞选。当然，人气越来越高的施托伊伯最终获得了基民盟州长在内的所有州长的支持。这对默克尔来说完全是众叛亲离，连基民盟州长都不愿支持自己的主席，默克尔突然意识到自己的处境有多危险。

在生活中,我们难免会因为各种原因失去心爱的东西。我们会自责、会沮丧,会痛苦不安。但是对于已经发生的事情,如果一味地去苛求,除了只会使自己感到无比的烦恼外,不会有任何其他的意义。其实,每一次的得到都会伴随着一定的失去,每一次的失去都会获得意外之喜。所以,在荣辱得失之间,无需久久徘徊,不必苦苦挣扎,应当坦然面对,看淡人生得失。

很多时候,人的痛苦与快乐,并不是由客观环境优劣决定的,而是由自己的心态、情绪决定的。生活在万千复杂的社会中,我们不能因一时的失去而久久痛苦,那样人生将充满烦恼。而当我们看淡人生的得与失时,我们就能够真正明白生命的真谛。成功与失败其实就在一念之间,无论遇到任何困难,只要有坦然面对的勇气和坚持不懈的精神,那么成功就指日可待。

虽然默克尔已经陷入众叛亲离的境地,但她依旧没有慌乱。她知道慌乱只会让对手更有机可乘,现在所要做的是寻找挽救的方法。在现实生活中,能够做到坦然面对荣辱,平静接受得失的人非常少。我们总是在抱怨现实无情、世态炎凉,却不知道当我们抱怨的时候我们已经失去更多的幸福和快乐。其实,当我们坦然地面对失去的时候,我们会发现生活正在另一个方面给予我们补偿。

52. 后退是为了更好地进攻

施托伊伯公开表态要参加总理竞选之后，默克尔尝到了众叛亲离的滋味。当她着手反击时却发现无能为力，因为她根本无法把基民盟团结起来。基社盟秘书戈佩尔公开发表言论，能否真正团结党内力量、将人心聚拢，关系着默克尔未来的政治生涯。原政府发言人奥斯特也表示，默克尔身上似乎缺少一股力量，可以撑得起基民盟的力量。

即使事情发展到这个地步，默克尔还是想再努力一把。基民盟的许多重要人物开始劝默克尔离开，希望她不要再做无用的挣扎。这件事情让默克尔在党内的威信大大受损，谁都知道如果社会舆论知道这件事情，默克尔的处境会更加艰难。没想到萨尔州州长米勒在接受媒体采访时还将此事透露了出来。她严厉质问米勒此事，并将此事公诸于众，试图以一个被同事出卖的可怜形象博得一些同情。没想到事与愿违，拥护米勒的人非但不见减少，还多了很多。联邦议会党副主席沃尔夫冈·博斯巴更是斥责她不能强制阻止别人表达想法的权利。

事已至此，默克尔感到自己已经陷入了绝境，再一味地竞争下去只会让自己受到更大的伤害。于是，她选择与施托伊伯妥协。尼采曾说："树之所以能长成参天大树，是因它把根深深地埋入了土里。"把自己的位置摆得越高的人，他的缺点就越容易暴露；而始终以低调待人接物的

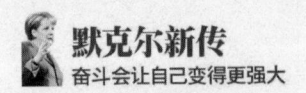

人,就为克服弱点赢得了空间和时间。再遇到无法解决的困难时,一味地横冲直撞只能让自己遍体鳞伤,而低头后退则能保证我们冷静地寻找新的出路。

低头处世是人生的一门必修课。在逆境中学会低头,正能量将会从四面八方聚集,你能够在众人的帮助下完善自我,从而战胜苦难;在顺境中学会低头,成功的屋檐再低,你也不会碰头,成功的门槛再高,你也不会摔倒。倘若不愿低头处世,逆境中你只会抱怨时运不济、怀才不遇,顺境中你因为飞扬跋扈而众叛亲离。所以,学会低头处世才能够在跨过成功那道门时把头抬得更高。在众叛亲离的情况下,睿智的默克尔选择了低头。向施托伊伯妥协,不仅让她的公众形象有所好转,还挽救了她的政治道路。

2002年1月份,基民盟主席团和基民盟联邦理事会要在马格德堡"男人客栈"饭店开会。默克尔知道这一次会议是为确定总理候选人而召开的,到时候与会者肯定会要求作出有关总理候选人的最后决定。默克尔必须在此之前与施托伊伯达成共识。

默克尔拨通了施托伊伯的私人电话,恳切地希望能到施托伊伯的私人官邸做客。施托伊伯当然知道默克尔的目的并不是做客那么单纯,所以很爽快地答应了。默克尔在马格德堡会议召开的前一天晚上乘汉莎公司航班,从杜塞尔多夫飞往巴伐利亚州的巴特特尔茨—沃尔夫拉茨豪森县,以保证第二天一早赶到施托伊伯家中。默克尔之所以在会议当天才赶往施托伊伯家,完全是照搬施托伊伯的政治手段。施托伊伯手段老练、心思深沉,默克尔不确定他会不会对自己赶尽杀绝。所以,在开会当天向他提出妥协的意思,他就没有时间进行其他对默克尔不利的小动作,只能乖乖地接受。

因为时间紧迫,也因为默克尔想让施托伊伯因此吃惊而没有时间考虑对策,她开门见山地说:"施托伊伯先生,我今天来打扰您是迫不得已。因为我已经决定退出总理选举,并全力支持您。我想我必须在马格德堡会议之前及时让您知道这件事情。"

施托伊伯对默克尔突如其来的妥协非常吃惊,不由自主透出了激动的神色。看到施托伊伯的表现,默克尔长吁了一口气,看来施托伊伯事先并没有做好应对此事的准备,那他就没有时间再给自己"穿小鞋"。默克尔放心地离开了施托伊伯家,开始为另外一群人准备"惊喜"。

马格德堡会议如期召开。不出所料,众人还未坐定,会议就进入了讨论的高潮,参会人员一致要求尽快确定总理候选人,会议呈现出一边倒的局势。首先是州长们,从科赫到托伊费尔,甚至乌尔夫和副州长顺博恩都要求原则上作出支持施托伊伯为候选人的决定。甚至科赫原本已经定好休假计划的黑森州州长,此时也特意放下假期赶来,目的就是要表明自己全力支持施托伊伯。

少数支持默克尔的基民盟成员非常紧张,他们已经意识到这个会议是针对默克尔的一场有计划的政变,但不知道会将默克尔逼到什么样的境地。而默克尔却丝毫没有露出任何表情,她以以往从容的态度走向主席台,缓缓地说:"我一直说,联盟党的候选人应让最有希望获胜的人担当,而最有希望的标准是什么呢?除了被党内推荐和本人意愿之外,我认为最重要的一条是团结一致。我相信,基民盟会与总理候选人施托伊伯能建立高度的团结一致。"

对于资历不深的与会者来说,这的确是一个惊喜,他们不用再为到底选谁头疼了;而对于经验老道的政治家来说,他们不得不佩服默克尔的睿智。默克尔的这一举动虽说有失基民盟主席的身份,但是挽救了自己的政治道路。所以,政坛元老级人物福格尔称赞默克尔说:"这个女人充满了信心,竞争的同时不忘维护自尊。各方的赞扬也随之而来,大家佩服她的

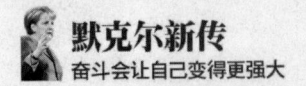

勇气和胆略，能够做出这样的决定，能够在这样的会议上公之于众，默克尔重新树立起一个好形象。"

的确，假如默克尔没有提出放弃候选人资格，而基民盟背离她的意志支持施托伊伯成为候选人，那她就不是输在了对手手上，而是输在了自己的阵营中。这意味着基民盟对她的不信任，背负不信任案的基民盟主席恐怕也就只有辞职这一条路可以走了。

自从成为总理候选人，默克尔就危机不断，从信任坍塌到不断杀出的对手，最终她几乎陷入了绝境。但是，睿智的默克尔成功地运用"以退为进"的方法扭转了局势。从表面上看，默克尔失去了总理候选人资格，但其实她得到了更多：保住了自己的政治道路；让对手和同事都对自己刮目相看；重新塑造了公众形象。所以，有时候，低头是为了更高地抬头，后退是为了更好地进攻。

第七章 默克尔与施罗德的"战争"

一个女人,在瞬息万变的政坛占有一席之地已经不易,而默克尔的目标绝不仅仅如此,她的终极挑战是德国总理。面对强劲的竞争对手施罗德,作为新人的默克尔能够后来居上吗?我们拭目以待。

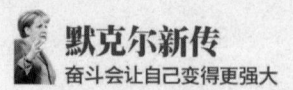

53. 令人沮丧的选举结果

默克尔在四面楚歌的情况下，放弃了竞争总理候选人。然而她并没有放弃自己的梦想，她乐观地认为只不过多努力几年而已。然而命运似乎并不看好默克尔，放弃竞争总理候选人之后，她又必须面对选举失败的打击。

总理候选人竞争上的失败可谓是默克尔从政以来所经历的最惨痛的失败，但睿智的她到最紧要的关头还是挽救了自己的命运。退一步海阔天空是实在简单不过的道理，但是很少有人能够放弃一切从头再来。默克尔的强大之处就在这里，默克尔放弃竞争总理候选人不仅让她避免陷入不信任案的泥潭，还让她的政治形象有所提升。社会舆论都领会到了默克尔是怎样一个强大的人，她一直以钢铁般的意志和冷静的头脑坚持要当总理候选人，但当她发现自己已经没有希望的时候却又能够闪电般地改变战术，巧妙地与施托伊伯达成一致意见，并在这之后全力以赴地支持那个战胜了她的人竞选总理。

当默克尔意识到自己的处境在慢慢好转时，她加快速度为自己参加下次竞选做准备。她做的第一项准备就是把科尔请回来，默克尔已经越来越意识到科尔力量的强大，即使深陷献金案的泥潭，他依然有能力改变基民盟的许多决定。献金案也让默克尔和这位"政治养父"的关系恶化，默克尔总是在找各种机会想要缓和矛盾。献金案风波一过，默克尔就开始为科尔重回基民盟铺路。她知道科尔一定非常想回到经营多年的基民盟，如果自己帮他达成这个心愿，两人或许能够重归于好。

事实证明默克尔的想法是正确的。2002年6月17日，基民盟在法兰克福召开党代会，科尔发表了讲话。尽管此次讲话只有30分钟，但是对这位前任领导有着深厚感情的基民盟成员们仍然非常激动，加上讲话本身就非常感动人心，全场爆发了热烈的掌声。事后科尔向默克尔表示感谢，并表示再次全力支持默克尔，通过这件事基民盟对默克尔的好感也有所增加。

也是在这个党代会上，默克尔宣布基民盟已经开始全力以赴地投入到支持施托伊伯竞选的工作中。默克尔认为，只要施托伊伯竞选成功，她所带领的基民盟就再一次成为执政党，而她自己离梦想也就近了一步。所以，无论放弃总理竞选让她有多不甘心，她都必须尽自己最大的努力去帮助施托伊伯。默克尔充分发挥了她强大的语言能力，激励联盟党成员时刻保持最佳状态，拧成一股绳再往前冲。同时，她也警告大家要保持冷静，毕竟对手十分强大，联盟党时时刻刻都不能松懈。在支持施托伊伯竞选的过程中，默克尔受尽好评。她全力支持曾经对手的无私态度、考虑周全的做事风格、睿智冷静的头脑都让联盟党成员赞叹不已。

联盟党参加选举的形势似乎一片大好，它拥有的优势比红绿党要多。联盟党长期以来致力于德国国内统一、与国际合作以及欧洲政策法规的研究，所以在德国刚刚统一后的几次大选中都能够胜选。随着社会形势的转变，德国民众关注的问题也随需要发生了变化。联盟党也顺应局势专心于德国经济和债务，以及国家安全等政治问题的研究。而红绿党却并没有意识到这一点，他们将政党的关注点始终放在保护环境、反核和维护和平上，因此，红绿党没有联盟党得人心。

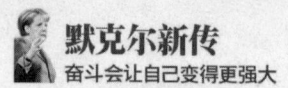

在能够影响大选的许多政治活动中，联盟党的得票都远远多于社民党。据选举研究部门的民意测验显示，对于是否能够带动国家经济高速发展的问题，一半的德国民众对联盟党很有信心，而只有1/3的人表示支持社民党。对最能左右此次大选的失业问题，认为联盟党能够解决这个问题的人比支持社民党的人多了11%。在解决经济问题方面，施托伊伯以33%的支持率明显强于施罗德的24%。直到2002年夏天，民意调查结果还显示，施托伊伯有希望把只执政了4年的施罗德政府赶下台。

联盟党似乎胜券在握，可随后发生的事情让红绿党迅速转被动为主动。在总理大选之前的8月份，易北河地区就曾发生一场严重的水灾，这件事情对于红绿党来说无疑是天赐良机。因为在任何灾难面前，只有政府可以站出来采取措施，其他党派只能观望，起不到任何作用。施罗德稳稳抓住这次机会，在抗洪救灾中深得人心。

随后，施罗德又在另一件事情上给予联盟党猛烈的一击。美国就伊拉克核问题要对其出兵，部分欧洲国家参与到这次战争中。德国正值大选之际，没有哪个政党会不顾民意追随美国，所以，德国联邦政府在第一时间明确表态，不会帮助美国攻打伊拉克。联盟党虽然没有表态，但也不会去趟这趟浑水。然而，施罗德利用基民盟和大洋彼岸关系友好做文章，声称德国收到了这样一份邀请，还谴责联盟党有可能会让德国卷入一场恶劣的战争中。

这件事情让德国民众再次对联盟党十分失望。而对于施罗德的做法德国民众非常支持，特别是那些还活在"二战"恐慌中的人们深深地被施罗德打动，红绿党成功地摆脱了被动局面，掌握了主动权。

通过以上事件可以看出，联盟党在总理竞选中落败是在情理之中。在2002年9月22日的大选中，尽管联盟党得票率增加了3.4%，但整个得票率还是只有38.5%。社民党在这次大选中得票整整比联盟党多6027张，这对于联盟党来说是一个巨大的打击。

施托伊伯和默克尔对于这个选举结果非常沮丧，联盟党也陷入悲观的氛围中。对于默克尔来说，在这次大选中，从失去总理候选人到支持的政治家落选总理选举，她接二连三地遭受政治上的打击。虽然心情抑郁，但是她始终没有绝望，因为她明白黎明前的黑暗是最难熬的，倘若熬过去就是万里晴空。

巴尔扎克说："苦难对于天才来说是块垫脚石，对于能干的人来说是一笔财富，而对于庸人来说却是一道万丈深渊。"挫折是成功的前奏，是成功的催化剂，只有敢于同挫折做斗争的人，才能闻到成功的芳香。智慧之人从来不会放弃希望，即使在山穷水尽的时候，也会为梦想积蓄力量。中国有句古话："宝剑锋从磨砺出，梅花香自苦寒来"。对于智慧之人来说，再多的苦痛折磨都是黎明前的黑暗，他愿意忍受，也能够忍受。

战胜挫折不是一蹴而就的事情，往往当我们到了放弃的边缘时，成功似乎还遥不可及。其实，再坚持一下，下个路口我们就会看到成功灿烂的笑容。古人云："世之奇伟、瑰怪，非常之观，常在于险远，而人之所罕至焉，故非有志者不能至也。"同样，成功也在危险、遥远的地方，只有把挫折当作垫脚石，永远不会放弃的人才能够获得。默克尔就是这样一个人，即使在遭遇接二连三的打击之后，她仍然心怀希望，大步向前。

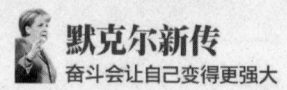

54. 夺权，上位联邦议会党团主席一职

总理大选失败之后，默克尔必须及时找到降低损失的方法，这时她想到了联邦议会团主席，这是一个少有的反对党可以担任的实权职务。然而，时任联邦议会团主席是同样出身基民盟的迈尔茨，是默克尔的同事。在众多人都支持默克尔的情况下，她当机立断夺权上位，保住了基民盟的地位，也保住了自己的权力。

大选失败之后，默克尔深受打击，但是她并没有多少时间可以沉浸在失望之中，她必须尽最大努力降低损失。所谓"吃一堑，长一智"，从被迫放弃总理候选人竞选中，默克尔意识到在政府部门拥有实权非常重要。如果当时默克尔在联邦政府有职位，或者在州政府中能发挥重要作用，就不会陷入那样无助的境地。因此，默克尔决定为自己在联邦政府中寻得一个有实权的职位。反对党在联邦政府中能担任的有实权的职务非常少，最重要的要数联邦议会党团主席，默克尔决定对这个职位下手。

迈尔茨是前任联邦议会党团主席，同样出身于基民盟，与默克尔的关系因为税收案一事不断恶化。如果默克尔宣布竞选联邦议会党团主席就是把迈尔茨当作对手，社会舆论一定会议论纷纷。他们会说，默克尔是不懂得宽容的女头头；默克尔不会体恤下属、不择手段。并且党内人士也会对默克尔有所怨言，因为在他们看来不论谁当联邦议会党团主席，基民盟获得的好处是一样的。但默克尔却不这么想。对于基民盟来说，党主席同样是联邦议会党团主席显然要比其他人做联邦议会党团主席好得多，因为党主席的地位的提高就意味着整个政党地位的提高；另外如果当选了，默克尔不会弃迈尔茨不顾，会在党内力排众议为他安排一个拥有巨大权力的首席副主席职位。

默克尔没有时间理会社会舆论和党内的各种言论，因为联邦议会党团主席的竞选马上就要开始，她必须马上做出决定。显然，迈尔茨对默克尔的决定非常不满，他曾当着众人的面对默克尔说，他要求继续任职联邦议会党团主席。迈尔茨并不是一个容易打败的对手，因为在联邦议会党团主席的位置上经营多年，他在党内的人气很高。所以，默克尔丝毫不敢掉以轻心，她必须寻找制胜的法宝。

在这场争夺中，默克尔有两个法宝——青年议员的支持和施托伊伯的支持。要想得到联邦议会党团主席这个职务，默克尔必须获得大部分联邦议员的支持。从当时议会党内的情况来看，和默克尔站在同一个阵营的人并不多。毕竟迈尔茨在联邦议会经营多年，支持他的人肯定比默克尔多。不过睿智的默克尔发现了联邦议员的一个新现象，那就是青年议员越来越多，几乎占了未来议会党接班人的1/3。这些青年议员刚刚踏入仕途，正在寻找追随对象，如果默克尔能够将他们纳入旗下，相当于拥有一股强大的力量。因此，默克尔格外关心这些即将接班的年轻议员，总是尽全力为他们提供各种便利条件。所以，这些青年议员纷纷表示支持默克尔参选联邦议会党团主席。

施托伊伯对默克尔的支持可算得上"投桃报李"。默克尔起先并没有想着拉拢施托伊伯，因为施托伊伯也有资格竞选，他们将再一次成为对手。但是，施托伊伯是一个厚道的人，鉴于默克尔主动放弃总理候选人的资格，他也为默克尔放弃联邦议会党团主席候选人的资格，这让默克尔出

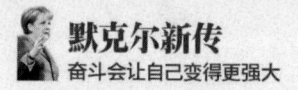

乎意料，也非常感动。

议会党团主席的第一轮选举是由党内全体议员投票得出，但从民意来看默克尔当选的可能性最大，但是迈尔茨的怨气非常大，坚决不愿意卸任。即使结果显示默克尔赢得了这次选举，迈尔茨还是不愿妥协。随后，默克尔和迈尔茨在基民盟召开主席团内部会议上进行再一次的正面交锋，主席团成员对默克尔担任议会党团主席没有什么异议。迈尔茨情绪非常激动，对默克尔连连质问。默克尔并没有回答这些问题，而是通过黑森州州长科赫安抚迈尔茨，建议他任职基民盟副主席。因为此事如果是默克尔自己说出的，就代表她主动退让。而此刻谁退让一步就好像失去了主动权，没人想在新班子组建之初就陷入被动的境地。即使这样，迈尔茨并没有表现出丝毫要妥协的意思，大会陷入尴尬的气氛。

默克尔本来想用这次会议击退迈尔茨。她精心安排会议的时间，争取达到最佳效果，主席团会议召开时，联邦大选刚刚过去两个月。在大选中默克尔的表现可圈可点，赢得了许多赞誉，她必须趁大家热情还未退却时及时举行联邦议会党团主席的选举，这样胜算会比较大。谁知即使在形势极端不利的情况下，迈尔茨还是不愿妥协，并强烈质疑默克尔是否有能力做议会党成员的领导者。默克尔为此非常头疼，不知道该如何打破尴尬的气氛。

好在施托伊伯及时出现，打破了僵局。施托伊伯特意从慕尼黑来到这里支持默克尔，就是为了感谢默克尔之前对他的帮助。他说，他以基社盟党主席的身份担保，默克尔拥有领导议会党的能力。施托伊伯的担保为默克尔取胜添了一个重重的砝码，可以说是一把将她推上了议会党团主席的宝座。最终，迈尔茨表示愿意担任副主席，并要求由他掌握财政大权，默克尔同意了他的提议。

生活中，我们总是要面对种种选择。选择的正确与否对人生成败关系极大，因此我们都盼望做出最佳选择。而优柔寡断就产生于我们重复衡量利弊之时，我们以为通过推迟选择就可以避免犯错误，但是结果往往适得其反。因为在许多环境下，时机稍纵即逝，并没有留下充足的时间让我们去重复思索。古人云"用兵之害，犹豫最大；三军之灾，生于狐疑"就是这个道理。

人的一生是正确与错误、成功与失败交织的一生，每个人都在严酷的生存斗争中苦苦挣扎。而优柔寡断让我们坐失良机，无法获得成功。有些时候，该主动时就必须及时出手，否则就会陷入消极被动的局面。

在默克尔的这次胜利中，当机立断帮了她很大的忙。大选中默克尔的表现让她的政治形象提升不少，这是她参与联邦议会党团主席的筹码。她必须在最短时间内进行选举，否则选民对她的好感就不再起作用。如果当时默克尔由于考虑到迈尔茨和自己同处一个党派而犹豫不决的话，她根本没有充足的时间去准备选举事宜。机会不可能一直停留，优柔寡断只会让我们坐失良机，所以我们必须学会该出手时就出手。

55. 审时度势是政治家的最基本技能

2002 年 11 月 11 日，基民盟在汉诺威召开联邦党代会，默克尔再次竞选基民盟党主席，并最终以 93.7% 的高得票率获得连任。之后在默克尔的带领下，在联邦政府选举中打败的联盟党却在州一级选举中节节胜利。基

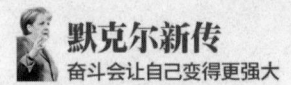

民盟在巴伐利亚的选举上获得了绝大多数的州议员名额，这件史无前例的事情让联盟党着实兴奋了一段时间；科赫强势入主黑森州，成为新一届州长，联盟党的底盘不断扩大；乌尔夫却带领基民盟在下萨克森州取得胜利，与自民党共同组成了新一届执政党，这里原本是施罗德的地盘，如今被联盟党占领，对于联合党来说是一次巨大的打击；另外，在不莱梅州，基民盟和社民党组成联合执政党。

虽然联盟党在州一级的选举中取得巨大的胜利，但是默克尔却不能轻松一刻，因为更大的权力意味着更大的责任和更多的烦恼。首先，社会舆论对默克尔的负面评价仍旧有增无减。评论家菲尔德迈耶公开质疑默克尔的能力："一个政治家必须准备并有能力回答公民提出的如何塑造国家未来的问题，按说默克尔应该利用汉诺威会议的机会在讲话里提及这些问题，但她没有利用这一机会。"对于社会舆论，默克尔不能再采取一贯不做理会的态度。她已经是基民盟、甚至联盟党的一号人物，任何诋毁和质疑的言论都会对她和她所带领的政党造成巨大影响，因此，默克尔不得不花费大量精力去解释、周旋。

另外，联盟党和执政党之间的关系和联盟党管理上的漏洞都让默克尔十分头疼。施罗德与其带领的红绿党虽然在2002年的选举中胜出，但其实力明显减弱。这个时候正是联盟党表现的最佳时机。如果联盟党表现非常出色，四年后选举的胜利者就非联盟党莫属。而如果联盟党没有好好表现，无疑是在给红绿党加分。所以，默克尔所要下的每一步棋都要小心翼翼。

民意支持率的下降让施罗德政府面临着巨大的压力，他们急于做出些成绩挽回形象。于是，施罗德在2003年初决定把2000年通过的税收改革第三阶段步骤从2005年提前到2004年实行，这一招非常高明。税收改革在2000年就已经通过，并已实施三年，说明税收改革的政策非常正确。

将第三阶段步骤从2005年提前到2004年实行,一方面说明政府执政能力强,可以提前一年完成计划;另一方面也不用担心因改革会失败而让政府名誉扫地。对于政府这项决定,德国民众大部分是支持的,因为他们已经从前三年的税收改革中尝到了甜头。所以,施罗德政府实施这项政策是天时、地利、人和。

作为反对党的联盟党必须对这项决定做出应有的反应。默克尔意识到,此时联盟党不能和执政党有任何矛盾,否则就会背上寻衅滋事的恶名。而如果联盟党与执政党的关系十分亲密,就可以分一半执政党治理国家的功劳。但是默克尔并不想让施罗德政府看穿她有这种想法,否则就丧失主动权。因此默克尔和与施托伊伯商量再三,于2003年7月1日向施罗德表达对此事的意见。他们同意尽快落实降低税收的计划,但在"用贷款来解决减税问题"上持反对意见。

此后,施罗德政府加大施政力度,在社会生活各个方面都进行改革,但效果并不佳。2003年3月3日就业联盟的失利标志着联邦政府在内政上面临越来越大的压力。2003年3月14日宣布的2010改革计划导致工会继续与社民党作对。2003年8月提出的医疗改革草案、劳动力问题和退休制度等一系列相关政策一直得不到议会通过,施罗德为此筋疲力尽。更糟糕的是,2003年7月31日启动的卡车收费制让联邦政府一个月就损失了1.56亿欧元的收入。

为了赢得好形象,联盟党同意在国内政治问题上和执政党共同分担责任。这是一项对联盟党非常有利的决定,能为联盟党树立一个负责任的、为公众利益着想的政党形象。但是,联盟政府改革政策的不断失利让共同分担责任的联盟党蒙受大量损失,只考虑自身利益的州一级行政长官纷纷表现出不合作的态度,联盟党的管理漏洞就凸显出来了。

州一级的行政长官一般由政党州主席担任,而这些州主席与党主席默

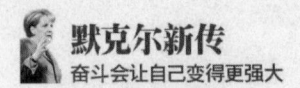

克尔的关系有好有坏。因此，在对联盟党政策的执行上就会出现不同情况。州长一般对自己都有强烈的自信心，并且把自己所执政的州看成一个小王国。所以，和默克尔关系好的州长还能适时地拥护一下默克尔的政策，而关系差的人则不会轻易地接受联盟党的安排，也不希望执政党的大手随意地伸到自己的地盘上。甚至，他们有时候会借口其他活动，不参加核心会议，以逃避应共同承担的责任。

默克尔不敢与这些州长发生正面冲突，毕竟他们的选票对默克尔来说十分重要，而且这些不合作的州长大部分都是基社盟成员。默克尔想到了施托伊伯，他是基民盟和基社盟共同选举出来的总理候选人，在参加总理选举之后的很长一段时间里，他都代表了两党融合的形象。如果施托伊伯能和默克尔站在一起，州长不合作的问题就好解决一些。当然，施托伊伯非常愿意与默克尔合作，他们要齐心协力为下次选举造势。

在处理与执政党、州长们的关系上，默克尔的睿智让人惊叹。在执政党的支持率略胜一筹时，默克尔选择和执政党亲密合作，为联盟党塑造了一个负责任、大度宽容的好形象；应对州长不合作问题，默克尔没有实施一贯的强势手段，而是拉拢施托伊伯和自己一起出面协调。因为州长的支持对党主席来说非常重要，一旦与州长闹掰，党主席的乌纱帽就很难保住。善于审时度势的人就是知道什么时间该做什么事情，并且这些事情怎样做才能达到最好的效果。对于一个政治家来说，拥有这项基本技能至少能让他不落入对手的政治陷阱中。

世事无常，政坛更是风云诡谲，要想有所作为，政治家必须懂得审时度势。单纯的进与退给予我们的只有极端片面的后果，只有认清当前的局势，正确处理好进与退的辩证关系才能更好地处立于世。对于政治家来说，"时"和"势"就是民意，自古以来，得人心者得天下，人心背离则庙堂分崩。从政者如果能够做到上不得罪政要显贵，下不失信于公众和属下，中不招嫉于同事，在政坛就能左右逢源、进退自如。

在充斥着政治阴谋的政坛，从政者必须小心翼翼走好每一步，否则就会成为政治斗争的牺牲品。因此，审时度势就显得尤为重要。审时度势就是审察时机、忖度形势，使自己的思想适应客观实际情况。善于顺应形势的领导者总能得到同事的尊重和属下的追随。默克尔拥有过人的审时度势技能，再次当选基民盟主席之后，麻烦接踵而至。默克尔凭借审时度势的能力妥善摆平各种麻烦，并为自己、为联盟党取得广泛赞誉。

56. 基民盟内名符其实的"一号人物"

2002年大选之后，虽然默克尔没有参加总理竞选，联盟党也在选举中失败，但是默克尔的政治形象却得到极大的改善。再加上懂得审时度势的优点让她在处理与执政党、州长的关系上，赢得无数好评。默克尔知道是时候为下一届选举做准备了，于是，默克尔积极表现自己，终于成为基民盟内名符其实的"一号人物"。

基民盟拟定2003年在莱比锡召开党代会，默克尔决定抓住这次机会，向全党宣示自己不可动摇的地位，并以自己作为精神领袖将基民党紧紧地团结起来。如今她的威望和支持率已经够了，但还是缺少可以代表自己的闪光点。她必须准备一场成功的宣传，充分展现自己的魅力，让基民盟成员坚定追随自己的信念，为此，默克尔和她的团队精心准备了一场演讲。

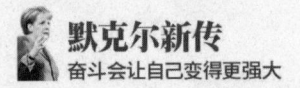

2003年,在基民盟党代会召开前几个月,默克尔在柏林历史博物馆的政治论坛进行了一次演讲,演讲的题目是《德国的未来在哪里》。在这次演讲中,默克尔着重展现她作为基民盟领导人的自信和气势。一开场她就回答了一个提问:"假如没有默克尔,您觉得基民盟缺失的是什么?"而默克尔的回答只有一个字:"我。"她说她自信有能力带领基民盟,并将基民盟带领到政治巅峰,因为她钟爱这个政党。所以,世界上没有假如,这件事情绝对不会发生在她身上。

默克尔的开头将自己的主席风度展现得淋漓尽致而又恰到好处,全场爆发出热烈的掌声,尤其是基民盟成员,甚至激动地从座位上站起来。从"献金案"开始,他们就渴望一个强有力的领导人带领他们走出政治低谷,现在这个领导人终于完成了修炼,准备全力出击了。基社盟的许多重要人物也都在台下专心致志地听讲,他们都隐隐地感觉到默克尔的影响力正在一步步超过施托伊伯。

接下来,默克尔开始讲述自己的政见,她首先回应了施罗德对基民盟的批评。施罗德曾公开批评联盟党封锁改革政策的做法。她表示,联盟党不会在联邦议院和联邦参议院采取封锁政策,也会直面需要改革的问题。她不担心大家彼此之间有争执,因为这可能是一个好政策诞生的契机。然后,默克尔具体阐释自己有哪些政治主张,她不仅阐述了对德国统一的评价,而且还在自由、公正和团结这三个基本价值观的基础上提出一种"现代、效率、公正"的新价值观。她说:"我们的共同天性需要这三种价值观。但事实是,共同的天性要求我们对三种价值观重新调整,就是一切都应保证自由这个前提,或者换言之,为了使团结和公正能够长存,必须把自由从价值观等级中提到最重要的位置。"

默克尔对施罗德的回应让人感受到她的不卑不亢,而她新颖而实用的政治主张又让人领略到基民盟主席的睿智。默克尔的这次演讲达到了预期的效果，甚至效果比想象中的还要好，她已经是基民盟名符其实的"一号人物"了，随后的党代会很好地印证了这一点。

2003年12月1日，基民盟党代会如期举行，各类改革计划是这次党代会的主要议题。首先被提及的改革议案是由德国前总理赫尔佐克手下的议员们提出的全民社会保障问题，民众的保险将改革成保费的形式，议案通过，并会在德国完全执行。其次是迈尔茨的新税收模式，虽然有些不完善的地方，但经过一番修订还是通过了。最后，施托伊伯代表基社盟对税收改革计划提出相关意见。按常理在基民盟主持的会议上，合作党的领导人应该获得热情招待。然而，与会人员却仅仅给了施托伊伯90秒的掌声，虽然时间不算太短，但却不到两年前的一半。这让基社盟非常不满，基民盟和基社盟的关系也因此开始恶化。

在基民盟看来，施托伊伯获得的掌声减少只能说他支持率的下降，而在基社盟看来，这是默克尔有意为之，基社盟秘书长在当天对这件事做出回应，谴责"基民盟太不成熟了"。而赫里博特·普兰特勒则更进一步地认为，这种不友好的接待是对"沃尔夫拉茨豪森早餐的报复"。媒体也为了吸引眼球，迅速将掌声稀疏的事情登上了刊物。媒体的报道显然没能帮助基社盟，反而将施托伊伯的力量已日渐微弱，在那些原先支持施托伊伯的人中，不乏有看到报道后转移目标了。

默克尔当然不希望基民盟和基社盟的关系恶化，但对于基社盟在此前总理选举的咄咄逼人仍有些后怕。所以，她决定任由这件事情发展，好杀一杀基社盟的锐气。当然她也清楚，仅仅一个掌声多少的问题不会影响两党的根本利益，默克尔将全部精力放在另外一件事情上，那就是让基民盟拥有新的政治纲要，让全党内外呈现焕然一新的状态。

显然，默克尔做到了，基民盟党内呈现出继"献金案"后从未有过的积极氛围。在基民盟成员心中，默克尔已经与施罗德站在同等重要的位置

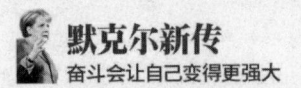

默克尔新传
奋斗会让自己变得更强大

上了,他们迫不及待地要进行下一次选举。而在媒体眼中,默克尔终于成为基民盟的"一号人物",成为俯视全党的人。有新闻评论默克尔说:"默克尔用实际行动消除了人们对她的不信任;之前很少有人觉得她能够掌控一个党派,如今再没有人这样说。"

在一次次的失败和打击中,默克尔一点点积累着经验,一步步走向心之向往的地方。2003年的党代会,可谓默克尔政治生涯的一座里程碑。联盟党内的局势基本已经完全掌握在她的手中,她已经真正成为基民盟的领导核心和精神核心。

人生就像一个大舞台,每个人都在扮演着自己的角色。我们要想充分挖掘自身潜能,就必须让自己扮演更重要的角色。如何才能获得重要角色呢?那就要求我们勇于表现自己。在这个灯红酒绿的喧嚣世界中,我们都是芸芸众生中的一员,渺小得如同一粒沙粒,只有勇于表现才能让我们脱颖而出。李白说:"天生我才必有用",每个人都是千里马。然而,千里马常有,伯乐不常有。勇于表现才能展示出真本领。

谦虚固然是人们推崇的好品质之一,但过于谦虚会让人变得碌碌无为。在适当的时候展露才华,会让我们获得更多。表现自己并非代表着一味地张扬高调,也不是将自己的好与不好统统展现在公众面前,而是睿智地扬长避短。在离成功最近的地方,默克尔勇于表现自己,用自己最光芒四射的一面去吸引、去震撼德国民众。可以说,如果不是柏林历史博物馆政治论坛上的那次博得满堂彩的政治演说,默克尔的人气也不会迅速上升。所以,成功的质变需要量变的积累,而勇于表现自己是量变到质变的催化剂。

57. 善于借力的默克尔

默克尔在莱比锡党代会上取得了其政治生活中最大的成就,她个人的魅力和主张也得到了真正的承认,被媒体宣传为基民盟的"一号人物"。然而,"一号人物"不等于全能人物,默克尔知道还有许多人正在她通往总理宝座的道路上设置障碍,而她并没有太多的精力去一一清除这些障碍。她必须找一个得力帮手,借助这个帮手的力量让自己的夺魁之路更加顺畅。事实证明,她的确非常善于借力治人。

2004年,基民盟进入了"献金案"之后发展形势最好的一年,地方一级的选举以及欧盟选举对他们十分有利。2月29日,汉堡的基民盟在冯·博伊斯特领导下参加汉堡的城市大选,并一举夺魁,取得历史上第一次基民盟选票增加近20%的好成绩。毫无悬念,基民盟无需和别的党派共同执政,成为汉堡城的独立领导者。这件事情曾让一度让基民盟欢欣鼓舞。

相比之下,施罗德带领的社民党形势却每况愈下。1998年,施罗德在参加联邦大选时许诺执政党会彻底解决失业问题,并立下军立状:"如果我们不能把失业率明显降低,那么我们以后就没有资格再当选。"然而,直到2004年,施罗德关于解决失业问题的承诺也没能兑现。联邦劳动局局长弗洛里安·格尔斯特被解除职务更意味着联邦政府大幅度减少失业人数计划的破产。这件事情引发了选民流失,执政党支持率急剧下降。为了摆脱不利局面，施罗德不得不宣布辞去担任了5年之久的社民党主席的职务，以便专心致力于联邦总理的工作。施罗德的措施并没有获得想要的效果，社民党已经呈现出日薄西山之势。

所有政党都从施罗德辞职事件中看到了希望，积极为即将在两年后到来的大选做准备。默克尔当然也不例外，而且比别人更努力，因为她的胜算非常大。但是，首先她要考虑的是2004年新一轮联邦总统的选举，她必须为自己选出一位合适的总统。这个人的能力不能太强，否则会盖过她的光芒；但也不能太差，否则不能帮助她，最重要的是这个人能和她始终保持一致。

联盟党内呼声最大的人是朔伊布勒和科勒。朔伊布勒是曾经的联盟党主席，如今是默克尔的副手，早在2003年前总统约翰内斯·劳在位时就被看作是最可能的总统继承人。2004年，他被邀请参加基社盟内部年度会议，在此次会议上得到了普遍的支持。并且基社盟主席施托伊伯最看好的就是朔伊布勒，他认为朔伊布勒有智慧也有勇气带领国家走上光明大道。朔伊布勒对这次选举表现得非常积极，被"献金案"波及之后，朔伊布勒一直想寻找机会重新回到权力中心。显然竞选总理他没有什么胜算，而竞选总统他还是希望很大。联邦总统虽然在权力上不及政府首脑国家总理，毕竟也是国家元首，是德国权力的象征和代表。

在一派支持声中，朔伊布勒认为默克尔将他提名为总统候选人是板上钉钉的事情。但是，默克尔却并没有这么做，因为朔伊布勒的呼声越高，她就越不能让朔伊布勒成为德国总统。虽然默克尔和朔伊布勒在科尔垮台后曾有过一段亲密合作时间，但是"献金案"中默克尔对朔伊布勒的误伤让两个人之间出现嫌隙，朔伊布勒已经不再是默克尔的亲密伙伴。另外，他曾当过基民盟党主席，在党内威望一直很高，所以就任总统之后，他不可能受默克尔控制，或者时刻与默克尔保持一致。而朔伊布勒过高的支持率也让默克尔有些担忧,"一号人物"不发话,没人敢将朔伊布勒推向候选人之列。所以,朔伊布勒在最后关头不甘心地放弃了选举。

默克尔手下有两名女将可以被提名为总统候选人的呼声也很高。一个是下萨克森州的社会部长,一个是巴符州的文化部长,她们两人都深受默克尔信赖。然而,默克尔也没有考虑她们,因为如果让女人成为德国总统,那将来默克尔成为德国总理的可能性就会降低几分。虽然事情并不一定是这样,但谨慎的默克尔是不会去冒险的。

最终,经过一天一夜的讨论,联盟党和自民党党内定下了三个总统候选人,按照排名先后分别是特普费尔、沙万和科勒。默克尔心中的理想人选是科勒,但是她并不确定科勒是否能得到联盟党和自民党的广泛支持。于是,她为科勒寻找了两个容易打败的对手,并借助别人的力量对付他们。默克尔知道施托伊伯对沙万和特普费尔有很大的意见,所以她故意假装支持这两个人,将他们提名为总统候选人。结果可想而知,默克尔借助自民党和基社盟的力量,为科勒填平道路,科勒最终成为基民盟和基社盟共同支持的总统候选人。

默克尔支持科勒的原因很简单,她相信科勒能够成为自己的最佳合作伙伴。首先,科勒的能力足以胜任德国总统。科勒曾经任职国家财政部,也曾是国际货币基金组织的首领,所以他是财政方面的专家,而非纯粹的政治家,这样的形象使他非常适合成为代表国家权力象征的德国总统。其次,科勒并不是老资历的政治家,倘若默克尔当选总理,科勒对她不会构成多大的威胁。第三,在联盟党内,默克尔最大最强有力的竞争者便是朔伊布勒,选择支持科勒可以束缚朔伊布勒的手脚。

奥地利作家茨威格说:"一个人的力量是很难应付生活中无边的苦难的。所以,自己需要别人帮助,自己也要帮助别人。"没有别人帮助自己是很难成功的,如一个手指是无法让对方有重创感的,只有五个手指团结在一起，才能让对手一招致命。对于从政者来说，学会借力更加重要。政坛竞争十分激烈，没有人可以绝对自信地说他可以打败一切对手。所以，从政者必须时刻警惕随时都可能给自己致命一击的对手。要做到这一点，一个人的能力完全不够，从政者要善于借助他人的力量帮助自己。

如果不善于借助他人的帮助和外界的力量，任何事业的成功都无从谈起。当一些人对自己造成威胁，而自己又没有足够的精力或条件去解除威胁时，培养一个帮手十分重要。他不但可以帮助我们约束对手，还能在其他事情上助我们一臂之力。所以寻找一个帮手，寻找一个合适的帮手，对每一位从政者来说都非常重要。

一个人无论有多大能耐，总是有他力所不能及的地方。即使强大的默克尔对于朔伊布勒也仍旧忌惮三分。聪明的她懂得借力治人，借助科勒的力量束缚朔伊布勒，自己就可以轻松多了。

58. 王牌与王牌的角斗

2004年，对于基民盟来说是不同寻常的一年，在这一年里，党主席默克尔的威望不断提升，州一级的地盘迅速扩张，科勒又成功突围成为德国总统。在1998年大选中失败之后，基民盟先后经历了"献金案""2002年大选失败"，一直屈居于反对党这个尴尬的位置上。2004年的丰硕果实让基民盟成员重新看到了希望，也让施罗德看到了威胁。于是，施罗德步步紧逼，默克尔巧妙应对，一场王牌与王牌的角斗拉开帷幕。

对于施罗德，默克尔从来没有掉以轻心，自从在 1998 年的德国大选中，施罗德击败已连任 16 年总理的老牌政治家科尔开始，默克尔就对施罗德进行了全面的调查。她发现这个人所拥有的坚强意志和自信让人难以置信，所以，要想打败他，默克尔认为自己和基民党必须做足准备。

施罗德，1944 年出生在德国北威州一个普通家庭，父亲响应国家号召参加了"二战"，结果不久后便战死，而此时的施罗德不满周岁。母亲靠一己之力无法抚养 5 个儿女，于是改嫁他人，靠社会救济金抚养孩子们。为了给母亲减轻负担，施罗德 13 岁时便放弃学业。一位杂货铺的老板被施罗德的孝顺懂事打动，便让他到自己店铺帮忙，于是，施罗德开始了当学徒、卖瓷器的生活。虽然工作非常认真，但是施罗德的志向显然不在这里。他曾经说过一句让人当时十分不屑，30 年后又十分佩服的话："我一定要从这儿走出去！"

要想走出杂货铺，施罗德就必须努力学知识，然而忙碌的工作和微薄的薪水让他根本没有条件读正规学校，他唯一的方法就是上夜校。每天工作结束，施罗德都要拖着疲惫的身子赶往夜校学习到深夜，第二天一早又要开工卖瓷器。就这样凭借坚强的意志力，施罗德在夜校读完高中。在读夜校期间，施罗德加入了社民党，当时他刚刚 19 岁。1966 年，施罗德以优异的成绩获得了上大学的资格，由于对政治的热情，他选择了法学专业。大学毕业 10 年之后，施罗德成为汉诺威一家律师事务所的首席律师。4 年后，施罗德当选为联邦议员，从此走上了职业政治家的生涯。

施罗德凭借坚定的信念实现了"走出杂货铺"的理想，新的理想又在心中萌芽，那就是拥有大量的财富和无上的权力。在施罗德执政期间，德国坊间一直流传着这样一则故事。1990 年，施罗德以极高的得票率成为萨克森州州长，当天晚上，他和同事庆功时因为太过兴奋而喝醉。宴罢回

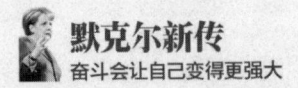

家，经过总理府时，他隔着铁门向里面大声喊道："总有一天，我要成为这里的主人！"同事们都笑他疯狂，当时的总理科尔可是德国政坛的不死神话。但是，不久后施罗德的表现让同事们开始相信他的话。

那天，施罗德开了一辆银灰色的奔驰车来为母亲过生日，80岁的母亲老泪纵横地说："你终于让我坐上奔驰了。"原来，当年还奔波在杂货店和夜校之间的施罗德看到母亲为了省钱到离家很远的菜市场买菜，非常心疼。他一边为母亲泡脚，一边许诺："妈妈，你等着，总有一天，我要用奔驰车接你回家。"当时母亲也笑他疯狂，一个穷小子得卖多少瓷器才能买奔驰啊，可是，在母亲80大寿时，施罗德最终还是做到了。

这个故事让默克尔非常感动，也感觉到了战胜施罗德的艰辛。所以，默克尔从来不敢松懈，任何时候都在为和施罗德的决战准备着，显然施罗德低估了默克尔的睿智，所以在2005年他才下了那么大的赌注。

眼看基民盟节节胜利，而联邦政府选民又不断流失，施罗德开始紧张焦虑。为了挽救执政地位，他甚至辞去了经营多年的社民党主席地位，然而事情继续朝着坏的方向发展，施罗德不得已作出了一个让所有人震惊的决定。2005年5月22日，总理施罗德发表声明，呼吁将原定于2006年9月举行的全国大选提前到2005年秋天举行。

消息一出，全国错愕。很多人认为施罗德这是在自杀，因为就目前的形势来看，社民党的胜算并不大。施罗德如果大选失利，就将提前一年结束他的总理任期；而如果如期在2006年举行，社民党还有一年的努力时间。但是，施罗德有他的想法，他想打对手一个措手不及。

当时，施罗德认为，对手在时间紧张的情况下，不会花太长时间讨论候选人，只能推出党主席默克尔。施罗德对于默克尔的了解也不仅仅限于"基民盟主席""联邦议会党团主席"这些头衔。自从默克尔发出狠话要把他逼到角落里，施罗德就开始注意默克尔，他将自己与默克尔做了充分比较，发现默克尔根本不是他的对手。

施罗德的政治资历深，除担任过州长外，他在总理位子上也已坐了7年，他不但政治经验丰富，而且口才出众、个人魅力十足。德国媒体曾评论说："他玉树临风、斗志昂扬，又显得机智老成。"从年轻时起，他就是一个天才的表演者和鼓动家，德国女性大部分都把他奉为心中偶像。反观默克尔，她总是一副小心谨慎的样子，在公众场合很少有太过张扬的表现。对于衣着打扮，默克尔更是毫不在意，并不出众的相貌加上毫无生机的衣着让默克尔像是一个庸庸碌碌的小市民。另外，她拒绝传统的政治作秀，诸如在镜头前亲吻小孩、对选民说一些他们喜欢听的话等。她更多的是直接说出自己的想法，毫无保留地抨击德国的毛病和对手的弱点，不怕得罪人。这样的默克尔，在施罗德看来毫无魅力，根本无法与自己抗衡。

施罗德之所以采取这种冒险措施的另一个想法是，联盟党可能会因为他突发奇招而手足无措，慌乱中败给了早就严阵以待的社民党。显然施罗德小瞧了默克尔，默克尔从来都是一个有准备的人。

默克尔不是一个急功近利的人，她认为成功不是轻而易举就能得到的，一步登天是永远也不可能发生的事情。只妄想成功，而不去为之付出努力，那一切都只是枉然、空想而已。所以为了心中的梦想，她一直都在做着准备。做任何事都是有一个过程的，成功也需要这样一个准备过程，当施罗德宣布提前选举的时候，默克尔和基民党并没有慌张，因为他们时刻都在等待着这场战斗。

一个有准备的人，遇到挫折总能迎难而上，因为他早就准备好了勇气；一个有准备的人，一旦遇到突发事件不会手足无措，因为他已经练就了应对的能力。默克尔和基民盟成员就是这样有准备的人，他们总能为任何可能发生的事情做足准备。就当施罗德洋洋得意，准备看基民盟笑话时，默克尔已经开始反击。默克尔睿智地意识到个人形象是自己最大的劣

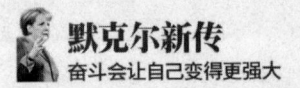

势，于是她开始试着改变。那她究竟会怎样改变呢？会不会让德国，乃至全世界惊艳呢？

59. 越来越有魅力的竞争者

2005年7月，在联邦议会就政府不信任案正式讨论的会议上，与会议员、甚至德国全体民众都被默克尔的形象打动了，他们第一次从默克尔身上感受到女性特有的温婉、娴熟的气质。那天，默克尔没有穿她那身黑灰色的正装，而换上了一条亮紫色的裙子；头发也不再是土气波波头，而被染了颜色，烫了刘海。议员们甚至发现默克尔化了淡妆，脖子上还戴了一条很能衬托女性气质的珍珠，默克尔似乎一夜之间从"德国的老鼠"化身为美丽的知性女性。

默克尔为什么会在这次会议上突然就变得如此闪耀呢？原因是这个对默克尔非常重要。依据德国《基本法》，德国议会不能自行解散，但如果联邦总理不能获得议员的信任投票，联邦总统则有权在21天内解散联邦议会，并提前举行大选。施罗德要想实现提前大选的想法，就必须让联邦议会进行信任投票。根据当时情况判断，联邦议会将成全施罗德的想法。所以，对于默克尔来说，争夺宝座的大战从这次会议就已经正式开始了，她必须以最好的状态打响第一炮。结果不出所料，联邦议会没有通过对施罗德的信任投票，从而使得施罗德以为将原定于第二年9月进行的大选提前到当年秋天举行这一计划铺平道路。

基民盟曾经为即将到来的大选做了一次民意调查。调查结果显示，联盟的支持率始终在执政党之上，但是，71%的德国人认为女性担任总理要比男人面临更多的困难，并且建议默克尔应该改变一下她"冷冰冰的科学家"形象。这些参与调查的人员对默克尔的评价还算"嘴下留情"，德国媒体甚至嘲笑默克尔是"德国的老鼠"。

不是联邦议员对默克尔的改变大惊小怪，也不是德国媒体说话刻薄，在从政的几十年里，默克尔实实在在像一只没有任何魅力的灰老鼠。她从来不注重自己的形象，永远都是土气的穿着、不施粉黛的圆脸、西瓜皮似的中性短发。不认识她的人在大街上碰到她，肯定会以为她只是一个每天忙着照顾老人、孩子和丈夫的家庭主妇。媒体总是拿默克尔的形象开涮，2000年《星期日画报》就这样嘲笑过默克尔："她的蘑菇头真可怕，脖子周围居然没有头发，刘海简直就像被剃光了。"曾与默克尔共过事的一位前民主德国官员也委婉地表示默克尔没有女性魅力，他说："我父亲有一个形象的描述，说有一种不用香水的女人，而他刚见到默克尔时，就发现她就是那种典型的不用香水的女人、没有自己专门的香味的女人。"

虽然默克尔的穿着让她没有丝毫气质，不过她在刚踏入政坛时还是个小角色，也没有太多人去要求她的穿着，除了那些八卦媒体。后来，随着默克尔政治地位的一步步提高，开始有同事提醒她要打扮一下，默克尔从来不把同事的话放在心上，依然我行我素。直到胜任联盟党主席，属下对她的诟病越来越多，默克尔才针对这件事情做出解释，并表示不愿改变本性。她说："政治归政治，我不会为了政治而改变自己原本的容貌。"

随着离权力巅峰越来越近，默克尔开始意识到自己的形象越来越成为弱势，领导者的仪表也是竞争力的重要组成部分。仪表往往反映一个人的内在气质，体现着一个人的品味修养，领导者应当时刻注重着装的合体和

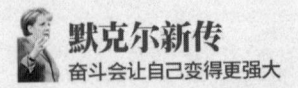

光鲜。没有人愿意在一位邋遢的领导者手下工作，也没有人会觉得穿着不合体的领导者魅力非凡。所以，正衣镜正的不仅是穿着打扮，还是领导者的精神面貌，甚至是整个团队的精神面貌。特别是在民意调查出来之后，默克尔更是觉得自己是时候打扮一下自己了。

默克尔的"变美计划"先从头发开始。默克尔那一头齐耳的金黄色短发，曾经也让德国人伤透脑筋，她总是把脖子周围的头发理得干干净净，前面的刘海也是剪得不剩几根头发，完全就像个蘑菇头。对于小女孩来说，蘑菇头显得乖巧可爱；而对于中年女性来说，蘑菇头就只剩下死气沉沉了。默克尔为自己请了两个发型顾问，一个是曾经夺得过国际发型大赛冠军的女发型师马尔蒂娜·阿奇特曾，另一个是曾经给包括施罗德在内的许多大牌人物做过发型的瓦尔兹。

瓦尔兹负责默克尔的染发护法工作，每隔四周都会为默克尔进行一次头发护理。和默克尔年龄相仿的马尔蒂娜·阿奇特和默克尔甚至甚至成了好朋友，对默克尔改变形象帮助非常大。她说："就在今年2月布什总统访德之前，默克尔女士特意来我这里咨询。为了让她在'乔治小伙'面前露脸，我为她精心设计了发型，并且给了她许多美容方面的建议。是我把她以往直挺挺的刘海烫弯，使其活泼又富于女人味。"

除了改变发型，默克尔在衣着方面也下了很大功夫。默克尔之前的穿着总以灰色或者黑色为主，从来不穿高跟鞋和色彩艳丽的裙子，有人说她看上去就像是一幅挂在墙上的陈旧照片，毫无色彩可言。慢慢地，人们发现默克尔有了色彩，出现在公众场合时，她不再只穿暗黑色系的西装，开始出现黄、蓝、淡紫等多种纯色西装，有时甚至会穿性感、优雅的晚礼服。

细心谨慎的默克尔做任何事情都面面俱到，对于改变她也不会放过任何细小方面，她开始出入美容院，闲暇的时候自制一个美白去皱面膜，还学会了自己化妆。越来越精致的默克尔让德国民众不得不重新认识她，不论是基民盟成员，还是普通德国民众，看到发生巨大变化的默克尔后都不由惊叹：原来她也是一个如此魅力十足的女性。更有人把默克尔之前的照片和2004年联邦政府不信任案会议上的照片对比，发现默克尔简直像变了一个人似的，不但衣着打扮不一样了，气质也跟着发生变化。

改变形象后的默克尔越来越有魅力，不仅男性选民爱上了女人味十足的默克尔，女性选民支持她的也越来越多。站在同为女性的立场上，她们本来就愿意支持默克尔，然而她们实在不喜欢默克尔的不修边幅、任意随性。在女性眼中，不打扮自己的女人都是蠢女人，如今，德国女性开始羡慕默克尔的魅力四射，当然会把选票投给她。

由此可见，对团队领导者来说，他们的一举手、一投足都非常重要，因为有千千万万的人在注视、模仿着他们。良好的个人形象能让管理者获得更多的机会，能更容易在团队中建立威信。非凡的个人魅力很大程度上正是取决于管理者的衣着言行，合理的穿着、鲜活的语言等能让领导者魅力四射。

60. 默克尔与施罗德的首轮PK

2006年的德国大选在施罗德的提议下提前到了2005年，这就意味着各个党派之间的战火将在几个月后烧起，联盟党是此次选举的热门党派，或者说是历届选举的热门党派。德国民众对其抱有极大希望，执政党将其视为一号敌人，所以联盟党丝毫不敢懈怠。在联邦政府不信任案会议之后，联盟党就开始向执政党发难。由此，默克尔和施罗德之间的PK正式开始。

默克尔从经济方面攻击施罗德政府，分为两个部分，一是经济增长缓慢，二是失业率居高不下。对于第一部分，默克尔采用对比方式。"二战"之后，德国经济迅速恢复，一度成为欧洲经济增长的"火车头"。然而，两德以购买的方式合二为一后留下了许多弊端，最严重的就是经济增长缓慢。东德与西德原本经济发展方式不同、发展水平不一，在统一后很难充分融合到一起。东部在追赶西部的过程中，因急功近利出现了许多问题，国家对东部实施援助的过程中又忽略了西部。所以，到了2000年之后，德国经济增长已经成为拖欧洲经济复苏后腿的"大拖斗"。

为了应对经济增长缓慢的问题，施罗德政府曾在2003年提出"2010年计划"，这项政策并没有触及问题根源，没有收到明显效果。实施这项计划显示出施罗德政府的狡猾，或许他们也没有把握这项政策能够起作用，所以定了一个7年期限。当民众在短时间内质疑这项政策时，施罗德政府就可以拿7年期限做盾牌。不过施罗德政府忽略了民众的耐心是有极限的，如果德国民众一直看不到这项政策的明显成效，他们就会对政府失去信心。

2005年，"2010年计划"并没有太大进展，默克尔意识到她可以利用民众耗尽的耐心来做文章。默克尔认为，东西部发展不平衡问题在短时间内根本无法解决，而丰厚的社会福利和没有弹性的劳动制度也是德国经济增长缓慢的重要原因，如果从这两个问题着手会取得立竿见影的效果。因此她主张减少社会福利、减少工作保障、消除由企业与工会所签订的大锅饭式的薪资制度和团体契约、降低所得税刺激消费，同时主张调降公司税、刺激企业增加聘雇并放宽雇用与解雇规定。有经济头脑的人对默克尔的主张大加赞叹，对经济不甚了解的人也觉得默克尔的主张是以"公平"为原则的。所以，默克尔的这项主张为她赢得了不少支持。

对于第二部分，默克尔的攻击更加有力，因为她采用了"以子之矛攻子之盾"的方式。1998年，德国大选年，失业率空前高涨，施罗德所在的红绿党抓住这个机会，猛烈抨击科尔的经济政策，并表示红绿党有足够的经验和精力去扭转失业问题。施罗德在他的演讲中还曾承诺，如果他不能将失业率降低，他在任期届满以后就"不配再被德国选民选为总理"。然而，施罗德任总理的这7年，是两德统一后遗症影响最严重的一段时间，施罗德政府并没有足够的能力去挽救德国经济，因此失业率不降反增，2005年的失业人数甚至超过500万人。

默克尔将施罗德的承诺重新翻出，质问他是不是该兑现承诺。事隔七年，很多人都已经忘了施罗德当初演讲的内容，当默克尔把这个承诺翻出来之后，德国民众为之哗然，许多政府支持者幡然醒悟，原来他们要支持的政府是这样一个不守信用的政府。于是，短时间内施罗德政府就流失了百万选票，联盟党利用各种手段进一步攻击执政党，比如张贴写有"500万人失业！每15分钟就有一家企业倒闭！德国需要更换政府！"的宣传海报，在大众媒体上宣传"德国已经是欧洲失业率最高的国家"等。

在抨击执政党的同时，默克尔也不忘宣传联盟党的经济政策。她说："如果德国的企业家认为在德国从事生产经营活动的费用太高而纷纷把企业迁往东欧或者亚洲等地区的话，那么德国的失业率还会提高。如果要提高德国的就业率，就必须首先改善德国企业的生存环境，留住德国企业家，吸引国际投资。"她形象地将联盟党这一政策概括为"在分配蛋糕前，先把蛋糕做出来"。

当然施罗德也不会示弱，面对默克尔的咄咄逼人，施罗德也给予全力的还击。首先，他将默克尔与属下失和的事情，一件件添油加醋地展示在德国民众面前，目的是证明默克尔是没有足够的领导力。其次，他斥责默克尔的"药方"是为德国高收入人群创造的政策，认为默克尔的施政并不公平。施罗德还强烈斥责了施托伊伯的强硬政策，称太过强硬的施托伊伯会将德国再次带入政治高压的泥潭。施罗德对施托伊伯的抨击取得非常明显的效果，原东德民众对政治高压深恶痛绝，当然不愿意再回到那个年代。

对于执政党的施政，施罗德则极力夸耀，他认为执政党在外交政策方面的成就是联盟党无法比拟的。特别是在伊拉克战争中，德国没有听从美国的号召参战，避免卷入这场是非难断的战争，也为国家赢取了和平环境。施罗德在演讲中还时不时地提醒德国民众，美国是一个好战的国家，而联盟党与美国友善。如果联盟党执政，德国难免会卷入美国发起的战争中，毋庸置疑，普通百姓都是爱好和平的，施罗德的演讲让他们不得不重新安排手中的选票。

虽然施罗德的应对措施都收到很好的效果，但他也犯下一个致命的错误。对于默克尔关于施罗德没有实现承诺的指责，施罗德装聋作哑，并不正面回应。在这件事情上，施罗德本来就理屈，他以为不回应这件事情就能将负面影响降到最低，殊不知这样做却让他的形象大大受损。大部分人认为施罗德不但不守信用，还不愿意承担责任，这样的人根本不配拥有至高无上的权力，而倘若施罗德真诚道歉，还能给人一个有担当的好印象。

尽管施罗德和社民党积极应对联盟党的发难，但是根据民意调查显示，社民党的支持率为28%，仍然远远落后于基民盟41%的支持率。施罗德显然有些慌张，竟然使出非常愚蠢的一招，那就是让夫人多丽丝出面抨击默克尔。多丽丝是施罗德的第四任妻子，对施罗德的帮助非常大，在德国民众中也颇有声望，施罗德认为，如果妻子公开指责默克尔，可能对自己会有很大帮助。

多丽丝在一次电视采访节目中，对默克尔进行猛烈抨击。她说："没有子女的默克尔根本就体会不到为人母的艰辛，这从她当年担任妇女与青年部部长时所实施的一系列举措中就能看出来。在帮助女性兼顾家庭和工作方面，默克尔做得很失败。也正是当时的儿童保育措施不到位，才导致那一代人有40%都没有生育孩子。"

没想到，多丽丝对默克尔的抨击不但没有帮助施罗德，反而起到了负面影响。许多人认为，多丽丝有多嘴干政的嫌疑，而施罗德将家庭生活与政治工作混为一谈对德国政治来说不是件好事，所以，执政党的弱势地位一时并没有得到改善。

纵观默克尔与施罗德的首轮决斗，默克尔总能抓住问题的关键，一击到位；而施罗德却总做些边缘工作，吃力不讨好。解决问题找准关键点非常重要，只要找到问题的根源就能事半功倍。

61. 谁才是最佳辩手

2005年9月4日，施罗德和默克尔在电视台进行第一次正面交锋，在这次交锋中，本身就是天才鼓动家的施罗德出尽风头，而平日不苟言笑的默克尔就相对逊色一些。电视辩论的结果对基民盟非常不利，有人开始提议联合组建政府。默克尔坚决拒绝了这项提议，依旧坚持初衷，她认为，

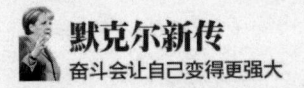
默克尔新传
奋斗会让自己变得更强大

不到最后一刻绝对不能妥协。

自从电视成为人们生活中不可缺少的重要组成部分,德国就将大选事宜搬上了电视台,最吸引人的要数电视辩论。参与选举的各个政党派代表成为辩手,正反两方相互攻击对方,并为自己辩护,往往能让选民更直观地感受到哪个政党、哪位候选人更胜一筹。电视辩论并不是每年都要举行,而是视参选双方的意见所定。施罗德当然不会放弃这个机会,在公众场合演讲、辩论是他的最大优势,他自信这是默克尔无法做到的。于是,在执政党的积极促成下,德国有史以来第三次总理候选人之间的辩论在9月4日举行。辩论由德国4名王牌主持人主持,德国四大电视台进行了现场直播,有2000万个家庭收看了这一电视辩论。

辩论时长为90分钟,虽说一个半小时的时间并不算短,但要在这段时间内讨论整个国家的政治、经济、社会等各方面的问题,显然是不够的,所以,辩论双方必须拿出最吸引人的论点和论据,内容不能拖沓、冗长。在90分钟内展现一个政党经营若干年的成果显然非常不好把握,只有那些拥有超强语言能力的人才能出色表现,显然施罗德的胜算非常大,默克尔处于劣势。

从进入公众视线,施罗德就以其过人的演讲能力闻名。施罗德总是有很强的鼓动性,总能让听众热血沸腾,不由自主愿意站在其身后成为支持者。施罗德组织语言的能力也非常强,同样的意思,他总能用很巧妙的方式表达出来,让人更加信服。虽然默克尔语言表达能力也很强,但是与施罗德相比,就没有那么出色了。默克尔从政以来给人的印象就是不爱说话的领导人,在公众场合她从来不会像施罗德那样口若悬河,她总是简明扼要甚至不夹杂任何感情地阐明自己的观点之后,就默默地听他们的发言。在辩论赛中,默克尔的这种发言方式毫无吸引力可言,所以,大赛并未开始,似乎胜负就已经分出。

虽然默克尔参加辩论赛并不乐观，但她别无选择，只能硬着头皮顶上。辩论中双方围绕改革政策进行了正面交锋，这本来是施罗德政府的弱势，结果却被施罗德巧妙地变成联盟党的弱势。默克尔对于施罗德这一招早有预感，但是无能为力，因为她在辩论赛前不久为自己添了一个大麻烦。

为了继续向总理宝座冲击，默克尔甚至采用了挖墙角战术，成功地将施罗德的核心经济顾问、西门子前董事长兼首席执行官皮埃尔和前宪法法庭法官基希霍夫挖来帮助自己参加竞选。这本来是件好事情，两人都是各自领域数一数二的人才，只要他们愿意帮助默克尔，默克尔就如虎添翼。然而基希霍夫似乎并不愿意帮助默克尔，他不但要求担任自己陌生领域——财政部的部长，还大肆鼓吹单一税率，试图在将来对年收入为2万欧元以上的所有人群统一按25%的比率征税。这是一项非常激进的政策，在大选前推出太过激进的政策一直都是兵家大忌，因为激进政策太过危险，又一般不太成熟，很难被公众接受的同时，还会被对手找到漏洞，基希霍夫的税收政策就让默克尔在辩论赛中陷入了被动。

辩论一开始，施罗德抓住默克尔的税务顾问基希霍夫大做文章，他称基希霍夫的单一税率模式存在不公平，是在给富人送大礼，并断言"默克尔的财政概念是真正建立在沙滩之上的，将会加大财政赤字"。德国经济近年来发展缓慢，大部分普通劳动者的生活水平得不到提升，贫富差距却不断增大，如果政府征收统一税的话，穷人和富人交给政府的税是一样的。虽然失去的财产是一样的，但影响却大不一样，纳税对富人的生活影响非常小，而对穷人的影响却很大，普通劳动者的生活将会变得更加困难。所以，占选民人数大多数的普通劳动者都不会支持基希霍夫的统一税收，默克尔因此流失了大量支持者。

施罗德还为自己的所得税计划辩护，他认为向富人追加3%的所得税，

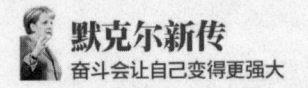

才能缓和贫富差距问题。施罗德进一步鼓吹自己的施政，说德国在过去3年里成为世界头号出口国的事实，正是他进行结构改革的成果；他反对伊拉克战争的立场也是一项使德国成为中间大国的政策。

辩论一开始，施罗德就占了上风，原本就不擅长辩论的默克尔只能防御，而毫无攻击的余地。针对施罗德对统一税收的质疑，默克尔不得不抛弃基希霍夫，指出25%的单一税率并不是自己的想法。基民盟支持的是税率累进制，任何超过这一界限的想法和做法都不在竞选范围内。基民盟的税收改革一定是以消除纳税漏洞，让人人都公平纳税为目的的，绝不会容忍不公平事情出现。另外，默克尔还表示，如果当选，她的首要任务将是促进就业、减少失业人口，逐步提高普通劳动者的生活水平。

默克尔在做完澄清之后试图扭转局面，开始抨击施罗德的经济政策和在就业问题上的失信于民。然而这些都是老生常谈，只能帮助她维持得票率，却不能增加得票率。施罗德毕竟是政坛老手，在准备竞选之后他带领执政党小心行事，几乎没有出现任何漏洞。所以，默克尔根本无法找到新的攻击点，相反，默克尔和基民盟却频频出错，让执政党有机可乘。

辩论后的民意调查显示，施罗德的出色表现为他赢得了无数好评，55%的受访者表示认为施罗德更适合领导德国。有基民盟的支持者称，虽然他不赞成执政党再次当政，但却不舍得施罗德下台。当然，一场电视辩论并不能决定大选的最终结果，基民盟的支持率始终还是高于执政党。

随后爆出的一件事情，让基民盟几乎无法翻身。有媒体人在辩论结束后发现，默克尔的辩词存在很大问题，有几句话竟然和美国前总统里根在1980年竞选总统时发表的一次讲演中的几句话一模一样。这位媒体人还细心地将两人的演讲列举对比：

里根在演讲中说："你们现在过得比4年前好吗？现在我们国家的失业率比4年前低吗？如果你们对这个问题的回答是肯定的，那么我想应该选择我还是卡特将是一个很容易作出的决定。如果你们持不同的观点，而且不希望我们的国家继续沿着4年前的路走下去，那么我可以成为你们的另一个选择。"

而默克尔的辩词是："我们的国家现在比7年前好吗？现在的经济增长更快吗？失业率更低吗？如果你们对这3个问题的答案是肯定的话，那么我想你们是选择我还是施罗德将是一个容易作出的决定。如果你们持不同的观点，而且不希望我们的国家继续沿着7年前的路走下去，那么我可以成为你们的另一个选择。"

抄袭事件一经公布，社民党立刻强力谴责："默克尔这样毫无顾忌地抄袭里根的讲话，与她这个人的人品很般配，她正在欺骗德国选民。"德国民众对于默克尔的评价也非常不乐观。

形势对于默克尔变得严峻起来，据民意调查显示：基民盟一度领先两位数的优势缩小至9个百分点。似乎联合组阁是最安全的办法，但默克尔断然拒绝。成功总是与风险相伴，不敢冒险的人永远无法体会到雨后见彩虹的喜悦，默克尔的倔强正体现了她强大的内心，成功永远只属于那些打不垮的勇士。

62. 选举前期的僵局

在2005年的德国大选中，"牙买加联盟""交通灯联盟""大象婚礼""以色列版本"等莫名其妙的词语被频繁使用。其实也只有这些词语

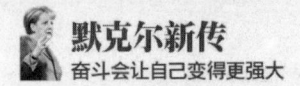

才能表现德国 2005 年大选的混乱局面,默克尔领导的联盟党并没有像民意调查显示的那样大获全胜,施罗德领导的执政党也没有一败涂地。在几乎平局的情况下,选举陷入了困境。

2005 年 9 月 18 日,德国第 16 届联邦议院选举正式举行。德国民众的参与热情也很高,有近 78% 的选民参加了投票。在选举前半个月支持率大幅度提高的执政党非常自信,施罗德甚至对夫人夸口:"如果太阳笑了,那就是社民党造成的。"当然,许多人都从天气预报上得知,选举那天是晴空万里的大晴天,由此可见,施罗德对自己政党后来居上的信心。

默克尔丝毫不敢懈怠,因为选举前的连连失误已经让联盟党损失惨重,她必须想办法弥补一些损失。选举当天默克尔也没有一刻停歇,她先是在投票点柏林洪堡大学食堂做了一场让人出乎意料的精彩演讲;然后到法兰克福汽车展上,默克尔呼吁德国企业界给她支援;之后又到波恩、勃兰登堡等几个大城市进行宣传。

默克尔为选举做足了努力,但结果却并不理想。虽然联盟党频频出错,但选举前几天的民意调查还显示,联盟党的支持率领先执政党 7 个百分点。可是选举当天的结果却是,默克尔领导的联盟党只得到 35.3% 的选票,仅比社民党多出 0.9 个百分点。他们竟然在一夜之间丢掉了 7% 的支持率,这让默克尔和联盟党成员无论如何也无法接受。

社会舆论对这种出乎意料的事件最感兴趣,为了吸引公众眼球,他们开始大肆评价选举结果。有杂志发表文章斥责默克尔在选举前的松懈,认为她太过盲目自信,不懂得居安思危;也有媒体认为,联盟党的实力完全在于默克尔经验不足,无法应付政坛老狐狸施罗德,施罗德凭借丰富的政治经验和老练的竞选技巧,硬是将社民党从失败边缘拉了回来;更多的人则认为施罗德在电视辩论中的出色表现为他赚足了支持率,而木讷的、爱抄袭的默克尔则让德国民众无法喜欢。

社会舆论的观点不失为联盟选举失利的原因，但不是根本原因，其根本原因是执政党和联盟党的厮杀让选民迷失了方向，面对两个都存着许多缺点的政党，他们不知道该如何抉择。选择联盟党的话害怕经验不足的默克尔不能带给德国更好的未来；选择执政党的话又害怕不守信用的施罗德会不会再次无法实现承诺。选民犹豫不决的结果就是，没有哪一个政党取得了胜利，也没有哪一个政党认为自己失败了，形成了一个没有结果的选举结果。

联盟党微乎其微的胜出并没有让他们获得单独组阁的权利，而执政党也不会成为反对党或在野党。因为无论是施罗德领导的执政党，还是默克尔领导的联盟党均未能在议会中占有过半数席位，所以他们必须选择另外两个政党组成3个党派的结盟，才能凑够席位组建政府。

德国法律规定，不论遇到任何情况，新议会必须在大选结束30天内选出新总理。所以两大党派的竞争升级，纷纷上演策反之战，怪异的词语就是从这里而来。

德国政党都以一种颜色代表自己，基民盟和基社盟历来都是联盟党，因于穿黑色教士服的基督教教徒有关，所以代表色为黑色；德国社会民主党因为是"二战"前德国两大左翼政党之一，代表左倾或革命，因此为红色；德国绿党代表该党的环保主义和和平主义的政治主张，因此为绿色；而德国自由民主党的代表色为黄色，德国统一社会党的代表色为粉色；德国海盗党的代表色为橙色。

德国历史上一向是"黑黄联盟"与"红绿联盟"互为竞争双方，而这次却要三色杂陈。媒体戏谑地想出了"牙买加联盟"与"交通灯联盟"几个奇异的词语。因为牙买加国旗是黑黄绿三色，所以"牙买加联盟"指黑黄绿党的联盟。社会舆论猜测联盟党可能会与传统盟友自民党联手，同时策反原与社民党结盟的绿党，构成共同执政党。"交通灯联盟"指的是以

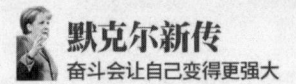

红绿色为代表的社民党与绿党说服以黄色为代表的自民党加入,形成与交通灯颜色相同的红黄绿三党联盟来组阁。

媒体的戏谑脱口而出,联盟党和执政党做起来却没有那么容易,毕竟他们要争取的都是对手的盟友。后来居上的美妙感觉激励了施罗德,在大选结束的第二天,他便向自民党发出组阁谈判邀请。自民党党主席威斯特维勒是默克尔的坚决支持者,他表示,他的党只可能参加由联盟党领导的执政联盟,任何与宿敌——社民党联合的可能性都不在考虑之中。施罗德并没有死心,他一再对自民党采取攻势,以至于威斯特维勒公开说社民党的"最新邀请"已成为对他的"不道德的折磨",于是,施罗德的计划没能实现。

默克尔在为盟友对自己不离不弃而感动的同时,也开始着手拉拢德国绿党。绿党的态度并没有自民党那样坚决,这让默克尔看到了希望。但是在谈判组阁事宜中,双方存在很多分歧,绿党放弃了与默克尔的合作,并表示如果默克尔坚持己见,他们宁愿沦为在野党。

最终,"牙买加联盟"和"交通灯联盟"都没有实现,默克尔和施罗德只剩下最后一个选择,那就是社民党和联盟党联合,组成"大联合政府"。这种联盟在议会中将占据70%的席位,是一种最稳定的政治格局,这也被称为是两个大党的"大象婚礼"。在当时的情况下,这种联合似乎是唯一也是最好的方法。然而如果红黑联盟成立,两党就面临着由谁的候选人出任总理的问题,施罗德和默克尔当然都不会退步,联盟陷入僵局。

有人在此时提出"以色列版本",即同1984年以色列佩雷斯领导的工党和沙米尔领导的利库德集团达成的协议轮流执政那样,施罗德和默克尔都退居幕后,社民党和联盟党重新选出总理人选,各自执政两年。

施罗德和默克尔当然都不会退步,联盟陷入僵局。默克尔再次以98%的高票被选举为议会党团主席就表明了联盟党对默克尔的坚定支持。

而施罗德也一直是自己政党的精神领袖和领导核心,所以,红黑联合举步维艰。

当事情走向死胡同的时候,懂得变通才是明智之人。虽然两党的合作困难重重,但默克尔从来没有放弃争取。当然在转角走向其他胡同的时候,明智的人考察一下这条胡同是否能通向自己的目的地,他们是不会为了道路通畅而放弃自己的原则的。默克尔也是这样,既要与社民党合作,又不会放弃出任总理的目标。

第七章 默克尔与施罗德的『战争』

第八章 黑寡妇领导下的新德国

对于默克尔来说,2005年12月25日有着不同寻常的意义,这一天她走向了权力的巅峰,成功出任德国总理,德国也正式迈进了"默克尔时代"。在她的领导下,德国也走向了更好的明天。

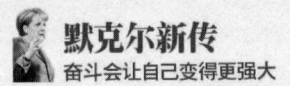

63. 德国迎来首位女总理

2005年11月22日,是默克尔政治生涯中最重要的一天。在形象顾问的帮助下,默克尔将自己精心打扮了一番,她要用最好的状态去拥抱理想。在政坛沉浮十几年,默克尔终于要登上梦寐以求的宝座了。在开会之前,默克尔避开众人来到一个小型会议室,她要平复一下心情。盟友们都为她能当选总理而高兴,只有默克尔知道通往总理宝座的这条路上有多少心酸。

在2005年,德国提前迎来了政府的换届选举。大选尚未开始,德国就陷入一团纷乱之中,谁料大选结束之后,德国更加混乱。因为在这场选举的第一轮,没有一个政党获得一半以上的议员席数,因此没有政党可以单独组阁。在"牙买加联盟""交通灯联盟"计划纷纷破产之后,这场大选的竞争双方执政党和联盟党开始为"大联盟政府"努力。但是,默克尔和施罗德都认为自己的党派才是能够领导德国的执政党,自己才是最合适的领导人。默克尔说联盟党可以和社民党联合执政,前提条件是施罗德不再出任新任总理;施罗德则坚持,他也可以主动促使德国两大党派的联合,但有前提条件,那就是必须由他继续担任德国总理,于是,"黑红联盟"陷入僵局。

显然,德国民众也不知道该何去何从。曾有杂志发表文章《谁将会管理德国》，讨论执政党与联盟党的优劣，其结果竟然是平分秋色。德国柏林自由大学政治学教授尼德迈尔担忧地说："德国已经陷入僵局3周了，我们经不起更长的停顿。"德国民众强烈渴望执政党和联盟党能够谈判出一个比较好的结果。而施罗德领导的社民党成员和默克尔领导的联盟党成员也在接连不断的纷争中渐渐变得疲惫和厌倦，期待着早日结束这样的生活。

对于竞争双方来说，只有双赢才是最好的解决方法，但是必须有一方先妥协。施罗德认为，在这种情况下，谁妥协谁就会陷入被动地位，即使担任总理也会被对手束缚手脚；默克尔则认为，从德国整体利益上来讲，妥协是义不容辞的责任。于是，她首先向执政党提出让步，默克尔无疑是明智的，她的这一退让之举充分显示出了领导风度，让德国民众不禁赞叹。默克尔再次使用了以退为进的战术，表面上看联盟党失去了部分权力，但却获得了更多的支持。"退一步海阔天空"，人生很多时候不必太过较真，退让会让人获得更多。

在大选后的20多天，执政党和联盟党进行了3次艰难的谈判，终于在10月10日达成一致协议。协议内容是，两党决定联合执政，并且由默克尔担任德国新一届总理，成为德国第一位女总理。作为让出总理宝座的补偿，社民党获得了外交、财政、劳工、司法、卫生、运输、环境和发展部8个部长职位，负责国际外交、国家财政、法律和劳动就业等相关事务，联盟党成员将成为经济、国防、内政、农业、家庭和教育6个部门的主任，由基民盟秘书长出任总理府部长，负责国家防务、国内政务以及农业、林业、教育等相关事务。这一安排可谓是一个双赢的结果，联盟党主席出任总理，社民党拥有最多、最重要的政府职位，双方都非常满意。

在经过长时间的拉锯式谈判后，联盟党和社民党终于打破僵局，完成了"红黑联盟"。德国选民们终于可以松口气了，但是部分政治评论员却

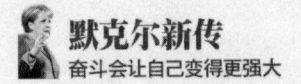

并不看好这场结合,他们认为这场"大象的婚礼"是"没有爱情的婚姻"。这样的联合执政是他们能够想到的最不利的一种执政方式,它可能会使得德国国内政治、经济以及改革寸步难行。默克尔当然也知道,虽然红黑联合政府解决了总理危机,但将在今后的运转和政策制定以及执行上产生新的问题。两党在税收、劳动政策和医疗保健问题上一直都存在严重分歧,联合政府的组建让两党的竞争场所转移,却并没能让他们结束竞争。作为统帅的默克尔必须在担任总理的很长一段时间里,纠缠于联合执政党之间的纠纷。因此,当默克尔被记者问到当选总理的感觉怎么样,默克尔表情严肃地说:"我现在很好,但摆在我面前的任务很艰巨。"

事实上,默克尔是一个不怕困难的人,越是有困难她越有斗志。真正的勇士就是敢于迎难而上的人。只有在与困难的搏斗中,他们才能感受到无穷的乐趣。因为每攀上一座高峰、跨越一道河流,他们都能收获颇丰,默克尔已经做好了与困难搏斗的准备,任何困难都不能让她退缩。

2005年11月22日,早晨7点,柏林城市刚刚转醒,默克尔就离开了她位于柏林市中心博物馆岛上的家,去参加议会表决会议。在形象顾问的帮助下,默克尔穿了一套优雅大方的黑色西装,并佩戴了一条精致的红宝石坠金项链。红与黑的搭配让人很容易就想起"大联盟政府",默克尔正是这个用意。她要告诉德国民众红色与黑色是很般配的颜色,社民党和联盟党也能成为亲密合作的伙伴。

默克尔担任总理已经成为德国民众家喻户晓的事情,但是她还必须经历一次名义上的不记名投票。3个小时后,表决会议在德国议会大厅正式举行,默克尔的亲人都被邀请参加这次会议。当天参与投票的议员有614名,默克尔获得其中397票赞成票。这个结果也创造了德国战后8任总理所获得的联邦议会确认票数之最。默克尔的同事和亲朋好友都不禁欢呼,默克尔却没有表现出兴奋,反而脸上划过一丝忧虑。

负责公布机票结果的议会议长拉默特向默克尔开玩笑："亲爱的默克尔女士，您是德国政府首位民主选举的女总理。对女士来说，当然，对于一些男士来说也一样，您的当选都是一个强烈的信号。"默克尔赶紧调整心情，在众人的哄笑声中从容地表达感谢。细心的绍尔教授却发现了默克尔的情绪变化，当默克尔重新坐回他身边时，他问道："你在担忧什么？"

默克尔为丈夫的贴心打动，有些激动地说："有51位红黑联盟的议员选择反对我，这不算是一个好的结果。"

绍尔教授知道默克尔是乐观的人，这样的担忧情绪很快就会被她化解，于是开玩笑地说："但也并不坏，不是吗？"

下午2点，默克尔按照传统进行总理宣示。她右手抬高，面对德国《基本法》宣誓："我发誓，我将致力于德国人民的福祉、增加收益、规避损失、遵守和保护《基本法》和联邦法律，认真履行我的职责，并为每个人主持公道。"一个小时后，默克尔在夏洛腾堡宫接受德国总统科勒提过的委任书。傍晚5点，默克尔检阅总统府工作，并与施罗德完成交接。对于已经成为自己合作伙伴的施罗德，默克尔称赞不已，而施罗德也夸赞默克尔的主张，两人颇有惺惺相惜之意。或许，如果默克尔和施罗德不是处在敌对阵营中，两位在德国历史上都做出过巨大贡献的政治家会成为亲密好友，他们之间所有的隔阂，都是因为印象。

默克尔终于实现了自己的梦想，将施罗德逼退到墙角，当所有同盟都为她欢呼时，默克尔却丝毫不敢松懈，前方等待她的是繁重的任务、重重的挫折，她不能放松自己，只能坚持往前。生命本就短暂，有太多事情等着我们去处理，在顺境安于享乐，在困境踟蹰不前，都是对生命的浪费，默克尔不是这样的人。

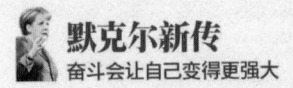

64. 新总理的"香水旋风"

香水最能代表女性气质，沁人心脾的香味总让人忍不住追随；然而香水又是不能长久保存的东西，一不小心就会挥发。默克尔出任德国总理后，就有人形象地称：德国政治进入香水时代。"德国女士"的风采会让日耳曼人耳目一新，她会像涂抹香水一样不时地推出新政策，但由于她的"无权女王"状态，政策可能来不及落实就挥发了。

默克尔被评价为"无权女王"完全没有错。为了获得总理位置，联盟党做出了极大的让步，在14个部门中社民党任部长的有8个，比联盟党多出两个席位。社民党的8个部长席位相对比较重要，掌握着国家外交、财政等大权。对于默克尔来说。这八个部门犹如八座大山，阻挡着默克尔自由施政的道路。虽然，国家经济由联盟党负责，但是由于社民党不放弃"社会公正"的原则，联盟党激进的新自由主义改革看来也得有所收敛。所以，社会舆论对默克尔担任总理的评价并不乐观，甚至有人说默克尔在总理位置上坚持不到满届，甚至一年不到她就要垮台。

能在风云变幻的政坛拥有今天的成就，默克尔的能力不容小觑。默克尔能够摆平联盟党内狡猾的老牌政治家，成为基民盟"一号人物"；能够把担任总理8年的施罗德逼到墙角，自己担任总理，就有能力将这个总理做好。支持默克尔的评论家认为，默克尔的能耐不容低估，她将会把最糟糕的图像从德国身上抹去，改善整个国家的低迷情绪。

默克尔的观点和支持她的评论家的观点一致，她对自己有高度的自信，相信自己能破除万难，得到德国民的认可。自信是一种神奇的力量，它能让弱者变得强大，强者变得更强大。当一个人对自己充满自信时，他就会头脑清醒、干劲十足，任何困难都会变得不值一提。然而自信并不是盲目的自大，自信的人在看到自身优势的同时，也看到所面临的危机。默克尔清楚地意识到，在外交方面的被动是联盟党目前最大的困境。外交大权完全掌握在施罗德手中，他推行的"和平政治"已成为德国的外交教条，在国际社会似乎施罗德才是德国的代表。默克尔要想摆脱"无权女王"的地位，必须冲破社民党的外交封锁，于是，默克尔开始了一场"香水外交"之旅。

默克尔非常清楚自己和联盟党的处境，所以在接任总理职务时她就想好了对策。在联邦议会选举尘埃落定的第二天，默克尔就闪电出访，不给社民党留一点应对的时间。社民党对于默克尔的闪电出访当然非常吃惊，他们也知道默克尔这一出访的用意和对社民党的负面影响，但是他们却没有时间阻止。默克尔的出访在欧洲掀起了一阵令人眼花缭乱的"外交旋风"。

默克尔出访的第一站是法国，这也是德国历届政府首脑的传统。在浪漫的巴黎，在梦幻的爱丽舍宫前，颇具绅士风度的法国总统希拉克以欧洲特有的吻手礼迎接默克尔的到来。这一幕被各大报社记者拍到，第二天成为铺盖欧洲大街小巷的头条，欧洲政治评论家认为，希拉克的这一举动足以表明对默克尔的支持。

早在2001年，希拉克就在爱丽舍宫接待过时任基民盟主席的默克尔，当时她们还只是泛泛之交，此次希拉克对默克尔表现出极大的热情，似乎

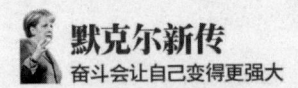

要将德法合作永远保持下去。合影留念时,希拉克将自己的胳膊搭在默克尔肩上,默克尔则将手臂环绕在希拉克腰间。看似一个不经意的动作却蕴含着极深的意思:默克尔接受了希拉克的友好,并愿意与希拉克一道维护德法合作。希拉克在随后的新闻发布会上表明决心:"对于这份伟大的友谊,我们深为感动,法德关系不同寻常。如果我们的关系有所疏离,欧盟将会运行不畅,欧洲就会犹如一辆坏掉的汽车。"默克尔也说:"我对于发展两国关系非常有信心。"

默克尔在出访法国之机,给予施罗德一个严重的警告。因为她在与法国总统会面时,始终没有谈到施罗德时期经常强调的德法轴心,只提到德法是欧盟重要大国,应该起到发动机作用。很明显,默克尔是想警告施罗德,她现在是德国的主人,她的外交政策才最有力度。

当天下午的行程更能体现默克尔的这一用心。离开巴黎,默克尔乘专机前往布鲁塞尔,她没有先去拜访欧盟首脑,而是直接来到北约总部,与北约秘书长会面。默克尔是在给美国和欧盟发信号,德国政府将重新加强与美国的关系。施罗德一直反对默克尔的亲美倾向,默克尔非要反其道而行之,但是默克尔亲美而不盲从,她也明确地向北约秘书长表示,德国不会参与无法界定是非的战争。

与北约秘书长会面结束,默克尔才到欧盟总部与欧盟委员会主席巴罗佐长谈。默克尔表示,德国会在欧盟内部财政争执问题上积极进行协调,并加强与欧盟小国的关系。巴罗佐虽然对默克尔厚此薄彼的做法有些不满,但看到默克尔态度如此诚恳也没有发作。事实证明,默克尔是这样说的,也是这样做的,这让欧盟成员国对其赞叹不已。

随后默克尔访问了波兰,并在柏林接待了来访的捷克总理。24日,默克尔在稍作休息之后飞往英国,拜访英国首相布莱尔。在伊拉克战争问题上,施罗德和布莱尔因立场不同而频频闹矛盾,隔阂越来越深,甚至停止多年以来一直进行的定题会谈。默克尔此行一方面是为了弥补裂痕,恢复英德两国之间的良好关系,另一方面借机打压施罗德的气焰。27日,默克尔又马不停蹄地访问了西班牙等国家。

默克尔通过欧洲之行展示了她作为德国女总理的新形象和外交风格,显示了她的外交天分,在国际舞台上赢得了头彩。施罗德虽然主张和平、平等的外交政策,却言行不一,提倡德法中心、与英国交恶,而默克尔用她的实际行动证明了她的外交风格更重视平衡和坦诚外交气氛。

刚刚上任,默克尔就给了社民党重重一击,这让盲目自大的社民党突然有了危机之感,也让悲观的德国民众对默克尔有了信心。默克尔就是这样一个人,不做则已,一旦做起事情就会让对手毫无还击之力。

65."灰姑娘"变身"铁娘子"

梳得一丝不乱的波波头,圆圆的略显沧桑的脸,始终紧绷的嘴唇,有些臃肿的体态,一身黑灰色的正装,这是默克尔从政十几年给德国民众唯一的印象。女性魅力在她身上根本找不到,她似乎更应该穿梭在菜市场,而不是在政府部门忙忙碌碌。因为穿着打扮,默克尔有了许多绰号:"灰老鼠""德国老鼠""灰姑娘"。2005年之后,德国民众惊奇地发现,默克尔这个"灰姑娘"似乎在一夜之间完成了蜕变,成为叱咤风云的"铁娘子"。

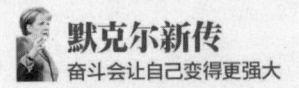
默克尔新传
奋斗会让自己变得更强大

人们最先发现的是默克尔外在形象的变化，默克尔终于改变了让德国民众头疼不已的波波头，留起了干练的齐耳短发。为了让默克尔充分展露中年女性成熟、温柔的气质，造型师还将默克尔额前的刘海微微烫弯。在衣着方面，默克尔身上有了色彩，并开始尝试穿高跟鞋和裙装，这让德国民众着实兴奋了一段时间。同时，默克尔还学会了保养皮肤，气色越来越好，有时还化个淡妆，尽显柔美。

最让德国人、乃至全世界人惊艳的是穿着低胸晚礼服的默克尔。事情发生在2008年，当时默克尔正在访问挪威，挪威总理托尔滕贝格盛情邀请她参加了挪威歌剧院的揭牌仪式，钟爱歌剧的默克尔欣然接受。当天晚上，默克尔一踏进歌剧院就成了全场焦点，因为她穿了一袭蓝色低胸晚礼服。默克尔平时连裙子都很少穿，如今穿了低胸礼服，还是如此耀眼的蓝色，人们都忍不住多看几眼。虽然默克尔很少穿裙装，但是人们却发现她驾驭这些衣服毫不费力，比如穿上这身低胸晚礼服，默克尔一改平日的不苟言笑，笑靥如花地和现场互动。

德国民众终于不用再为自己领袖难看的波波头担忧了，他们发现默克尔已经和理想中的女总理越来越近了，成熟、温柔、魅力四射。仅仅有外在形象的改变是不行的，默克尔要想真正将自身魅力作为一种武器，必须还得改变内在气质。气质的改变是从一举一动开始的，德国民众再一次惊奇地发现，他们冷冰冰的女领袖突然变得热乎起来了。

从小养成的小心谨慎的生活态度，让默克尔在从政之后变得更加拘谨。政坛充满勾心斗角、尔虞我诈，一不留神就有可能陷入无法脱身的泥潭。为了保全自身，默克尔采取了"多做事、少说话"的策略，所以，德国民众很少看到默克尔在公众场合滔滔不绝，也很难看到默克尔的情绪变化。虽然对于领导者来说喜怒不形于色是保护自己、保持威信的重要方式，但是过于冷漠，则会让人们觉得陌生、无趣。为了成为合格的德国总理，默克尔甚至试着改变自己的个性。她时刻提醒自己要将微笑挂在脸上，哪怕心情极度不好，脸上也要阳光灿烂；她开始越来越多地和属下、和民众交谈；在公众场合发言时她总是尽量让自己变得幽默风趣。慢慢地，越来越多的媒体杂志开始将默克尔比作"德国的撒切尔夫人"。撒切尔夫人是欧洲女性神话，也是默克尔的偶像，被评为"德国的撒切尔夫人"，默克尔认为是对自己最大的肯定。

撒切尔夫人被全世界敬称为"铁娘子"，不单单是因为其成熟魅力的外表和气质，更多的是因为其超然的勇气、远见卓实的精神和敢于冒险做大事的气度，在这方面，默克尔也毫不逊色。尽管经济大权掌握在社民党手中，作为国家统帅的默克尔也不会放弃自己的经济改革政策，她始终认为要重振德国，关键在于能否使德国这个欧洲曾经的经济发动机强力运转。

在就任总理10天之后，默克尔就开始对德国动刀，她在议会发表首次施政演说，表示希望在10年之内，使德国在经济增长、创造就业岗位和教育方面重新跻身于欧盟国家前3名之列。首先被默克尔改革的是所谓的"莱茵模式"。

"莱茵模式"，也称"德国模式"、"社会市场经济模式"，是自由市场经济和计划经济之间的"第三条路线"，形成于"二战"之后。"莱茵模式"非常注重社会的公平正义，社会福利制度占有很重要的地位。在"莱茵模式"下，德国人将获得从儿童津贴、病假补助、医疗保证、住房补贴、失业救济到养老保险等各种各样的社会福利。可以说，一个德国人从出生到死亡根本不用工作就能很好地生活，因为政府会支付其一切正常开销。过高的福利政策导致企业劳动成本和失业率居高不下、政府财政不堪重负，严重影响德国的发展。

一些失业工人的社会福利待遇甚至超过低收入者的收入，他们自然不愿意出去工作。而政府每年都要支付大量的社会福利，造成财政吃紧，甚至连年赤字。有媒体杂志曾形象地批评"莱茵模式"说，"莱茵模式"成了养活懒汉的"大锅饭"。默克尔认为，过高的福利支出已经越来越成为德国经济的牵绊，必须立即采取措施，否则将来的后果是德国无法承受的。当然，默克尔也知道，降低社会福利支出的做法必将受到德国民众的斥责，她已经做好了心理准备："现在所采取的措施虽然不太受欢迎，但是如果不作为的话，联盟党明天将面对更不得人心的结果。"

在要"福利"还是要"活力"的两难选择中，默克尔充分体现了她铁娘子的一面。为解决德国经济问题，默克尔决心下猛药：在2010年前削减大约8000个岗位，约占政府公务人员总人数的2.5%；取消政府工作人员的圣诞节奖金、削减公交补贴，从2007年开始政府不再提高养老保险补贴，2008年后将不再提供医疗保险补贴。此外，政府还规定，企业录用人员的试用期从6个月延长至2年。

不出所料，默克尔的猛药招来了一片骂声。但更有眼光长远的人为默克尔拍手叫好，他们兴奋地称，默克尔已经表现出成为"德国铁娘子"的潜质，总有一天她会将德国身上的疾病全部治好。默克尔已经下定决心要做德国经济的主治医生，在调整完福利政策之后，默克尔立刻投入税收政策的改革。为了解决财政吃紧问题，默克尔没有实施一贯主张的减税政策，反而对高收入者增加税收。她宣布：自2007年开始将增值税率从16%提高到19%，年收入超过25万欧元的单身个人和年收入超过50万欧元的夫妻税率由42%提高到45%。

当被问到为什么突然提出增税政策时，默克尔解释道："我们根本没有减税的空间，我们必须承认政府的财政状况比噩梦还糟。"默克尔认为，每一位德国公民对于德国发展都要承担起应有的责任，在国家经济状况不理想的状态下，德国公民必须做出相应的牺牲以换取美好的未来。

在振兴德国经济方面，默克尔再一次运用集体的力量。一个人的力量再大也有极限，而一群人的力量却是这些人力量综合的升华。政府在国民经济方面能发挥的作用非常小，只是一个管理者和引导者。要想推动国民经济发展，公民共同的努力绝不能少。一亿欧元的债务亏空分摊到五千万公民身上，每人拿出两欧元就可以了，默克尔的做法显然是十分明智的。

66. 重压下的解题高手

默克尔出任总理之后，除了要解决德国的老毛病，还要应对新出现的问题。国际社会纷繁复杂，每天都有各种各样的争端出现，作为国际社会较为活跃的一员，德国无可避免地要被国际纷争干扰。处理国际事务最棘手，处理得好扬名国内外；一旦处理不好，不但会使国家失去应有的国际地位，本国公民也不会对领导者善罢甘休。显然，默克尔是一个解题高手，不论什么样的危机她都能轻而易举地化解。

虽然默克尔对自己担任德国总理充满信心，但是德国民众却并不这么想，默克尔上任不久就有人做出一份新的民意调查。民意调查显示，只有38%的民众认为默克尔政府将给德国经济带来复苏，58%的民众则认为这是不可能的，这项民意调查成为反对者攻击默克尔的又一项有力证据。联

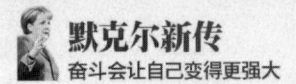

盟党发言人回应反对者的抨击：默克尔总理究竟能不能给德国经济带来希望，民意调查说得不算，实际行动才是判断依据，请大家拭目以待。默克尔接下来的表现证明了联盟党发言人的观点，默克尔的确用她高超的外交和政治手腕，证明了她有能力给德国带来一个美好的未来。

默克尔刚刚就职一个月便遇到了一系列棘手的问题。对于新上任的领导来说，单单组建内阁、调整人事就可能让他手忙脚乱，更别说国家、甚至国际社会上又出现新问题。但是，默克尔并没有慌乱，将这些问题一件一件处理得十分完美。她注定一直是个成功者，因为无论怎样她都为可能出现的困难做好充足的准备。

2005年，美国《纽约时报》的一篇文章，如重磅炸弹一样让德国民众、乃至全欧洲民众都惶恐不安。文章中称，美国中央情报局的特工人员在2003年12月31日秘密逮捕一名叫哈立德·马斯里的德国籍黎巴嫩裔男子。该男子40岁左右，家住德国的乌尔姆市，当时正在马其顿和阿尔巴尼亚的边界休假。美国中央情报局怀疑他为基地组织高级成员，将其带到阿富汗关押受审，并对其进行虐待，直到2004年5月底，马斯里在遭绑架5个多月后才被悄悄释放。

文章一经刊出，就引起了轩然大波。欧洲舆论纷纷追究美国在中东欧设立秘密监狱，无视欧洲国家主权，秘密运送恐怖嫌疑分子穿越欧洲领空、领土之事。德国民众更为自己的人身安全感到担忧，他们认为，马斯里只是一个普通的德国公民，仅仅因为重名就被扣押调查五个多月。德国民众与恐怖组织成员重名的不在少数，自己不知道什么时候就被美国中央情报局带走，所以，德国民众强烈要求政府出面与美国协商，给他们一个满意的答复。

看似一个简单的问题，只要美国承认其错误就可以。但是一旦牵扯到美国最为恐惧的基地组织，事情就变得困难许多。在伊拉克战争问题上，施罗德坚持不出兵的态度让两国外交陷入了持续冷淡的状态，默克尔担任总理之后，本来想修复与美国的关系，没想到半途中突然出现一个"马斯里事件"。这件事情显然是美国有错在先，默克尔要给德国公民一个满意的答复，就必须让美国政府承认错误。然而，要想从美国这样一个超级大国那里得到道歉简直比登天还难。要知道，当年美国误炸中国驻南斯拉夫大使馆，在证据确凿的情况下，美国才迫于全世界舆论压力，在发表声明时草草说了一句"sorry"了事。如今，事情已经过去一段时间，德国也并没有第一手证据，高傲的美国肯定不会屈服。

在形势严峻的情况下，默克尔采取了"先声夺人"的方法。虽然美国态度强硬，但在全世界闹得沸沸扬扬的"黑狱事件"也让自己压力非常大，于是，美国国务卿赖斯在美国总统的首肯下到欧洲访问。12月6日，赖斯访问德国，默克尔专门从外地赶回与其就马斯里事件进行会谈。谈话结束，两人接受了记者访问，再被问及"马斯里事件"时，默克尔抢先回答："这件事已经被美国政府承认是一个错误"。实际上，赖斯并没就此事给默克尔一个明确的回答，默克尔和赖斯心中非常清楚。默克尔之所以这样说是想向美国表明态度，她和全德国民众都认为美国错了。虽然老练的赖斯巧妙地澄清说，一旦或如果犯错，美国会非常努力并以最快速度改正，但默克尔和德国在这场外交中还是胜利了，因为全世界人都相信美国向德国道歉了。

赖斯对这次外交失败非常介意，离开德国之后马上进行危机公关。她派出多名在世界范围内具有很大影响的美国高级官员对此事进行"澄清"，暗示默克尔误解了赖斯的本意，只是赖斯没有当场纠正这个"误解"而已。而欧洲国家则纷纷对默克尔表示支持，英国《金融时报》德文版的文章说："当涉及个案，美国不仅没有道歉，连'错误'这个字眼都不能接受。"德国方面也态度强硬地表示，总理的声明是真实有效的，默克尔在

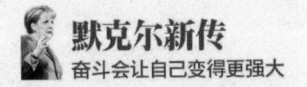

处理"马斯里事件"上不卑不亢的态度让她获得了许多赞誉。

棘手的马斯里事件以美国的失败告终，默克尔还没来得及休息一下，另一件恐怖事件再次爆出。2005年11月29日，在伊拉克医院进行志愿工作的苏珊·奥斯特霍夫女士被伊拉克反政府组织劫持。43岁的苏珊女士是一位考古学家，热衷于人道主义事业，由于能说一口流利的阿拉伯语，被安排到伊拉克医院进行国际援助工作，不料在一次开会的路上和司机一道被反政府组织劫持。劫持者威胁，除非德国政府停止同美国支持的伊拉克政府合作，否则他们将杀死这位妇女和她的司机。

恐怖组织来势汹汹，默克尔面临着极大的考验。默克尔立刻召开新闻发布会，严厉谴责绑架事件，要求绑架者立即释放人质，并向苏珊家属承诺，德国外交部已成立了特别危机处理小组，政府将竭尽所能确保人质的人身安全。第二日，默克尔针对该事件进行演讲，指出恐怖主义是当今国际社会面临的最大挑战之一，德国将继续坚定地、毫不松懈地打击国际恐怖主义。大本营的坚定态度让工作在谈判前线的警务人员充满信心，在与劫持者斡旋20天之后，苏珊·奥斯特霍夫女士被救出，在德国驻巴格达大使馆中得到妥善照顾，健康状况良好，其司机也被承诺在若干天后释放。至此，人质危机顺利解决，默克尔一出手就漂亮地得了个高分。

在劫持事件有了全胜的把握后，默克尔将此事交与副总理，自己则马不停蹄地赶往布鲁塞尔，参加欧盟首脑会议。英国首相提出的大量有关农业补贴的改革政策成了这次首脑会议最棘手的问题。当天，布莱尔在会上提出了一个所谓的修正条例，希望在新的财政年度结束之前完成对欧盟财政计划的彻底改革，其中主要涉及的是大量农业补贴，但这一方案受到在农业补贴上获益的法国等国家的坚决反对。法国等反对国认为如果改革农业补贴，那么英国在缴纳会费中所享受的折扣优惠也要进行改革。英国当然不会放弃折扣优惠，谈判陷入僵局，媒体普遍认为此次欧盟首脑峰会很可能会无果而终。

默克尔在此次会议上扮演协调者角色，她不断与英法等国首脑会晤，商谈此事。最终在默克尔的不懈努力下，欧盟成员国达成协议：每个成员国将缴纳会费额从国民生产总值的 1.03% 提高到 1.045%。默克尔的这项处理意见既不会影响各国的财政预算，又可将这笔钱用于对新成员的补贴，从而使英国会费"折扣"的压力得到减轻，得到欧盟成员国的普遍称赞。经过长达 3 天的艰苦谈判，在 12 月 17 日，欧盟成员国终于就 2007—2013 年中期预算编制这一最大的焦点问题达成一致，从而避免了欧洲宪法未获通过等原因而造成的欧洲危机进一步扩大，默克尔因此获得了"欧洲小姐"的赞誉。

在德国民众超过三分之二的人都不看好默克尔的时候，默克尔没有忙着宣传自己，而是本着务实的精神，用事实说话。事实拥有无可比拟的力量，任何流言蜚语在事实面前都将烟消云散。默克尔显然非常明白这个道理，用一张张满分答卷回应德国民众的质疑。

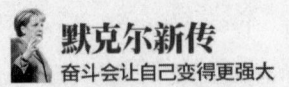

67. 适时的世界杯经济

维也纳金色大厅里的新年音乐会结束之后，2006年的钟声敲响了，这是一个让无数人疯狂的年份，因为又一届世界杯要举行了。相较于世界其他国家民众，德国民众更加兴奋，因为2006年世界杯要在德国举行。默克尔和德国民众的心情是一样的，不仅仅因为她是球迷，更主要的原因是世界杯将给德国经济带来一个腾飞的契机。

2006年1月1日，默克尔在德国总理府发表了新年贺词，表示新组建的大联合政府会在新的一年中确定了更大的目标并完成这些目标，德国有潜力解决国内的经济和社会问题。并在此承诺，她会带领联邦政府致力于经济建设，将德国塑造成欧洲经济最有活力的国家之一，会深化社会保障及财政改革，默克尔如此自信是因为她对适时而来的世界杯抱有极大的希望。

施罗德在任时为德国世界杯做出了巨大贡献，他及其领导的联邦政府在竞争2006年世界杯举办权中殚精竭虑，没想到最后却让默克尔捡了便宜。当然默克尔不会忘记施罗德的贡献，在施罗德被德国足球协会授予"荣誉会员"身份时，默克尔对其表示热烈祝贺，并幽默地打趣："我们两人在其他领域是竞争者，但我敢肯定，如果要罚点球的话，我肯定不如你。"施罗德对默克尔善意的祝福表示好感，两个死对头终于在世界杯上握手言和，这对于默克尔和德国民众来说都是一个惊喜，德国媒体称"足球消除了政治分歧"。

在世界杯到来之前，默克尔为此做足了准备。她接受德国《图片报》专访，用极大的篇幅向世界球迷宣传德国世界杯，她说："众多游客和电视观众应该会认识到一个美丽、好客而且对世界开放的德国。许多人将聚集一堂，欢庆足球的盛会，同时结下友谊。我可以非常肯定，安保人员会尽一切努力，保证足球会成为中心。混乱在我们的世界杯上将无处寻觅。"

默克尔还讲述了自己的足球情结："我不会把自己看作是一位足球方面的专家，关于战术和比赛，有其他的人比我懂得更多。但是，我一直是一个狂热的球迷。当初在民主德国就是如此。1974年世界杯举行时，我还在莱比锡大学读一年级。我们根本不知道自己应该为哪支德国队加油，因为我们同样很崇拜贝肯鲍尔和盖德·穆勒所带领的那支充满伟大球员的球队。1972年在欧洲杯上夺冠时我们就开始喜欢他们了。"

默克尔对自己足球情结的描述，让听到的人不禁莞尔，这个曾经木讷、严肃的女人如今越来越幽默风趣了。接着，默克尔还承诺，她会尽可能地看完德国队所有的比赛，始终和德国球员、球迷们在一起。默克尔对德国球队充满信心，她说："夺冠？为什么不？我确信，因为我们国家队在世界大赛中的表现一直都很出色，而且主场的优势将起到至关重要的作用。"但是，默克尔也不想给德国球队太大压力，她接着说："我会在适当的时候出现在球队面前，就算是他们最终只获得亚军，我也会支持他们。"

默克尔对世界杯的热情似乎有些太过，但是资深的政治家对其中的奥秘心知肚明，世界杯将大大拉动德国经济发展。莱茵兰—法尔茨银行研究组负责人斯特凡·施泰布预测，世界杯将为德国经济带来0.3个百分点的增长,这是任何大事件都无法比拟的。如果世界杯圆满成功,默克尔的信任危机就会完全消除,感受到德国经济快速复苏带来的利益后,没有人再去怀疑默克尔的能力,默克尔的总理位置会更加牢固。

斯特凡·施泰布的预测是有根据的,世界杯的举行必将引起全世界各地无数的球迷前来观看,直接带动德国的住宿业和餐饮业。球迷在球赛间歇会有旅游的需求,德国的旅游业也随之受益。而球迷购票、购物、乘坐交通工具、使用通讯设备和进行体育竞猜都将带动相关产业的发展。德国第一付费电视公司拥有全部比赛的直播权,据权威人士估计,2006 年的该电视公司用户将激增 37 万人。世界杯经济将为德国带来几十亿欧元的收入,并帮助市场缓解就业压力。如此多的好处,默克尔怎能不表现出百分百的热情呢?

当然,默克尔也没有指望单凭世界杯就能完全解决德国经济发展中的问题,要知道这些问题经过长期的积累已经盘根错节,想要彻底根除非常困难。所以,在大力发展世界杯经济的同时,默克尔还制定了一系列其他经济措施。比如,默克尔主持了一个大型调研项目,经过几个月辛苦奋战后,终于通过一项 250 亿欧元的公共投资计划,以推动经济增长和就业。这些措施与世界杯经济相辅相成,给德国经济再次腾飞带来了巨大希望。

命运给默克尔带来了一次机会,在其上台的第二年就为她准备了世界杯。默克尔当然不会辜负命运的好意,她充分抓住这次机遇,积极为世界杯做准备。自然,在她和德国民众的辛苦努力下,2006 年德国世界杯取得巨大成功,德国经济也随之进入一个新台阶。只有那些做好充分准备,并愿意付出巨大努力的人,才能够取得成功。机遇总是不期而至,一个没有充分准备,而想投机取巧、临时抱佛脚的人,将会被成功所唾弃。抓住机遇的人一定能成功,因为不论在什么情况下,成功都不可能轻而易举地获得,都必须付出艰苦卓绝的努力。默克尔不但抓住了世界杯这个德国经济腾飞的契机，还为此作出了巨大付出，因此德国经济发展相当乐观。

在默克尔上台刚刚两个月的时候，联邦政府主管经济的部门联合做了一项全面调查，调查显示，多项经济数据表明德国经济正在复苏。德国联邦劳工局数据显示，2005年12月份，德国失业率经季节调整后，从11月份的11.4%下降至11.2%，当年冬季德国的失业人数不会突破500万大关；进出口贸易相关部门数据显示，2006年德国出口增长率有望达到8%。此外，德国零售业在经历了3年衰退后开始好转，德国的劳工市场也出现了好转迹象。

默克尔执政之后，德国经济发展欣欣向荣，人们对德国经济和联邦政府的信心普遍增强。有相关数据表明，德国的工业信心指数已升至5年来最高水平。许多研究部门纷纷进行乐观的预测，有些经济探究部门预测2006年德国经济增长率为1.7%，高于2005年的1.1%。联邦政府出于谨慎和乐观两种态度，将原先预计的2006年经济增长率是1.2%，现在调高到1.5%—1.8%之间。

虽然德国各个方面都呈现出多年不遇的乐观状态，但是默克尔丝毫没有松懈，也不断提醒政府官员不能得意忘形。的确，世间万物变化莫测，稍不留神就会有坏事发生。经济发展也是这样，特别是在经济全球化进程不断加速的21世纪，各国经济在获得机遇的同时，也将面临巨大的挑战。德国经济当然也不例外，默克尔必须打起十二分的精神应对世界市场的变化无常。

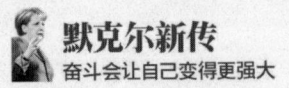

68. 冷静应对欧债危机

2006年，在全世界都沉浸在世界杯的欢乐气氛中时，美国却正在上演一场人间惨剧。由华尔街金融业引起的次贷危机迅速席卷整个美国，随后使全球经济都陷入水深火热中，世界中等发达国家都在这场次贷危机中严重受挫，尤其是欧洲国家。就在欧洲国家还在努力修复次贷危机留下的疤痕时，2009年希腊也爆发了主权债务危机，这场危机让欧洲国家的经济伤疤迅速恶化，欧元受到严重冲击。但是，有一个国家受到的影响却非常小，那就是德国，自然，这与默克尔高明的经济政策是分不开的。

其实，欧洲债务危机并不完全是由欧盟国家本身经济制度及其政策的缺陷带来的问题，最根本的是，它是美国妄图转移自身经济困难而将危机转嫁给欧盟的一个措施。2006年的次贷危机让美国经济遭受沉重打击，一度称霸世界的美元地位也一落千丈，美国政府为此非常不安，此时欧元正好又撞在了枪口上。虽然欧洲国家在次贷危机中也受到影响，但毕竟不会像美国那么严重，所以欧洲经济增长较为稳定，欧元在这一时期成为最为抢眼的世界货币。美国政府当然绝不容许这种情况出现，再加上危机下的美国人民对自己的债务毫无支付能力，美国政府只能通过外部途径来寻求经济的好转。而一旦欧元信用下降，美元信用就会有所回升，美元偿债能力将提高,因此,欧元就成了美国的目标。

为了打击欧元、挽救美元,美国曾做了许多小动作,希腊债权危机只是其中一个。在希腊债权危机出现之前,美国曾经还想利用中东间接打击欧元,但是效果并不明显。美国通过对房地产业的渗透,将经济危机引入迪拜,妄图影响购入大量迪拜债券的欧洲银行。欧洲银行毕竟规模庞大,并没有因为迪拜事件陷入混乱,于是,不甘心的美国决定直接对欧盟下手。

希腊是欧盟成员国中经济最为薄弱的国家,因此被美国视作打击欧元的导火索。希腊本并不具备成为欧盟成员国的资格,其经济长期以来赤字不断,出现大量的贸易逆差。虽然欧盟本着团结整个欧洲的宗旨将其吸纳,但并不保证会一直容忍它,所以,担心失去欧盟这个强大靠山的希腊总是想尽办法掩饰其残破不堪的经济状况。在债权危机爆发之前,它就曾向美国高盛集团寻求帮助,从而给欧洲经济埋下了一颗定时炸弹。

高盛集团在贷款给希腊之前,事先买入德国高达10亿欧元的信用违约互换保险,期限为20年。保险规定,如果希腊在20年之内出现违约,那么德国就需要支付给高盛集团巨额赔款。简单地说,德国是希腊的信用担保国,只有强大的德国做了担保,高盛集团才可以放心地将贷款贷给希腊。贷款给经济状况极差的希腊无疑是风险投资,高盛集团需要信用担保人无可厚非,但是随着事态的发展,高盛集团的险恶用心就越来越明显。

在德国的担保下,高盛集团买下了希腊政府发行的一笔价值100亿美元的国债,并自行规定汇率兑换成欧元。通过高盛集团的"帮助",希腊的账面经济状况出现大幅度好转,但是实质上却进一步恶化。实质恶化的情况并不容易显现出来,但是信用评级机构却将这件事捅了出来,在全球三大信用评级机构的联合攻击下,希腊自然在劫难逃。

2009年,惠誉公司率先降低希腊的信贷评级,紧接着标普和穆迪也做

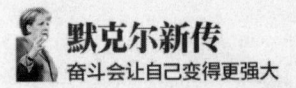

出同样的举动。在降低信用评级不久后，三家公司又发出联合声明：如果希腊政府没有能力在规定时间内改善其经济状况，其信用评级将会继续降低。全球三大信用评级纷纷发难，其舆论影响可想而知。希腊政府债券、国家银行、地方银行等所有金融相关行业的还债能力都受到质疑；许多国家和国际大型企业为了安全起见，纷纷选择从希腊撤资；股票价格不断下跌，国家经济面临破产威胁。在这种外资、外贸、金融全部极度缩水，国家经济不断萎缩的情况下，本就没有还债能力的希腊根本没有任何喘息的机会，主权债务危机越来越严重。希腊政府不得不临时采取的财政紧缩政策让其经济持续下滑，尽管税收得到了一定的增加，但是对庞大的债务来说仍然是杯水车薪。

在惠誉、标普和穆迪三大信用评级机构纷纷露面之后，债权危机中的阴谋已经显露无疑。标普和穆迪都是美国公司，并且占据了40%的全球市场，拥有绝对的控制权；惠誉虽说有欧洲注资，但是美国投资者却是其绝对控股人。所以说，这场债务危机是蓄谋已久的。

由于希腊在经济发展中过多依赖政府债券，而购买国债的大多是美国金融机构。因此，在这次债权危机中，美国的各大金融机构也掺杂其中，其中最为活跃的就是被希腊政府视为"救世主"的高盛集团。高盛集团趁火打劫，督促希腊偿还国债，并要求德国兑现信用保险，高额的债务和保险金让希腊和德国经济承受极大压力，全国经济本就濒临破产的希腊更是危机重重。此外，在世界各大金融机构的投机取巧下，欧元汇率大幅下跌，仅在2009年12月到2010年2月这短短的3个月时间里，对美元的汇率就已经降低9.38%，信用也随之直线下降。

伴随着欧元汇率的下降，债务危机席卷整个欧盟，欧洲国家再也不能坐视不理，作为欧盟中实力强大国家之一，默克尔率先表态："欧元绝不能消亡。"其实，在欧洲国家决定采取行动时，来势汹汹的债务危机已经让欧元地位已经岌岌可危，欧洲不少媒体都提出对"欧元是否要走向灭亡"以及"欧盟是否要就此解散"等问题的质疑。而此时正赶上德国的大选之年，默克尔不能出现丝毫差错，但是，默克尔没有因此而惶恐不安，因为她知道在困难面前方寸大乱只能让困难更加肆无忌惮。她在应对债务危机时，一直保持淡定从容的态度，并用这种态度影响其他欧盟成员国。

德国是受债务危机影响最小的国家，这完全得益于默克尔的经济政策。2009年6月，默克尔政府推出《债务削减法案》，这是一项非常严厉的限制财政赤字的条例。它要求联邦政府从2010年开始每年要在联邦预算中节省100亿欧元，各个州政府从2020年开始不允许再举债。因此，债权危机根本无法撼动几乎没有国债的德国，也正因为国家经济发展状态良好，德国成了援救希腊和欧元的主力。

默克尔表示愿意承担援救任务，但是要求欧盟国家不要依赖他人，而要学会自救。她说："德国已经为欧元区其他陷入债务危机的国家准备好救助款项，但是能否取得这项资金取决于该国是否能够提供一套具体可行的整体财政节约方案。除非欧洲央行和国际货币基金组织能够肯定该国方案的有效性，否则德国不会出一分钱。走出此次危机的最好办法就是严格实行紧缩政策，稳定政府债务，再谋求经济发展。"

当然，要想根除债权危机，打击其根源非常重要，欧洲国家当然不会放过这次债权危机的始作俑者。房地产抵押贷款支持证券，又称MBS，是美国金融衍生品的根源，欧盟决定就此着手，打击美国。2011年4月，欧洲银行开始抛售MBS。2011年年底，美国MBS市场原本只有10%的下跌速度迅速飙升到50%。MBS市场受到大幅震动，美国金融市场背后的许多问题就会暴露出来。

债权危机并没有阻止德国经济前进的步伐，默克尔在其中功不可没。一向淡定从容的默克尔在债权危机中始终保持非常清醒的头脑，按部就班

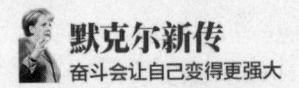

地保护本国经济、援救欧盟成员国经济,最终使各项经济政策都发挥应有的作用。试想,如果默克尔方寸大乱,德国将和其他国家一道在债权危机中无法自拔,更不用说担任援救工作了。

69. "施瓦本主妇"的强势方案

在德国西南部的巴符州有一个叫作施瓦本的地方,是德国最发达、有钱人最多的地区之一,这里的德国人虽然动辄身价上亿,却并不爱奢华。因为他们的财富并不是凭借某个契机一夜暴富所得,也不是祖上传下来的,更不是非法途径获得,而是靠辛勤的双手每日勤俭节约,慢慢积累起来的。所以即使非常有钱,他们也依旧过着节俭的生活。

对于日耳曼民族来说,节俭是一种美德,而对于其他国家来说,德国人的勤俭持家却是吝啬、抠门。因此,许多文学作品中,"施瓦本主妇"都是以一个贬义的意象出现,象征那些过于节俭最终让事情变得更糟糕的主妇形象。在应对经济危机中,默克尔提出的厉行节俭的方案也让她被英美媒体批评为"施瓦本主妇",意思是她过于吝啬,不肯拿出钱财去救助希腊,并指出这可能让希腊的危机进一步加剧。但是,默克尔并不在意这些,她知道时间会澄清一切,她的强势方案总有一天会让欧洲经济迅速发展,会让欧洲民众对她表示感谢。

在欧洲债券危机中，德国作为经济发展状态最好的国家，自然而然要挑起挽救欧洲经济的重任，默克尔并没有推卸，但是也不愿意单纯注资。虽然欧洲债权危机是美国想转嫁自身经济危机而发动的，但是欧洲国家自身经济状况不乐观也是其中重要的原因。倘若欧洲国家不是债台高筑，美国再多的手段也无法施展，德国就是很好的例子。默克尔上台之后，采取严格的财政紧缩政策，使德国在债权危机中幸免于难。

欧洲许多国家公民的生活都比较悠闲，特别是在南欧和北欧，国家各项福利让他们即使不工作，也不用考虑温饱问题。因此，南欧、北欧人根本不知道什么是努力工作，他们生活的最大任务就是和家人、朋友共度美好时光。公民生活节奏也影响了政府的施政，许多国家经济政策相对宽松，政府财政赤字严重。即使在全球经济危机中，这些国家也不愿意减少财政开支，往往寅吃卯粮，最终债台高筑，自然会成为债权危机的严重受害国。默克尔认为这些国家必须改变其经济政策，才能彻底走出泥潭，否则德国为其提供再多的援助，也解决不了根本问题。

为此，默克尔于 2011 年和法国总统萨科齐进行会谈，总结提出了一套完整的欧盟改善方案，其具体内容为：

首先，建立一个定期对各国财政政策进行协调的欧洲经济政府，为了公平起见，这个政府由欧元区 17 个成员国及其政府首脑组成。

第二，为了控制欧洲通货膨胀，欧盟必须对《稳定与增长公约》进行修改。公约要求欧盟成员国将国家负债情况与财政赤字放到同样的高度，一旦出现经济失衡的情况，该国及时引入新的解决方案；而欧盟的任务是监督和预防，欧盟将严格控制各个国家的财政政策，并为此设定最低标准，一旦成员国违反欧盟为各国发展制定的中期目标，立即施以罚款；为了保证欧盟拥有足够的准备应对经济危机的突袭，公约要求各成员国建立长期的危机应对机制。

第三，欧盟对《里斯本条约》进行修改。修改内容包括：尽快建立欧洲稳定机制；保证欧洲央行的独立性，坚决不设立欧洲债券；对欧盟所有国家制定统一的财政债务上限，并且由欧洲法院监督各国究竟有没有切实履行；引入自动制裁机制，一旦有任何国家违反了财政纪律，立即自动制裁；要求私人投资者承担债权损失；欧元区的各国加强来往联系，每月进行一次会晤，会晤内容为如何保持稳定、加快经济增长。

此次方案的通过彻底确立了欧元区坚决严肃财政的主要政策倾向。默克尔认为，在债权危机中，欧盟成员国厉行节约非常必要，所以在方案的制定过程中，她始终保持强势的态度。默克尔强势的节俭方案成为大部分欧洲人的噩梦，他们必须打破以往悠闲消极的生活方式，为了养家糊口、为了偿还债务，不得不节衣缩食、努力工作。这样巨大的落差无疑让大部分欧洲人难以适应，他们将这一切都归罪于默克尔和德国。欧洲债权危机的始作俑者美国唯恐天下不乱，最先对默克尔进行口诛笔伐。因为，默克尔在应对全球经济危机时曾经说过："你去问问'施瓦本主妇'的建议吧，她会告诉你，短期内的透支是允许的，但是未来必须勤俭持家，若是到了入不敷出、最终还不清债务的时候，那一切就都完了。"所以，美国媒体将默克尔称为"施瓦本主妇"，影射默克尔对希腊的吝啬。

其实，当年默克尔在说这段话时，认为"施瓦本主妇"是个非常正面的形象。在她看来，"施瓦本主妇"精打细算、勤俭持家，杜绝提前消费，家庭经济状况在任何情况下都不会太糟糕。默克尔认为，政府也应该如"施瓦本主妇"那样勤俭治国，然而习惯懒散的欧洲国家却认为"施瓦本主妇"的节俭就是吝啬，是对自己和他人的苛刻。

默克尔对欧盟成员国提出强制政策的另外一个重要原因是顺应民意。援助欧盟成员国一事，默克尔本身并没有什么异议，但是德国民众却并不愿意这么做。对于普通的德国民众来说，他们并不懂什么国际影响力和全球经济发展，只知道援助欧盟成员国的资金是他们一滴汗一滴血攒下来的。

在第二次世界大战中，德国经济受到严重冲击，在"二战"结束后很长一段时间都无法恢复。1989年两德统一后，"购买"方式遗留的问题越来越严重，德国经济也受到严重桎梏。为了发展经济，德国政府和民众付出巨大努力，战胜了许多困难。在默克尔执政期间，德国经济迅速发展，国家逐渐富裕起来。德国民众都以为政府会放宽福利政策，生活会好起来，却不想又要拿出钱去援助那些好吃懒做的国家。德国民众肯定不愿意，那些南欧、北欧的国家自己弄出了事儿，却要德国人拿通过辛勤劳动赚来的钱去帮他们解决麻烦，那绝对是妄想。

一向看中民意的默克尔当然不敢贸然行事，只能在援助和民意中间寻找平衡点。更让默克尔忌惮的是，一些反对党看到了债权危机中的机会，开始着手准备德国退出欧元区的事情。如果默克尔此时强行援助欧盟成员国，支持率就会下降，而反对党退出欧元区的提议可以让德国免去援助欧盟成员国的责任，必然会得到大多数德国民众的支持。到时候，联盟党和自民党组成的黑黄政府将会面临政府不信任案，后果不堪设想，所以，默克尔只能三思而后行。

德国民众心里堆积的对欧元区某些国家的愤怒情绪相当厚重，这让默克尔对欧盟成员国的援助行动显得风险很大。再加上国内反对势力的蠢蠢欲动，默克尔不敢出现丝毫差错，于是，她对欧盟组织本身和欧盟成员国提出了严厉的改革政策。这些政策让德国民众稍感舒心：不能光拿我们的钱，其他国家也得出力，而且还要严格地监督。

被批评为"施瓦本主妇"，默克尔显然是非常委屈的。她力排众议，甚至不惜得罪德国民众，对欧盟成员国进行援助，却得不到这些国家一句

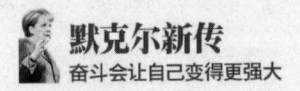

感谢，反而被侮辱。但是默克尔并不着急澄清什么，因为欧洲日后经济发展动向会告诉这些国家：默克尔严格的财政政策是正确的。对待流言蜚语最好的办法就是用事实说话，在事实面前所有的谣言都会不攻自破。着急澄清、解释不但于事无补，反而只会被认为是狡辩，让事情越来越糟，倒不如耐心等待，等待事实浮出水面。

70. 希腊人痛恨、德国人爱戴的默克尔

没有人可以让任何人满意，我们所能做的只能是让在乎的人满意。对于默克尔来说，身为德国总理，德国民众的满意才是她最在乎的事情，然而默克尔也不会一味地迎合德国民众，她掌握着国家最高权力，也必须承担最大的责任，她必须从德国的长远利益出发来制定各项政策。德国经济置身于欧洲经济大环境中，并将受其影响，在欧洲出现债权危机的情况下，德国绝对不能坐视不理，而默克尔的强势政策也让国际舆论对她的评价复杂起来。

德国在债权危机中的表现可谓可圈可点，然而最初并没有太多欧洲国家理解默克尔的良苦用心，他们纷纷对默克尔的严厉措施和强硬姿态表现出不满，甚至于痛恨。从给默克尔冠以"施瓦本主妇"的绰号，就可以看出社会舆论对默克尔的反感。

在众多对默克尔反感的国家中，表现最强烈的要数希腊，债权危机之所以从希腊开始，根本原因是希腊是欧盟成员国中内债外债最为严重的国家，希腊之所以债台高筑，与整个民族的习惯息息相关。在第二次世界大战中，希腊人民遭受沉重的苦难，入侵的法西斯国家对希腊施以严酷的大规模掠夺政策，许多人祖祖辈辈积累下来的财产被掠夺一空，国家基础设施也因为战火被严重破坏。最会投机取巧的奸商又在此时趁火打劫，得到政府官员的授意后疯狂提高物价，水深火热中的希腊人只能等待同盟国的援助，却不料同盟国认为暂时无法解除轴心国对希腊的占领，决定对希腊进行严格封锁。结果，严重的内忧外患致使希腊全国爆发饥荒。据可靠数据显示，在1941年4月到1942年6月的每一天里，仅在雅典就至少有300—400人因饥饿死亡。

直到"二战"结束的很长一段时间，希腊民众还徘徊在温饱线上。对苦难的极度恐惧，让希腊人学会了提前消费，既然苦难随时都可能降临，倒不如及时行乐。所以，不管在多么贫穷、多么艰难的情况下，希腊民众都不会节衣缩食，而是尽可能地吃饱穿暖。当然，他们也会为应对苦难做好充足的准备，即使在最贫穷的希腊家庭里也总能看到充足的食物和衣服。在劳动所得根本无法支付这些东西的情况下，借贷就成为他们唯一的办法，希腊政府财政连年赤字，正是这个道理。

默克尔厉行节俭的政策让希腊人重新过上了缺衣少食的生活，他们不能再依靠借贷满足生活需求，而必须去努力工作，否则只能饿肚子。这样的生活对于在"二战"阴影中还没有缓过神的希腊人来说无疑是痛苦和无助的，所以，希腊媒体干脆直接称默克尔为新时期的"希特勒"。

当然，希腊人民也并非是非不分。默克尔厉行节俭的政策完全符合希腊当时的实际情况，希腊政府在放弃为民众提供大量社会福利和保险后，财政赤字明显减轻，希腊民众为了维持生计不得不努力工作，也带动了全

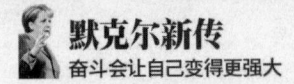

国经济发展，提高了政府税收。所以，默克尔让希腊民众短时期内辛苦工作，是为了他们长时期内享受生活，当厉行节俭的政策发挥明显作用之后，希腊民众开始渐渐明白默克尔的良苦用心，他们不再怨默克尔的严厉政策，转而开始要求默克尔放宽期限。

早在默克尔第一个任期，她就开始对德国财政实行紧缩政策，对于厉行节俭默克尔非常有经验，她知道什么时间段会出现什么样的结果，她深知，如果欧盟成员国严格执行财政紧缩政策，债权危机中会迅速解除。但是这样的话，欧盟成员国会再次走上老路，因为他们根本得不到足够的教训，在希腊总理访德期间，默克尔同意希腊稍微降低改革力度。

此时，欧盟成员国对于默克尔的评价已经发生了变化，他们不可能将态度360度大转弯，但是已经不再憎恨默克尔。爱尔兰作家就曾对默克尔发表评论说："与其称默克尔为妈妈，还不如说她是婶婶。她是个严谨持家的好主妇，总是对我们说：'你们吃得太多了，要节省，要有节制，不然肚子就坏了！'我们知道我们的问题，也知道她是对的，但总是忍不住要讨厌她。她要我们一下戒掉啤酒美食，戒掉下午茶的甜点咖啡，这真的太难了。但也得承认，她的方法是有效的，可是考虑一下我们吧，这药实在太苦了！"法国著名女权作家巴丹德说："（默克尔）她有令人尊敬的地方，但有时候也如同混凝土般顽固不化。"

当然依旧有批评者抓着默克尔的"吝啬"个性不放："德国自统一以来的经济增长在很大程度上依赖于欧盟的帮助，而今欧盟出事了，德国也应该慷慨解囊。默克尔太过注重民意，但真正的领导人不应该被民意拖着走，而应该为群众前进指明方向，带领群众向前迈进。"

世界上没有绝对完美的事情，默克尔不会苛求太多，她只希望在事实真相面前，欧盟能还她一个公道就可以了。来自欧盟成员国的调查数据显示，大部分国家已经对默克尔的政策表示出好感，并开始重新估测默克尔的力量。西班牙有评论人员发表看法说，现在最令人忧心的不再是欧债危机，而是整个欧盟的走向。自古以来，欧洲就是块最喜欢内斗的土地，从百年战争、三十年战争、内战到种族战争、世界大战，无疑不是对现在的警醒。从事实上来说，德国已经是欧洲首屈一指的大国，欧盟未来的发展就掌握在默克尔手中。

虽然欧洲社会对默克尔的评价复杂多变，但在德国人的心中，默克尔始终是名符其实的"德国母亲"。在这次债权危急中，她一改以往不苟言笑和稳健严肃的作风，挺身而出坚决捍卫德国利益。在德国民众看来，默克尔就是一位伟大的母亲，用瘦弱的躯体为孩子遮风挡雨。

早在债权危机爆发初期，默克尔就对德国民众承诺，她不会让德国在这次危机中沉沦不前。事实证明，她做到了，德国经济在欧洲经济呈现低迷状态时持续增长，失业率一降再降，国内生产总值不断升高。甚至在当时，经济快速发展的德国已经成为挽救全球经济的希望，2012 年 6 月的《经济学人》杂志就曾将全球的经济比喻为一艘正在下沉的船，而众人一致请求默克尔女士启动发动机。

当德国民意和援助欧元发生冲突时，默克尔没有一意孤行，而是兼顾了两方的意见，既尊重了民意，又对欧盟成员国实施援助。在这次债权危机中，默克尔始终以强硬的姿态捍卫德国民众的利益，当德国面临很可能为希腊等国的债务埋单的危险时，默克尔明确地告诉世界，德国的财富是德国民众辛辛苦苦积攒下来的，绝对不容许那些好吃懒做的国家觊觎。想要动德国纳税人的钱包，除非她死了。

默克尔在债权危机中的表现，让全体德国人看到了一个不一样的默克尔。以前的她总是淡定从容，根本没有任何鲜明印象。而在应对这次危机时，她突然强硬起来，不但挽救了欧元、为欧洲经济带来长远利益，还捍卫了德国的利益。2012 年 6 月，德国第一电视台的民意调查显示，人们对

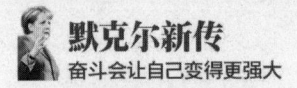

默克尔的满意程度达到默克尔执政以来的最高位，尤其是在欧债危机中的表现令人非常满意。

71. 新总理的大国外交

2006年，对于默克尔来说是不同寻常的一年。这一年，德国举行世界杯，吸引了全世界的眼球；这一年，欧洲发生债权危机，许多国家的经济趋于全面崩盘，德国成了这次援救危机的主力；这一年，默克尔当政的第二个年头，她必须为德国争取更多的合作伙伴。所以，在德国经济局势有所稳定之后，默克尔丝毫不敢怠慢，开始了她新一轮的外交旋风。这次她走出欧洲，到世界范围内去寻找伙伴。

默克尔此次大国外交的第一站是美国。默克尔上任之后就开始着手修复与美国的关系，经过双方的不懈努力，在2005年，德美关系就已经开始升温。2005年11月，默克尔就任总理不到一周就派外长施泰因迈尔访问了美国，随后美国国务卿赖斯在2005年12月访问了欧洲，首站就是德国。

为了进一步促进德美关系的发展，默克尔必须亲自访问美国。2006年新年刚过，默克尔就开始准备访美事宜。1月12日，默克尔飞抵华盛顿，并于当晚在白宫接受美国政府的隆重接待。此次访美，默克尔在美国逗留了24小时，与美国总统布什单独会谈的时间长达3小时，并与布什和布什夫人劳拉一起共进午餐，气氛十分融洽。布什充分显示出对默克尔的重视和热情，默克尔也说像是遇到了老朋友。

在3个小时的会谈中，默克尔就恐怖主义和中东问题与布什交换意见，充分显示出其"平衡外交"的能力。在恐怖主义和中东问题这两个敏感话题上，德国民众对美国的处理方式表现出极度的不满。这为默克尔修复德美关系制造了障碍，好在默克尔深得"平衡外交"的精髓，总能在德国民众和美国之间找到平衡点。

首先，默克尔先谈到德美双方在"判断和感受"国际恐怖主义的直接危险方面存在分歧。"马斯里事件"的余波尚未平息，德国民众对美国在欧洲建立秘密监狱的做法十分不满。默克尔也曾在新闻发布会上说："像关塔那摩这样的机构不能，也不允许长期存在下去，必须找到对待俘虏的其他手段和途径。"

此次访美，默克尔直率地向布什传达了德国政府和民众在关塔那摩监狱问题上的看法，并强烈建议美国关闭这些令欧洲民众、甚至全世界民众惶恐不安的秘密监狱。但是，布什并没有接受默克尔的建议，"911事件"之后，美国对恐怖主义极度忌惮，只有在世界范围内布控，他们才能睡个安稳觉。另一方面，这些秘密监狱也是美国称霸世界的重要组成部分，所以，布什绝对不会受默克尔意见左右，他在记者招待会上称关塔那摩监狱是"保护美国人民的必要的一部分"，而且只要反恐战争还在继续进行，关塔那摩基地就有必要存在。

默克尔当然明白美国方面不会接受她的建议，她这样做的目的是顺应德国民意，让德国民众看到德国政府与美国政府走得并没有那么近，并为在接下来的伊拉克问题铺路。在伊拉克问题上，默克尔会对德国民意做出一定的"忤逆"，有在恐怖主义上的顺应民意在先，默克尔在伊拉克问题

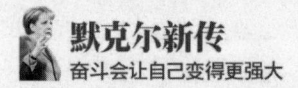

上的"自作主张"应该不会受到过多的谴责。

在伊拉克问题上，默克尔首先表明德国立场，德国仍坚决拒绝向伊拉克派兵，这是原则性问题，默克尔绝对不会因为要修复德美关系而有所妥协。另外，为了缓和德美在这个敏感问题上的僵持，默克尔会在原则范围内做一些力所能及的事情。默克尔表示德国不但将加强在伊拉克邻国进行的对伊拉克军队的培训工作，而且还将加强同美国在阿富汗、巴尔干和中东和平等问题上的合作。此外，默克尔在伊朗核问题上同布什达成了共识。

默克尔在美国的访问无疑是非常成功的。布什称这次会谈"非常积极"，并在新闻发布会上对默克尔大加赞扬，称默克尔十分"聪明、能干"。默克尔也认为，她与布什的会谈坦诚、友好而充满信任，德美关系可以翻开一个新的篇章。

结束对美国的访问后，默克尔飞回柏林稍作休息，又于16日晚抵达莫斯科，继续访问俄罗斯。默克尔在俄罗斯逗留6个小时，与俄罗斯总统普京在德俄两国许多问题上都达成了共识。默克尔与普京的会谈全程没有任何翻译人员参与，因为默克尔出生在德国东部，能讲流利俄语；而普京曾在德国做过多年克格勃工作，能讲流利德语。两人如老友相见，相谈甚欢。默克尔表示，她非常看好未来德俄的经贸合作前景，普京对默克尔说："我们在双边关系领域没有任何退步，因为自去年9月份我们在德国柏林会见时，就确立了进一步发展俄德关系的立场。"

虽然双方首脑在会谈中表现得十分积极，但社会舆论却并不看好默克尔的这次访俄。施罗德当政时，德国与俄罗斯的关系十分融洽；而亲美的默克尔当政，两国关系势必走下坡路。政治评论界权威人士指出，默克尔此番只在俄罗斯逗留6个小时的举动就是在传递德俄关系比施罗德时期降温的信号。

俄罗斯《生意人报》更是直接指出:"急于同美国重建紧密关系的默克尔已清楚表明,发展德俄关系不会如其前任般被摆在政策首位,但这并不意味着两同关系会突然变冷,作为依赖俄天然气的国家,德国不会放弃与莫斯科的战略伙伴关系。"

默克尔在接受德国杂志专访的时候,也毫不避讳地说:"我认为我们与俄罗斯并不持有太多共同价值观,但我们对俄罗斯能向负责任的方向发展保持浓厚兴趣。"可见,默克尔对俄罗斯甚至持有某种批评态度。

在默克尔的大国外交中,其"平衡外交"风格发挥极大作用。人类世界纷繁复杂,往往你中有我、我中有你。所以,我们在对待任何事情的时候都要有辩证的态度,世界上的一切没有绝对的对,也没有绝对的错,往往折中的评价才是最好的评价。默克尔在外交中始终扮演有分寸的中间人角色,不走极端路线,平衡各方面意见再确立自己的观点,这就充分保证了默克尔施政的正确性。

72. 一如既往的环保外交

默克尔就任总理之后,虽然将德国经济发展作为政府工作的重中之重,但也并没有放弃环保事业。众所周知,经济发展与环境保护在短时间内是相互掣肘的两方面,重点发展经济必将导致环境污染,而大力保护环境又必然会阻碍经济发展步伐。但是，善于寻找平衡点的默克尔找到了最好的解决方法，并将一如既往开展环保外交。

德国历来非常重视环境保护，早在20世纪90年代初期就率先制定了一系列环境保护法律法规。1990年，联邦议员决定在1999—2005年把工业、交通和家庭的二氧化碳排放量降低25个百分点。为此，德国大力发展风力发电、太阳能发电为主的可再生能源，还花巨资推广清洁能源汽车与新型建筑保温隔热材料。到了2007年，德国的温室气体排放量比1990年降低了21.3%。1994年，默克尔当选科尔政府环保部部长。在众多质疑声中，默克尔为环境保护事业立下了汗马功劳，在她的不懈努力下，柏林峰会取得圆满成功，《柏林议定书》得以签订。此后，《循环经济法》和《土地保护法》相继出台，有效地解决了工业、土地的浪费和污染问题，还使联邦环保部加强了对企业和农业的监管。默克尔在能源利用问题上也做出过突出贡献，并颇有建树地提出征收生态税意见。

1995年，在柏林峰会表现出色的默克尔当选为联合国气候委员会第一届环境部长。一经就任，默克尔就将全部精力投入到减排减碳的工作中。对于核燃料，她坚持充分利用、减少核废料的观点，并建议各国政府投入人力物力进行核燃料充分利用的研究工作。默克尔在联合国环境部部长的位置上工作了3年，期间她兢兢业业，对待环境问题丝毫不敢懈怠。然而世事多变，恪尽职守的默克尔还是因为核废料运输问题而受到批评，被迫辞职。1998年，德法边境某德国核电站出现核废料辐射超标问题，让德法民众人心惶惶。虽然事后查明，德国政府并没有直接责任，但是社会舆论还是不愿意接受默克尔继续出任联合国环境部长。默克尔从联合国卸任后，并没有放弃在全球气候变化上的努力，只是她不再通过联合国发出倡导、建议，而是通过德国积极开展环保外交。

在环保部长位置上工作多年，默克尔深知环境问题需要世界各国联起手来共同解决，否则某个国家或者某片地区做再大的努力也无济于事。于是，默克尔积极呼吁在环境问题上的国际合作，2007年6月，第33届八国集团首脑会议在德国海利根达姆召开，默克尔决定好好利用这次峰会为全球气候保护做努力。

八国集团首脑会议自1975年开始，一年举行一次，是各国为研究经济形势、协调政策而召开的首脑会议。该会议作为西方主要工业发达国家的首脑会议，旨在对复杂多变的国际政治经济形势，从整体上协调共同的和各自的政策，缓解内部矛盾，以维护成员国在世界经济和国防政治中的地位。所以，环境问题并不是八国集团首脑会议的主要议题，但是在会议上提出"制定气候保护的实质性协议"的建议，并成功吸引各国首脑的注意力。默克尔表示，她将为达成这一协议做最后的努力，希望各国首脑积极采取行动，达成一个具有约束力的气体减排目标。

在默克尔的积极推动下，八国集团首脑会议专门就"气候保护的实质性协议"召开讨论会，默克尔在这次会议上取得一次巨大胜利。会议中八国首脑就气候变化达成共识，纷纷认为温室气体排放必须大幅度减少。加拿大与日本在这次峰会上表现非常积极，它们联合提出"在2050年之前减950%的温室气体排放，全球气温升高限制在1.5℃—2℃的减排目标，将气候变化纳入联合国框架下进行"的建议，与会者对加拿大和日本的积极表现大加赞赏，并表示会充分考虑其意见。

美国总统布什的表现也让大家非常吃惊。2001年，国际气候峰会在日本东京召开。与会者在经过激烈的讨论之后，将各方面意见整合成《京都议定书》。就在各国与会代表在《京都议定书》签字以表示愿意遵守该协议时，布什却拒绝签字。美国政府本来在气候变化问题上抱有怀疑态度，布什这一次给出的拒绝理由是"减少室内气体排放将会影响美国经济发展"。

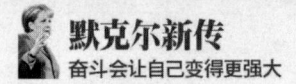

然而在八国集团首脑会议上,布什却一改常态,表示会认真考虑,并同意在联合国框架下确定"后京都协议"。这当然与默克尔高超的外交手段是分不开的,关于环境保护问题默克尔与布什进行多次单独会谈,力陈要害,并拿出许多德国历年环境调查数据做证据。在强大的实践经验面前,布什对气候变化问题再无质疑。

发展中国家的环境保护问题历来是国际环保事业的难题。发展中国家的社会经济急待发展,要快速发展就必然会带来污染。如果要求发展中国家重点保护环境,就会阻碍其经济发展的步伐,这对发展中国家无疑是不公平的。因为发达国家在经济发展的初期也是以环境污染换取经济发展的,当前环境污染发达国家应承担重要责任。由于环境治理的成本非常高,发达国家当然不愿意承认他们是环境污染的最大制造者。只要谈及发展中国家的环境问题,发达国家和发展中国家就会分成两个派别,争论不休。所以,为了避免无休止的争论,《柏林议定书》和《京都议定书》都很少涉及发展中国家减排问题。

随着全球气候问题越来越严重,发展中国家似乎不能再置之事外,欧盟主席巴罗佐明确表示,"这不是欧洲变暖,而是世界变暖"。在八国集团首脑会议上,西方国家一致认为,发展中国家必须承担在全球气候变暖中应有的责任,甚至大部分责任。它们根本不顾发展中国的发展问题,只片面地斥责其环境问题,默克尔却没有和其他西方国家领导人一样落井下石,而是在呼吁发展中国家多参与解决气候变化问题的同时,帮助其寻找新能源。

2007年,默克尔对印度进行了为期4天的访问。默克尔此次访问的主要目的就是争取印度参与到全球环境保护中来。印度政府表示,对于环境污染他们也非常忌惮:据印度科学家们研究表明,气候变化会对南亚产生重大影响,南亚的水资源一直以来都是依靠季风降雨和喜马拉雅冰川融水，如果冰川消退，会影响数百万居民的饮水问题，也会对孟买、加尔各答等造成严重的威胁。但是，如果投入大量精力保护环境的话，印度经济发展将会裹足不前。另外，他们认为工业化国家对环境造成历史的和当前的污染，应当承担主要责任。

默克尔表示，德国愿意竭尽全力帮助印度成为新能源使用国家，争取让印度在保证经济持续增长的情况下转变经济发展模式。在默克尔的不懈努力下，印度终于愿意投身到环境保护中去。访问接近尾声时，默克尔和印度总理辛格在会谈后签署了一份联合声明，表示德国一定帮助印度寻找应对气候变化有效而实际的解决方法。

中国有句古话："穷则独善其身，达则兼济天下。"默克尔的环保外交就是"兼济天下"的做法。环境问题需要世界各国共同努力，这几乎是所有国家的共识。但是，很少有哪个国家愿意领导这件事情，因为全球环境保护的领导者不仅要做好本国环保事业，还要协调世界各国，是一个出力不讨好的工作。默克尔却义无反顾地担起了这项重任，因为她明白只有全世界拥有蔚蓝的蓝天时，德国的天空才不会灰暗。

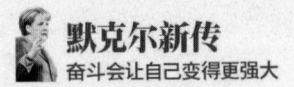
默克尔新传
奋斗会让自己变得更强大

73. 开启中德关系新篇章

德国与中国的外交可谓一波三折,虽然中德两国政府都本着和平外交方针,积极促进中德关系,却总会因为价值观的不同和某些突发事件而事与愿违。中德双方从不气馁,历届领导人都在为双方发展和平外交努力着,在默克尔的第三个任期,中德关系在两国的不懈努力下开启了新篇章。

西藏问题一直是中国非常敏感的政治话题,而中德关系也曾在这个敏感话题上出现过严重的危机。1996年,德国某基金会请达赖到德国参加会议,并以一国首脑的礼节接待达赖。这让中国人民和中国政府非常气愤,连发声明谴责德国某基金会的行为。不久,德国执政党内部又通过了一份有关西藏问题的决定,这无疑是在干涉中国内政。中国政府强烈要求德国政府撤销这项决定,并向中国人民道歉,但是,德国依然我行我素,并没有采纳中国政府的意见。由此,两国关系降到了冰点。

此后,在两国历届领导人的不断努力下,中德关系有所回暖,但始终无法恢复到达赖事件之前的水平。2005年,前中国国家主席胡锦涛对英国、德国、西班牙3个欧洲国家进行了为期8天的访问。胡锦涛主席接受施罗德总理的邀请,在总理府与施罗德展开会谈。此后胡锦涛主席又会见了当时还是总理候选人的默克尔，并为默克尔送上一份厚礼：中国会与德国签订约合人民币96亿元的高速列车采购合约，一共有高速列车60列，这种列车运行时速可达到300公里。默克尔当然欣然接受，并表示同中国发展长期稳定的关系具有重要意义，新的德国政府将坚持科尔总理以来德国政府的对华政策。

默克尔当选德国总理之后，胡锦涛主席及时致电视贺，并邀请默克尔于2006年访华。默克尔当即同意胡锦涛主席的邀请，并表示她和胡主席一样都希望促进双边经济、贸易和文化联系。中国人民满心期待着中德关系会因为默克尔的访华达到一个制高点，不想结果却并非如此。

2006年5月，默克尔继任德国总理之后第一次访华。从默克尔初次访华所提出的问题来看，她对于中国的宗教和人权过多关注，这让中国政府认为默克尔有干涉中国内政的嫌疑。中国是一个有气度的国家，并没有在这些问题上与德国过多计较，而是努力将两国外交的重点转移到经济合作和发展问题上。显然，中国政府的努力没有发挥任何作用，这从2007年默克尔访华的表现就能看出。

施罗德在位时，将经济作为主导中德外交关系发展的重点，这也是两国几十年间形成的约定俗成的合作传统。中德关系在这一事情朝着亲密合作的方向发展，而默克尔上台后的第一次访华就一改常态，试图与中方保持一定距离。这让社会舆论纷纷猜想，接下来这个亲美的女总理该怎样对待中德外交。有分析家认为，默克尔的亲美立场将延伸并影响德国对华政策，她可能会以"人权"、"民主"等敏感话题来要求与中国对话。事实证明，的确如此。

2007年8月，默克尔对中国进行第二次访问。默克尔到中国社会科学院发表了一场演说，直指中国不重视保护知识产权，对中国"抄袭"德国汽车制造等方面的问题进行了严厉批评。中德双方和社会大众原本希望借着建交 35 年的机会使两国的关系能够回暖，结果事与愿违。虽然两国关系不似以前亲密，访问事宜还算顺利。但是到了 9 月 23 日，默克尔的表现却让中国政府和中国人民大伤感情。默克尔听从了黑森州州长科赫的说法，在这一天固执地与达赖进行了会面。中德双方近年来为外交关系所作出的努力仿佛一下子烟消云散，中德关系又开始结冰。默克尔这次的行动也被视作第二次世界大战后德国历史上最失败的一次外交活动。

默克尔的这种做法不仅破坏了中德关系，伤害了中国人民的感情，在国际上受到谴责，德国国内的党派也出现了反对声音，政府内部还因为会见达赖一事发生了对峙。德国外交部部长施泰因迈尔斥责默克尔这项"最笨的行为"会让德国损失惨重。但是，默克尔却并不认为自己有错，她认为这是在自己的价值观外交体系中，会见达赖和会见中国政府首脑一样无可挑剔。

一个月后，默克尔不顾四面八方的反对声音将"价值观外交"落于纸上，表明德国要重新定位与中国的关系。基民盟还将默克尔的"价值观外交"作为一项重要的外交成绩，拿到社民党的大会上炫耀。

舆论界对默克尔的"价值观外交"持反对意见的占大多数，有媒体称，默克尔的"价值观外交"政策是与世界发展的总趋势背道而驰的。这种政策不但会制约德国在国际上的发展，也会损害其他国家的利益。中国等亚洲国家成为这项政策最先波及的受害者，为了维护自身利益，这些国家必将与这项不合理的政策抗争到底。

即使中德关系发展到危机边缘，中国也没有放弃与德国恢复友好关系。2008 年，默克尔应中国政府邀请第三次访华，在中国政府的努力下，她之前对于中国强硬的态度也逐渐发生了改变。她不再一味地追随美国，而是通过自己的耳朵和眼睛感受到了一个真实的中国，开始对中国表现出好感。

2010年，默克尔第四次访华。这次来访她在中国逗留了四天，并高度赞扬中国说："中国的发展之路让人们充满了信心和力量，足以引得全球瞩目。"这次访华之后，默克尔原本以意识为主导的片面的"价值观外交"开始逐渐转变成以务实为主导的经济外交。

2012年，默克尔第五次访华。这一次她再次真真正正地感受到中国的力量。当时全球经济都因为经济危机而呈现出低迷状态，欧洲更是陷入债权危机的泥潭中无法自拔，而中国经济却蒸蒸日上，丝毫没有受到全球经济危机的影响。在默克尔眼中，中国已经俨然一个有经济实力和发展前景的大国。同年，默克尔第六次访华。在这次来访中，中德双方一方面巩固了第五次访华时建立的友好信任关系，一方面又进一步对中欧贸易不景气的问题以及复杂的国际形势进行了探讨。

2014年7月5日至8日，60岁的默克尔完成了任期9年之内第七次访华。政治评论界将默克尔这次访华称作"经贸之旅"，中国网友更是形象地描述："勒夫率领穆勒、克洛泽、厄奇尔、博阿滕等超级巨星征战世界杯；默克尔率领德国众多商界巨子出访中国，都是国家队，一个踢足球，一个谈生意。"但是，默克尔在访华期间内的作为已经完全超出了"经贸之旅"的范围。她逛农贸市场买郫县豆瓣酱、向川菜大厨学习做宫保鸡丁、与清华学生热议世界杯等种种行为表明，她已经越来越珍惜中国这个亲密的合作伙伴。

在德国政府的授意下，德国《商报》网站于7月5日刊发题为《危机外交、创新和法治国家》的报道中说："没有哪个欧洲人像安格拉·默克尔那样对中国如此重要。也没有哪位欧洲同事像她那样如此频繁地访问中国"，并指出，默克尔已经将中国作为德国最主要的合作伙伴，不仅在经济上，还会在更广阔的领域开展合作。

在频繁的接触中，默克尔越来越了解真实的中国，对中国的好感越来

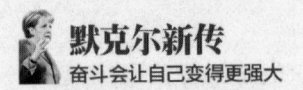

越强烈。从之前坚决地要抵制中国的挑战到之后意识到中德肩负共同的责任，默克尔意识到了自己的错误，并勇敢地改正了错误。人不是万能的，任何人都会有对形势判断错误的时候，犯错并不可怕，可怕的是一意孤行。默克尔当政初期的对华政策显然是错误的，当中国以自身发展实际告诉她"价值观外交"是错误的时候，默克尔立刻改正了自己的错误，从而开启了中德外交的新篇章。